国际汉语研究论丛（三）

潘先军　于淼　主编

北京语言大学出版社
BEIJING LANGUAGE AND CULTURE
UNIVERSITY PRESS

图书在版编目（CIP）数据

国际汉语研究论丛．三 / 潘先军，于淼主编．-- 北京：北京语言大学出版社，2017.11
ISBN 978-7-5619-5063-0

Ⅰ．①国… Ⅱ．①潘… ②于… Ⅲ．①汉语－对外汉语教学－教学研究－文集 Ⅳ．① H195.3-53

中国版本图书馆 CIP 数据核字（2017）第 268194 号

国际汉语研究论丛（三）

GUOJI HANYU YANJIU LUNCONG (SAN)

排版制作：北京创艺涵文化发展有限公司
责任印制：周 燚

出版发行：北京语言大学出版社
社　　址：北京市海淀区学院路 15 号，100083
网　　址：www.blcup.com
电子信箱：service@blcup.com
电　　话：编辑部 8610-82303647/3592/3395
国内发行 8610-82303650/3591/3648
海外发行 8610-82303365/3080/3668
北语书店 8610-82303653
网购咨询 8610-82303908
印　　刷：北京京华虎彩印刷有限公司

版　　次：2017 年 11 月第 1 版
印　　次：2017 年 11 月第 1 次印刷
开　　本：710 毫米 × 1000 毫米 1/16　　印　　张：20.25
字　　数：296 千字
定　　价：78.00 元

PRINTED IN CHINA

前 言

2012 年 9 月，为纪念北京第二外国语学院汉语国际教育走过的三十年的风雨历程，由吴平教授主编的《国际汉语研究论丛（一）》结集出版，跟新老朋友一起品味了二外汉语学院的教师在国际汉语教育战线上的耕耘和收获。2014 年 12 月，以汉语学院留学生本科教学团队为主体，我们对专业建设过程中的实践成果进行了总结，在此基础上又顺利出版了第二辑。《论丛》前两辑由世界图书出版总公司北京公司出版，其顺利出版均得到了二外教务处的大力扶持。

近两年，伴随着国家“一带一路”建设的深入推进和“互联网 +”的深刻影响，汉语国际教育的发展更是风起云涌，来华留学生的学历教育和预科教育面对机遇的同时也面临着巨大挑战。国内的对外汉语教学研究取得了丰硕的成果，海外孔子学院、孔子课堂也在日益深化和拓展，在这样的教学和科研背景下，2015 年 10 月，由北京第二外国语学院和北京语言大学联合主办的第十二届对外汉语国际学术研讨会在二外隆重召开，主题为“多元学术视野下的对外汉语教学语法与语法教学研究”，这次研讨会被誉为“朴素的对外汉语学术盛宴”，承蒙参会的德国汉学家柯彼得教授等多位专家在会后为我们赐稿，在此我们深表谢意。

2015 年对汉语学院来说是不平凡的一年，我们迎来了首届汉语国际教育专业中外硕士研究生 44 人，在汉语学院导师辛勤培养下，汉硕的同学们也积极融入到了汉语学院各层面的留学生培养行列，这辑论丛里面收录了中外汉硕同学五篇论文，虽学术积累尚显不足，但也可谓教学相长、后浪前涌！2015 年汉语学院的预科教育持续发展，预科教研室这个年轻的团队在王有芬主任的带动下形成了独特的教学风格和管理特色，为国家来华留学生预科教育做出了自己的贡献，《论丛（三）》中我们可以看到他们宝贵的教学经验。

其他论文所涉及的对外汉语的研究也体现了汉语学院近两年的教学成果和结晶，其中对理论研究如何与汉语教学结合的不断探索是本论丛的特色。

感谢二外教务处“2016 年人才培养综合改革试点校内经费”项目的大力支持；感谢所有汉语学院同人在教学与科研上踏实创新的劳动；更要感谢北京语言大学出版社的张健董事长和陈维昌主任的鼎力支持，以及责任编辑的辛勤工作。

本书由潘先军教授、于淼副教授主编，由于水平和能力有限，尚有很多不完美之处，恳请同行批评指正，文责由作者自负。

编者

2016 年 5 月

目　录

一、特约稿件

二、语言、教育理论及应用研究

三、教学分析与探索

四、教师与教学管理研究

五、预科教育研究

六、研究生论坛

一、特约稿件

以“语素”为基础的汉语词法教学

柯彼德

摘要 国际汉语教学语法体系具有厚句薄词的传统与片面性。汉语的形、音、义以及汉字、音节、语素之间的关系复杂，汉语教学语法中“词”与“语素”的定义和界限应加以充分说明。语素的意义大类：实素和虚素，语素的形式类型：基本语素、语助语素、构形语素、构词语素。我们考察了一般的词法规则、汉语词法规则的特征并进行汉外对比统计，对汉语的单素词、双素词和多素词，以及汉语复合词的结构、等级和分类等进行了分析，提出实现汉语词法和语素教学的初步设想，相信汉语词法和语素研究对语法教学改革会起到推动和促进作用。

关键词 词 语素 构词法 构形法 语素的分类

一、汉语教学语法体系厚句薄词的传统与片面性

传统的汉语语法体系还是在“句本位”理论的基础上创建的，所以从20世纪初开始一直到现在，中国语法研究的最大特点是偏重句法，极少讲词法。这一百多年以来出版的汉语语法书几乎都大篇幅地描写句法，一般在最后几页蜻蜓点水似的讲到所谓的“词法”。

“句本位”的传统早已于1898年在《马氏文通》现出雏形，之后黎锦熙在1924年出版的《新著国语文法》明确地建立了这个理论。这个强调句子结构分析的理论对以后三四代的语言学家和语言教育家的影响较大。关于“词 = word”和“语素 = morpheme”的解释、概念和名称尚未成熟。另外，还常常采用“字”以代替word或者morpheme。吕叔湘（1942，1944）在《中国文法要略》、王力（1943，1944）在《中国现代语法》及《中国语法理论》的著作中似乎才第一次把“词 = word”和“字 = morpheme”两个概念划分得比较清楚。另外，他们进一步对“单词 = simple word”“复词 = compound word”“词根 = word root”“词尾 = suffix”等基本词法单位和结构下了定义。

从上世纪50年代起讲“词法”或者“构词法”的著作有所增加，比较突出的有陆志韦的《北京话单音词词汇》（1951）[①]和《汉语的构词法》（1957）。他也首次把morpheme称作“词素”。

在50年代的讨论中还出现了汉语拼音分词连写和词的定义问题，不过对“词法”的见解比较特殊：在分析词的内部结构的时候，也采用了句法分析的手段和概念。因此可以说，汉语的词法学至今还没有真正展开的机会，还是一片处女地。

二、汉语词法研究与教学是必不可少的

20多年来有不少语言学家和汉语教育家提倡，在语法教学中也应该把注意力放在词法和语素上，如陈光磊（1994：4）：“词法是语法的一个必要

① 原书名为《国语单音词词汇》，1938年出版。

的组成部分。没有对词的语法性质和语法特点的深入细致的认识，要想对句子构造的规则做出充分的阐释是不可能的。”

下面从在欧洲尤其是德国进行汉语教学的角度来总结经验，对汉语词法教学和语素教学提出一些酝酿已久的设想和初步建议。其中的见解是从语言学理论出发的，同时是在教学实践经验的基础上加以考虑的。

三、汉语教学语法中传统的和新的单位层级、基本范畴及其教学内容

汉语教学最关键的问题之一是分清语法单位层级。吕文华主张，对外汉语语法体系必须超出“词—词组—句子”三个层级的老模式，而且不得不延伸到包括“语素”和“句群”的五个层级的体系。她指出：“构词法是教学中的一个空白”，因而“语素教学对外国人学习汉语很有必要”。她补充说，语素教学不但“有助于汉字的认记”，而且“可以大大提高学生学习词汇、掌握词汇、扩大词汇以及正确运用词汇的能力”。（吕文华，1994：66—69，2000：307—314）

世界上任何语言教学语法体系一律都很清楚地对句法（syntax）和词法（morphology）两部分加以区别。当然，在各种语言的语法系统中，句法和词法的比例不完全相同，但是可以认定的是，不管是哪一种语言的语法，都必须由这两个部分组成。如果在教学实践中不注意这一点，而且把句法和词法之间的界限模糊起来，恐怕在语法教学、词汇教学、语音和语调教学、文字教学、口头和书面理解与表达习得等许多方面会带来各种不便，甚至影响学习效果。

词法再区分为构词法（word-formation）和构形法（inflection）两部分。各种语言的词法在不同程度上都有“构词法”和“构形法”。简单地说，构词法的研究对象是以语素构成词的各种方式和规则，而且分析和描写词汇的不同类型。构形法只包括同一个词担当不同句法功能的形态变化。印欧语言的构形法主要是屈折（inflection），即表示不同语法意义的各种词形变化。

汉语有没有构形法这个问题，语言学界的意见不完全一致。但是，许多汉语词法研究者与教学者把表示群体、加在名词和代词后面的“－们”以及加在动词后面的“－了、－着、－过”收入到构形法之内。有的把“听得懂、听不懂”的“得”和“不”以及名词、量词、动词、形容词和副词的重叠形式也当作构形法，并认为，汉语特有的构形法有两种：加缀法和重叠法。（陈光磊，1994：40—60）

不管包括多少形式，我们可以说，汉语的构形法十分有限，除了一些特殊的现象以外，词法基本上等于构词法。而且可以发现，汉语的构形法越不发达，构词法越丰富多彩。

那么，语素研究和教学的主要内容是什么？首先要分析语素本身的性质，并讲明语素这个独立的语法单位在理论和教学上所承担的作用。随后必须阐述语素与汉字和音节之间的根本区别和各种错综复杂的关系。其次要按语素各自的特征对语素加以分类，而且把大类再分小类。然后要分析语素与语素之间的语法关系以及语素的构词作用和能力，并制定出各种词法结构的类型。最后可以进一步进行与其他语言的对比研究，以便突出汉语词法的特征。

四、揭示“字”的模糊概念兼评“字本位”理论

汉语的语素和词法研究与教学至今尚未达到应有的水平，其主要原因是，词法的两个基本单位“词”和“语素”在汉语语法学中仍然是比较新的概念，而且还没有固定下来。“字本位”理论当然极为不科学，主要原因在于：

（1）“字”这个概念十分含糊，至少有下列八种不同的意思：

①“汉字”“文字”

②“拼音字母”

③“符号”“数字”“数码”

④“词”

⑤“字音”“音节”

⑥“字体”

⑦“字据”

⑧“别名”

（2）“字”在语言学和语法学中没有明确的定义，也就不是语言学和语法学的概念和名称。

（3）“字”把口头语言和书面语言混为一谈，没有把两个层面分清楚。

从理论的角度来评价“字本位”的说法，绝对站不住脚。如果从汉语教学实际出发，把“字本位”当作教学策略之一，可能它有一定的参考价值，在具体的教学条件下有用处。但是仔细一看，也有一些提倡“字本位”理论的学者对“字”的解释和定义同“语素”并无两样。其实他们所提倡的也就是“语素教学”的优点。

五、汉字、音节、语素以及形、音、义的复杂关系

汉语的语素从形、音、义三个方面有一系列应该给学生介绍的特点。一般来说，在言语中一个语素是由一个音节和一个汉字表现出来的。但是，三个平面不能混为一谈，在语言系统中它们之间的关系极为复杂，比如：

（1）一个汉字不但可以代表一个语素，也可以代表两个或若干语素，就是所谓的多义字（“信”“和”“就”“关”“总”等）。

（2）一个音节经常代表许多语素，即所谓的同音字（shì ＞“是、事、试、市、室”等）。

（3）由两个以上音节组成的语素，包括联绵字和外来词（“踟蹰”“璀璨”“疙瘩”“颉颃”“旖旎”“蚯蚓”“喹啉”“哈什蚂”“巧克力”等）。

（4）一个汉字代表两个以上音节和若干语素，即所谓的多音多义字（“薄” ＞ bó/báo/bò、“圈” ＞ juān/juàn/quān、“差” ＞ cī/chā/chà/chāi、“的” ＞ de/děi/dí/dì/dī 等）。

（5）一个音节和语素代表两个以上汉字，即所谓的异体字（“借/藉”“茧/趼”“浆/糨”“混/浑”“三/弎/叁”“碗/椀/盌”等）。

（6）一个汉字和一个语素代表两个音节（“寻” ＞ xún/xín）。

（7）一个汉字和一个音节代表两个熔化为一体的语素（“别” bié > bù yào、“甭” béng > bù yòng、“嫑” jiào > zhǐ yào 等）。

（8）一个汉字（包括所有的等于汉字的书写符号）代表两个以上音节和语素（“囍” > shuāngxǐ、“浬” > hǎilǐ、“%” > bǎifēnzhī、“α” > ā‘ěrfǎ 等）。

（9）由一个汉字所代表的，但是没有音节形式的语素（后缀“儿”）。

（10）不表现语素（意义），只表现语音的汉字（“俄罗斯”的“俄”和“斯”、“安娜”的“娜”、“咖喱”的“咖”和“喱”，在现代汉语里这类汉字仅仅表音，而不表意）。

可见，为了让学生理解汉语形、音、义三个平面的区别和复杂关系，“语素”与“词”和“句子”同样不得不成为语法教学中的重要概念和结构单位，决不能被“音节”“汉字”“词”等所代替。因此，“语素”以及它与“音节”“汉字”“词”等概念的界限和各种关系应该在课堂上和教科书里加以充分说明。

此外，再参考一下汉字、汉语音节和语素的数量统计与比例：如果说，常用汉字大约有3500个，汉语音节（包括声调）有1300个，汉语语素（与其他语言一致）有5000个左右，那么三个平面的单位之间的比例如下：

- 平均2.7个汉字代表1个音节。
- 平均3.8个语素代表1个音节。
- 平均1.4个语素代表1个汉字。

从这个角度也明显看得出三个平面的区别。

下面再看在汉语语言系统中一个音节代表多少语素的分配情况：

表1

音节	语素	比例	音节	语素	比例
1	1	25%	1	5	7%
	2	19%		6	6%
	3	14%		7	6%
	4	11%		8	3%

这个统计表明，四分之一的音节只代表一个语素，其余的，就是四分

之三代表两个以上语素，有的少量的音节甚至代表 20 多个语素，比如：

fù jī jì jiàn xī yù shì zhì yì

现在从另一个角度来看汉字与汉字义项（语素）比例的统计。这个统计是根据 1988 年出版的共包含 7785 个汉字的《汉字信息字典》进行整理的。这些数据表明，这么大量的汉字当中的一半以上汉字各自只代表一个语素，但是另一半，大多是比较常用的汉字，就代表两个以上语素，有的代表若干语素：

表 2

汉字	义项（语素）	比例
593	非语素字 （主要当大约 300 个双音语素 / 联绵字的组成部分）	7.6%
4139	1	53.2%
1622	2	20.8%
1023	3—4	13.1%
351	5—8	4.5%
57	9 以上	0.7%

最后参看根据两部词典所做的汉语词汇中语素的构词统计，如表 3 所示。

统计表明，汉语的词只有 4%—5% 是由一个语素组成的，就是“单素词”。绝大多数词是“双素词”。还有三分之一是“多素词”。①

表 3

	统计 1 （《汉语拼音词汇》，1964）	统计 2 （《现代汉语词典》，1978）
总词汇量	45 000	56 000
单素词	2300（=5%）	2285（= 4%） （包括 1831 个 = 80% 同音词）
双素词	42 700（=95%）	34 732（=62%） （包括 4696 个 =13.5% 同音词）
多素词		18 983（=34%）

① 这里不采用显然不准确的传统概念“单音词”“双音词”和“多音词”。

六、"词 word"的定义及其关键作用

在大多数的语法著作中只能看到一般的定义："最小的能够独立活用的有意义的语言单位"（朱德熙，1982：11）。这是大家都同意的定义。问题在于下面两个方面：

1. 观念的问题：到今天为止，在汉语教学中词和词法未受到适当的重视。

2. 理论上的问题：从语流中怎样分出一个词一个词的单位，在许多具体场合语法界的意见还不一致。不过，应该弄清楚的事实是，不但汉语而且世界上所有的语言当中都没有而且不可能有通行的"词"的定义，只有在一定的实用范围内才能够做出具有依据作用的定义和规则。这样，应该专门为了教学目标来下定义。

从国际汉语教学的角度来看，"词"起着十分重要的作用，因此必须为了具体教学需求对"词"制定既简便又实用的标准。"词"的重要性表现在以下几点：

（1）"词"就是语法的两部分——句法和词法之间的关键单位。没有"词"的概念，就没有句法和词法的概念，从而也没有"语法"可讲。

（2）汉语拼音在汉语教学中是必不可少的工具，而"词"的定义问题又与拼音分词连写的问题有着十分密切的关系。汉语语法争论最大的问题之一就是词和词组（短语）之间的界限问题。在教学中，这个问题一定要找到一个通用的解决办法。在课堂上、在教材中，汉语拼音的写法必须具有明确的标准和规则。这样就可以帮助学生很具体地了解并掌握"词"这个概念。通过正确的拼写法学生才能分析出汉语的基本结构和语法单位。只用汉字来说明，什么是"单音词"，什么是"双音词"或"多音词"，什么是词组，对学生来说非常不利，甚至行不通。

（3）"词"不但是语言结构的单位，也是语义和语用的重要单位，就是说，是进行交际不可缺少的元件。

（4）没有弄清"词"这个基本单位，就不可能进行词组（短语）的教学。

（5）从词汇教学以及在教材中编排生词表等方面来看，应该为学生把“语素”“词”和“词组”很明确地区别开来，而且要通过拼音正词法表现出来。在传统的教材中这个问题一直都没有受到足够的重视。

七、“语素 morpheme”的定义和分类

“语素”从20世纪80年代以来才逐渐引起了一些语言学家和语言教学家的注意。他们基本上同意，语素是最小、最低一级的语法单位，也是词法的基本单位。“语素”的一般定义是，“语言中最小的语音语义结合体”。（吕叔湘，1979：15；陈光磊，1994：5；刘月华等，2001：1）

对语素进行分类的时候，应该从语素本身的性质出发，绝不能采用归入词类和句法关系的分析标准和方法。下面列出两种分类方法（Bußmann，2002：448—450）：

（1）语素的意义大类：与汉语传统的实词和虚词分类一样，语素也可以根据所表现的词汇意义或者语法意义分为“实素”和“虚素”两大类。国际语言学早已有相关英文概念：实素等于 lexical 或 autosemantic morpheme，虚素等于 grammatical 或 synsemantic morpheme。

（2）语素的形式类型：世界上所有的语言当中可以根据结构的标准分出语素的四个类型（柯彼德，1992）：

基本语素 = basic morpheme（B）[①]

语助语素 = particle morpheme（P）

构形语素 = inflectional morpheme（F）

构词语素 = derivational morpheme（D）

基本语素都是实素，其他三类属于虚素。

语素的分类是按下列的标准所制定的：

- 开放类—封闭类 open—closed：语素属于开放类还是封闭类？属于封闭类的语素可以一一列举出来，属于开放类的语素则不然。
- 自由—黏着 free—bound：语素可以自由成词还是只能与其他语素组

① 下文用括号中字母表示。

成词？

- 能产—不能产 productive—non-productive：语素是能产的还是不能产的？意思是，有没有与其他语素组合产生新词的能力？
- 能否担任词根 with/without root function：语素担任词根还是只担任词缀？
- 带 / 不带声调 with/without intonation：另一个参考标准是，语素带声调还是带轻声？

可以用表格的形式显示出四类语素的特征：

表 4

	开放	自由	能产	担任词根	带声调
B	+	+ / −	+	+	+
P	−	+	+	+	+ / −
F	−	−	Ø	−	−
D	−	−	− (+)	−	−

由于四类语素及其标准是所有语言都共有的普遍特性，在此基础上可以进行不同语言的比较研究，并得出各种语言的词法特征以及它们之间的相似之处或区别。在进行汉语词法教学的时候，可以采用对比方法，以便指出学习者母语和汉语语素类型的分布情况以及两种语言词法现象的特征。这样可以提高构词法和词汇教学的效率。

下面简单地列出各类语素在德语和汉语里的一些例子，供参考，如表 5 所示。

举例来说，采用这样的对比方法可以得出下列一些富有启发性的数据：

表 5

	德语	汉语
B	{hallo}, {scharlach}, {faul}, {schön}, {stalt}, {mess}, {him}* [= unique morpheme*]	{rén 人}, {jiā 家}, {zǒu 走}, {péng 朋}, {shè 社}, {pí 啤}, {shén 什}* [= 独用语素 *]
P	{aber}, {wenn}, {wegen}, {und}, {nicht}, {sehr}, {hier}, {da}, {auf}, {über}, {bei}	{hěn 很}, {zài 在}, {hé 和}, {yě 也}, {dōu 都}, {hái 还}, {de 的}, {de 得}, {ma 吗}
F	{-en}, {-st}, {-t}, {-te}, {-er}, {-ste} [inflectional suffixes]	{-men 们}, {-le 了}, {-zhe 着}, {-guo 过} [构形后缀]

（续表）

	德语	汉语
D	{ver-}, {ent-}, {ge-}, {be-}, {un-}, {-heit}, {-ung}, {-nis}[derivational pre-/suffixes]	{ā 阿 }, {-zi 子 }, {-tou 头 },{-r 儿 } [构词前缀与后缀]

（1）所有的语言都有 5000 个以上语素，各种语言的区别就在于四类语素在语言系统（素汇）中的数量比例。汉语各类语素的比例很特殊，和德语、英语、法语、俄语等迥然不同。汉语的特点是，96%—97% 的语素是基本语素（B，即实素），其他三类（即虚素）的总数极少，只有 200 个语素左右，其中 P 类占绝大多数。

（2）汉语的 F 和 D 类语素极少，大约不到十个。德语的 F 和 D 类语素多得多，F 类有几十个，D 类达几百个。

（3）汉语里的 B 类语素与其他许多语言，包括德语相比绝大部分是自由的，能产力很强，这样汉语的主要构词方法是 B+B 或 B+B+B 或（B+B）+（B+B）或 [（B+B）+B]+B。相反，德语常见的词法结构有：B+D、B+D+D、D+B+B+D、D+B+B+D+D 等。

构形语素和构词语素分别组成构形词缀和构词词缀，在不同的语言中可以是前缀、后缀或中缀。

（4）关于 B 和 P 的双素构词方式，两种语言都有类似的结构：B+P、P+B、P+P。

（5）汉语里语素变体（allomorph）的现象非常少，也许只有“不 bù”和“一 yī”的变体“bú”和“yí/yì”，还有一些语气助词的变体，如“啊 ɑ”的“呀 yɑ”“哪 nɑ”和“哇 wɑ”。德语的语素变体相当多。

（6）所有的语言都有所谓“独用语素”（cranberry morpheme）的特殊现象，即少数的黏着基本语素只出现在唯一的组合结构中，比如“什么”的“什”、“漂亮”的“漂”、“猛犸”的“犸”、“侥幸”的“侥”、“砝码”的“砝”、“皈依”的“皈”、“痉挛”的“挛”等。不过，汉语的独用语素十分有限。

如果对汉语和德语言语系统（语段）中的语素结构和四类语素的分布进行分析和对比，也看得出来两种语言的特点和区别：

（1）B 类语素在汉语的语段中比德语差不多多一倍，分别是 80% 和 45% 左右。

（2）D 类语素在汉语中还不达 1%，在德语中大约占 15%—20%。

（3）F 类语素在汉语中只有 1%—2%，德语有 15% 左右。

（4）P 类语素比例的差别不大，汉语比德语少一点，即 20% 以下对 20% 以上。

（5）在相同内容的语段当中，德语不止语素的数量，词的数量也比汉语多近三分之一。这个统计显然表明，汉语语段的信息密度比较大，有可能是欧美人学习汉语的难点之一。

八、从语素分类出发分析和描写词的结构类型

如上所述，汉语的构形法（即加上F词缀）和派生法（即加上D词缀），十分有限。汉语构词法绝大多数是由 B+B 或者 B+B+B 之类组成复合词。循环性组合也很少出现，即把 B+B 结构扩展为（B+B）+B，然后再继续扩展为［（B+B）+B］+B，比如“经济学家”。这样递增的复合词结构在汉语中较少，在德语中较多。

汉语的复合名词、动词、形容词还可以分出许多小类，比如首先可以按语义把双素结构分成并列复合词和限定复合词，并列复合词有同义和反义两类。在这一分类下面还有许多次类。单素词和双素词的结构在汉德两种语言中很相似，但是派生法德语比汉语多得多。

比较一下两种语言多素词的情况，德语派生法很普遍，即 D 类语素较多，汉语的多素词主要由B类语素组成。汉语的名词可以达到 6—7 个语素，如“生物考古学家们”“反帝国主义者们”。动词最多由 5 个语素组成，如“打扫不干净”“解释清楚了”。

九、汉语词的结构规则与分析

根据汉语构词法的特殊性质可制定下列结构规则：

1. 词	→	词干（+F）
	→	P- 单位
2. 词干	→	词干单位
3. 词干单位	→	B
	→	D+ 词干单位
	→	词干单位 +D
	→	词干单位 + 词干单位
4.P- 单位	→	P
	→	P+D
	→	P+B
	→	B+P
	→	P+P

下面用树形图的方式举个运用汉语词结构规则的例子，是由七个语素组成的名词“反帝国主义者们”。

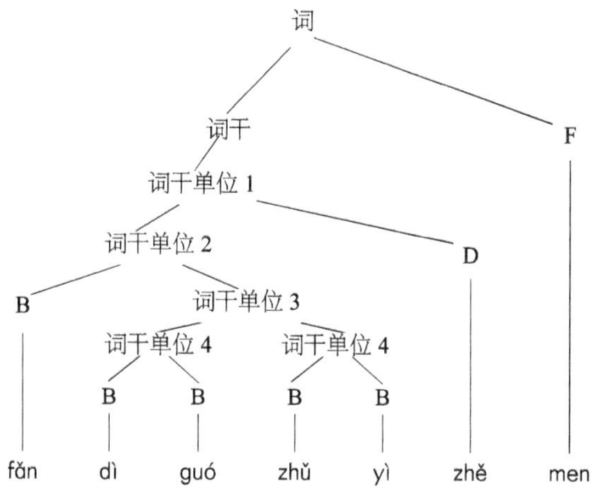

图 1

十、实现词法和语素教学的初步设想

既然汉语教学语法必须包括词法在内，语素教学也不得不成为语法教学中的重要组成部分，也就是词法教学的基础。而且越注重语素教学，越可以发现，汉语词法结构与汉语句法结构相比是同样错综复杂的，远远要超过传统的语法书和对外汉语教材之中所列出的篇幅和规模。在这个新领域将来必须拟定出特殊的分析方法、结构类型和概念。语素教学不但是词法教学的基础，也是语音、汉字、词汇、短语、成语等教学领域必不可少的依据。在课堂上“语素”这个基本语法单位和概念不能由“字”“词”或者“音节”所代替，否则语法教学将处处遇到矛盾。学生如果弄不清“汉字”“音节”“词”和“语素”之间的区别和复杂关系，恐怕将来没有机会加深对汉语语法的理解，也很难培养真正的语感。

到目前为止，汉语的词法研究还没有达到应有的地位，在教学中也没有起到有效的作用，仍是方兴未艾的领域。可以说，词法研究是将来为国际汉语教学开辟新途径的主要因素。二十多年以前陈光磊已经提醒汉语教学界说：“汉语的词法研究正日益被重视并不断有所展开。但是，还必须进一步加以确立、加强和深化。”（陈光磊，1994：4）看来，这么多年汉语词法研究和教学仍然停滞不前，还处于酝酿的阶段。

创造具有自己规则、方法、结构类型和概念的汉语词法教学和语素教学，大力推动汉语语法教学系统的改革，成为国际汉语教学的新挑战。

最后简要地提出一些有关汉语教学语法改革的建议，目的在于抛砖引玉：

（1）限制句法和“句本位”的传统影响和“垄断”地位，扩大词法学和词汇学的范围和视野。（2）促进以口头语言为基础的语法分析和教学，并把汉字归为书面符号和文字系统中的单位，以免把语言和文字混为一谈。（3）开展词法和语素研究，按词法学本身的规律、特征和方法进行分析，并创造适合教学应用的概念和术语，比如在分析各种语素的特征、类别、构词能力、语素之间的各种关系和拼音分词连写规则等方面。（4）实现词法和句法的严格“分工”，在词法研究与教学中不再采用句法分析方法，如词内部的“主谓”“动宾”“动补”结构等说法。（5）解决一系列自相矛盾的问题，比如所谓的“动态助词”（－了、－着、－过）应该归属“动态后缀”和动词构形法的范围，所谓的“结果补语”“趋向补语”“可能补语”等应该归为动词构词法之内的问题。（6）更深入地研究并解决若干复合动词的结构特征和分类，如“寄给”“看成”“变为”“来自”“生于”“合乎”“坐在”“出现在”“跳到”“有助于”“取决于”“立足（于）”等。（7）词法范围扩大、句法范围限制以后，语法研究与教学的概念、内容和方法都会发生规模相当大的变动，也会引起对传统语法的彻底改革。

参考文献

陈光磊（1994）《汉语词法论》，上海：学林出版社。

柯彼德（1992）试论汉语的语素分类，《世界汉语教学》第1期。

黎锦熙（1924）《新著国语文法》，上海：商务印书馆。

刘月华、潘文娱、故韡（2001）《实用现代汉语语法》（增订本），北京：商务印书馆。

陆志韦（1951）《北京话单音词词汇》，北京：科学出版社。

陆志韦（1957）《汉语的构词法》，北京：科学出版社。

吕叔湘（1942，1944）《中国文法要略》，上海：商务印书馆。

吕叔湘（1979）《汉语语法分析问题》，北京：商务印书馆。

吕文华（1994）《对外汉语教学语法探索》，北京：语文出版社。

吕文华（2000）建立语素教学的构想，《第六届国际汉语教学讨论会论文选》，北京：北京大学出版社。

马建忠（1898）《马氏文通》，上海：商务印书馆。

上海交通大学汉字编码组（1988）《汉字信息字典》，北京：科学出版社。

王力（1943，1944）《中国现代语法》，上海：商务印书馆。

朱德熙（1982）《语法讲义》，北京：商务印书馆。

BUßMANN H. *Lexikon der Sprachwissenschaft*[M]. Stuttgart: Alfred Kröner Verlag, 2002.

作者简介：柯彼德，德国美因兹大学翻译学、语言学与文化学学院中国语言文化系教授（退休），博士。主要研究方向为汉语语言学与教学、中国语言与文化、德汉翻译、丝绸之路文化、史前和古代欧亚酒文化等。

言语产生的句法启动研究方法

冯　浩　冯丽萍

摘要　本文结合国内外文献，首先探讨了句法启动研究中目标句的选择，提出汉语研究中在遵守“可互换性”原则的前提下应注意结构中的标记性；其次回顾了句法启动的研究范式，对范式的使用条件及在汉语研究中的应用进行了分析；再次梳理了采用句法启动作为实验手段能考察的研究问题，包括言语产生中激活的信息、词序和词汇重复在产生中的作用等；最后总结了解释句法启动现象的两种理论假设。研究句法启动，不仅有助于了解言语产生中的认知加工过程，也有助于对外汉语课堂教学语言的组织和教材的编写。

关键词　言语产生　句法启动　研究方法

一、引言

句法启动（syntactic priming），指个人言语或者和他人对话中，人们倾向于重复使用之前加工过的句法结构的现象。例如，Weiner 和 Labov（1983）发现当听到被动句后，人们更倾向于接下来使用被动句。句法启动不仅发生在母语者言语产生中，也发生在汉语二语者的言语使用中。例如，当母语者说出“还需要再练习一下”后，二语者会产出“还需要多练习一下”①，二语者会借用听到的句法结构，帮助自己产生正确的言语。

句法启动不仅是一种现象，更是考察母语者和二语者言语产生中句法信息激活的一种非常有效的实验方法（Pickering & Ferreira，2008）。和语言理解的词汇启动基本实验范式相似，言语产生的句法启动基本范式是改变多个启动句的类型，通过描述目标图或者补充目标句来诱发被试的言语，控制启动句和预期产生目标句之间的关系（例如句法结构、题元角色、动词或者名词重复等），分析启动句的不同性质对被试产生的目标句类型的影响，以考察言语产生中激活信息的相关问题（见图 1）。

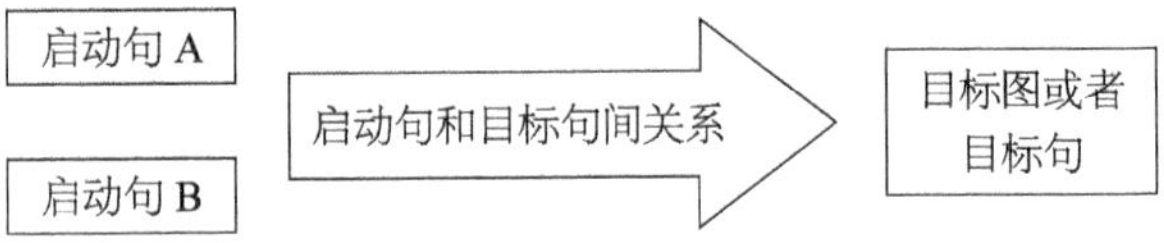

图 1　言语产生句法启动基本实验范式示例

但是，现有的研究大多未讨论实验范式的原理及使用条件，因此有必要详细介绍实验范式。了解句法启动涉及的目标句、实验范式，才能针对要研究的问题有的放矢；参考句法启动发生的机制，才能对实验结果进行合理的解释。另外，在对外汉语教学中，教师可以设计有效的课堂语言，或者利用教材中的句法结构，引导学生正确地产生言语。因此，本文将从句法启动涉及的目标句、实验范式、研究的主要问题、产生机制等方面全面介绍言语产生的句法启动研究，以便为研究者及汉语教师提供参考。

---

① 该语料来自冯丽萍教授主持的国家社科基金一般项目“面向第二语言习得的汉语句法复杂度测评指标研究”（项目编号：14BYY146）中留学生口语语料。由陈路遥同学提供。

二、句法启动实验中的目标句

句法启动实验要求被试在受启动句影响之后，选择结构不同的目标句表达同一个意思，因此，实验中需要选择句法结构不同、但句子意义基本相同的目标句，即目标句需满足“可互换性原则”。目前以印欧语来考察句法启动效应的结构主要有介宾句和双宾句，主动句和被动句（Bock, 1986）；表示方位的句子：the ball is on the table 和 on the table is a ball（Hartsuiker, Kolk，& Huiskamp, 1999）；名词关系小句：the red sheep 和 the sheep that is red（Cleland & Pickering, 2003）等。以汉语来考察句法启动效应的结构主要有主动句和被动句、“把”字句和“被”字句等。

Bock（1986）最早用实验的方法考察言语产生中的句法启动现象。启动句类型包括介宾句（a rock star sold some cocaine to an undercover agent）和双宾句（a rock star sold an undercover agent some cocaine），诱发目标句的图片可以用介宾句或者双宾句进行描述。实验结果发现，介宾启动句能够促进介宾目标句的产生，双宾启动句能够促进双宾目标句的产生。此后，用英语来考察句法启动的研究多以介宾句和双宾句作为实验材料。

主动句和被动句也是研究句法启动常用的实验材料（曹贤文、牟蕾，2013；查芸芸、吴思娜，2014；张积家、芦松敏，2012）。但是，汉语里的“把”字句和“被”字句、“被”字句和主动句是否适合作为实验材料来探讨句法的启动效应，是值得商榷的。“把”字句和“被”字句均为有标记的句子，如果发生相同句式的启动，究竟是句法结构的启动，还是标记“把”字或者“被”字的启动？此外，以主动句和被动句作为材料考察句法启动效应的研究，其实验设计均未考虑施事和受事在诱发目标句的目标图中的左右位置，而这一因素会在一定程度上影响被试对主动句或者被动句的选择。Bock（1986）的研究发现，施事的生命度和施事受事在目标图中的左右位置会影响被动句的启动效应。因此，这些也是今后同类研究中应当关注的细节。

汉语中满足“可互换性原则”的目标句式不多，主要有包含准二价动词的框式结构（如“老师给学生颁奖”和“老师颁奖给学生”）（杨圳、施春宏，2013）；包含量词的关系从句（如“我见过写小说的那个女孩”和

"我见过那个写小说的女孩")(李金满，2013)；包含非宾格动词的句子（如"三艘船在这个海域沉了"和"在这个海域沉了三艘船")(袁博平，2015)；汉语介宾与格句和汉语双宾与格句（如"牛仔送给了水手那本书"和"牛仔送了那本书给水手")(Cai, Pickering, & Branigan, 2012）等。

另外，可互换目标句的使用频率可能是影响句法启动效应是否发生和如何发生的重要因素。冯丽萍、冯浩（2015）发现，汉语母语者和高水平汉语二语者产生由准二价动词构成的句子（如"老师给学生颁奖"）时，汉语母语者受目标句式使用频率的影响，并未发生句法启动效应；而高水平二语者在产出高频句式时，受启动句句法结构的影响，在产生低频句式时，受启动句句法结构和题元角色的共同影响。

需要注意的是，由于句法启动诱发言语的目标图和需要补全的目标句会产生两类结构，因此因变量通常有两个（王启、屈黎娜，2012)。研究者也可以选择自己关心的目标句种类，选择一个因变量进行分析，或者采用 Logit 混合效应模型（Jaeger, 2008）进行分析。

三、句法启动的研究范式

言语产出的句法启动范式需恰当地诱发被试的言语。常用的研究范式包括：图片描述（Bock，1986），瞬时回忆句子（Potter & Lombardi，1998），句子补全（Pickering & Branigan，1998；Hartsuiker & Westenberg，2000）等。

3.1 图片描述范式

图片描述范式最早由 Bock（1986）设计。实验材料包括启动句、填充句、产生目标句的图片和产生填充句的图片。研究者告诉被试，实验是关于记忆的研究。被试首先学习填充句和填充图片，任务是判断听到的句子（包括启动句和填充句）是否是之前学习过的句子，并且大声重复；被试重复启动句之后，目标图片呈现，被试判断呈现的图片是否是之前见过的图片，并且用一句话描述图片的意义。

研究者提出，Bock 的实验需要在真实话语环境中检验。Branigan，Pickering，& Cleland（2000）采用同盟者脚本技术（confederate scripting technique）进行图片描述。实验包括真被试和假被试（即实验人员）。研究者告诉被试实验目的是研究人们在不能看到彼此的情况下是如何交流的。实验时，两名被试轮流描述图片，同盟者根据事先写好的脚本朗读，真被试找出同盟者描述的图片，然后描述目标图片，同盟者找出目标图片。Hartsuiker，Pickering，& Veltkamp（2004）将同盟者脚本技术用于西班牙语和英语跨语言句法启动中。实验流程和母语研究大致相同，但真被试用英语描述目标图，同盟者用西班牙语描述目标图，实际上保证了同盟者描述图片的过程中呈现的是西班牙语启动句，而被试产生的是英语目标句。

有关汉语第二语言句法启动的研究中，一些研究未在实验设计时报告如何排除被试可能了解实验意图所带来的对实验结果的影响，所以今后的研究设计与操作应更加关注相关细节。另外，由于图片能表达的内容一般较为具体，所以图片描述范式中目标句的意义一般是具体的，那么考察表达抽象意义的句子的启动效应就需要采用其他的研究方法。

3.2 瞬时回忆句子范式

瞬时回忆句子实验范式通过快速系列视觉呈现（rapid serial visual presentation，简称 RSVP）的方法呈现目标句：被试需要记住的目标句以词为单位快速呈现，每个词呈现 100ms，然后呈现启动句，被试立刻回忆启动句后，接着回忆目标句。目标句的句义可以用两种不同的句法结构表达。研究发现，启动句的句法结构会显著影响被试对需要回忆的目标句句法结构的选择。

张金桥（2012）根据汉语的特殊性巧妙地改进了瞬时回忆实验范式。汉语中存在大量近义或同义的成语（例如“鸡飞蛋打”和“人财两空”），两者语法结构不同，分别为联合式和主谓式。实验材料满足了本文提到的目标句“可互换性”原则。研究者让被试首先阅读目标成语的意义（如“两头遭受损失，一件事也做不好”），然后阅读启动成语（如“风驰电掣”）。启动成语与表示近似意义的两个目标成语（如“鸡飞蛋打、人财两空”）均无语义上的联系，但与两个成语中某一个语法结构相同（如“鸡飞蛋打”）。被试回忆启动成语，然后用一个成语表达所阅读句子的意思。结果显示，产生汉语成语时存在十分明显的句法结构启动效应，即“风驰电掣”会促进“鸡飞蛋打”类成语的产生。

但是，瞬时句子回忆范式受被试工作记忆容量的影响较大。因此，该范式比较适合研究简单句子或者短语产生中的句法启动效应（陈庆荣，2012）。

3.3 句子补全范式

句子补全范式有书面语和口语两种形式。Pickering & Branigan（1998）给被试书面呈现一些不完整的句子作为启动句（如 The racing driver showed the torn overall，介宾启动句），启动句片段受句法限制只能使用介宾或者双宾结构中的一种来补全。被试补全启动句后，再呈现只包含主语和动词的目标句子片段（如 the patient showed），被试可以使用介宾或者双宾两种结构的任意一种来补全目标句。结果发现，补全启动句时采用的句法结构对产生目标句时采用的句法结构有显著的启动效应。之后研究者将书面语呈现的句子片段改成口语呈现，也发现了句法启动效应（Hartsuiker & Westenberg，2000）。

句法启动的实验范式并不仅限于此。冯丽萍（2008）通过连词成句和关键词产生句子的方法研究了二语者汉语存现句的产生过程。张金桥、王明月（2012）采用句子、短语和词三种启动条件，被试组词成句的启动范式探讨中级水平留学生句子产生中的句法启动效应。

以上的研究均以被试产生的目标句数量作为因变量，较少有实验以句子产生的反应时作为因变量（Wheeldon ，Smith，& Apperly，2011），其原因在于句子产生时句中的停顿较难控制。随着研究技术的更新和发展，近年来有研究将句法启动和 fMRI 技术结合，Menenti，Segaert & Hagoort（2012）通过重复动词、论元结构或者句法结构考察言语产生时激活的脑区，结果发现，左脑（特别是左侧颞中后回、左侧额下回）倾向于处理句法信息。关于汉语母语者、汉语第二语言学习者言语产生中句法启动的神经机制，也有待于数量更多、技术更精巧的研究设计来发掘和解释。

四、句法启动研究的主要问题

采用句法启动实验范式能研究的主要问题包括：母语者和二语者言语产出时激活的信息，即激活的是句法结构信息还是题元角色信息。词序在跨语言句法启动中扮演的角色，以及不同类型的词汇重复对句法启动的影响。

4.1 句子产生时激活的信息

句法启动实验在给被试呈现启动句时，均要求重复或者补全启动句，此时会激活被试大脑中关于启动句的信息（例如，句法结构、动词的论元结构、题元角色，等等），这种激活的信息会影响被试产生目标句时对使用信息的选择。

一种观点认为，句法启动激活的是句子的句法结构信息。句法结构是层级性的词语组合，比如，“学生在宿舍睡觉”和“政府给百姓服务”的句法结构均是“NP+PP+VP”。句法启动发生在具有相同句法结构的句子之间，句法启动和题元角色无关（如，被动句 The 747 was alerted by the airport’s control tower、进行时句 The 747 was landing by the airport’s control tower 均能促进被动句的产生）（Bock & Loebell，1990）。

另一种观点认为，句法启动激活的是句子的题元角色信息，即启动句的题元角色信息激活之后，被试会采用和启动句相同的题元角色特征产生目标句。Hare & Goldberg（1999）采用“provide with”类句子对该问题进行了考察。“provide with”结构的句子（ The restaurant provides guests with good food ）和介宾句（The hotel gives keys to the guests）句法结构相同，都是“NP+V+NP+PP”，涉及的题元角色顺序却和双及物句（如 The hotel gives the guests keys）相同，即施事、接受者、客体。结果显示，“provide with”类句子由于题元角色顺序和双及物句相同，与介宾句相比，启动了更多的双及物句，说明句法结构在言语产生中不起作用，而题元角色顺序起了作用。

句法启动激活的是句法结构还是题元角色对语言教学具有重要意义。语言习得的“界面假说”认为，句法规则与其他认知范畴之间的联系最难习得（Sorace & Filiace，2006），如何建立起句法结构和题元角色间的联系尤为重要。在目前重视任务型教学、重视“做”中“学”的教学模式下，如何让学习者在言语理解和使用中有效地将句法结构和成分的意义相结合，如何选择正确的形式恰当地表达意义，而避免出现如“我把饭吃在食堂”类句式使用不当的句子，是汉语教师和研究者均应思考和探讨的问题。

4.2 词序在言语产生中的作用

在句法启动范式中，改变启动句的词序，可以考察词序对言语产生的作用。一些研究发现，词序对跨语言的句法启动有重要作用，如果两种语言词序不同，就不会发生跨语言的句法启动。Bernolet，Hartsuiker & Pickering（2007）发现名词关系短语（the sheep that is red 和 the red sheep）在被试的母语（荷兰语）、第二语言（英语）内部都可以发生启动，但语言间没有启动，可能的解释是荷兰语动词和形容词的位置与英语不同（荷兰语为：the sheep that red is）。其后，他们发现了德语和荷兰语的名词关系短语能够互相启动，研究者认为，德语和荷兰语共同的词序导致了跨语言的句法启动。

另一些研究发现，词序在跨语言启动中不起作用，即使两种语言词序不同，也会发生跨语言的句法启动。Chen，Jia & Wang et al.（2013）考察了汉英双语者被动句的启动效应，结果发现，即使汉语和英语的被动句词序不同，依然发生了汉语到英语和英语到汉语的跨语言句法启动。张金桥、王燕（2012）采用和汉语被动句词序不同的印尼语为实验材料，研究结果发现，启动句是印尼语被动句时，中、高水平留学生均更多地产生了汉语被动句，发生了跨语言句法启动现象。

但是，考察词序在跨语言启动中作用的研究还相对较少，现有的研究还处于讨论词序是否会对跨语言句法启动存在影响的阶段。通过考察词序在跨语言间的启动作用，对探讨二语者句法结构表征和句法编码过程、分析二语产生中母语迁移的因素和条件有重要意义；此外，词序的作用可以部分解释二语产生中句法结构错误的现象，对预测、解决汉语第二语言课堂教学中的重难点均有参考价值。

4.3 词汇重复在句法启动中的作用

由于词汇相同，说话者更倾向于在句法启动中采用包含相同词汇的句法结构的现象被称为词汇促进效应（lexical boost effect）。Pickering & Branigan（1998）首次发现启动句和目标句的动词重复对句法启动有促进作用。Gries（2005）统计了英语语料中的3003句介宾和双宾句，结果发现，有三分之二出现了句法启动，并且当动词相同时，启动效应增强。

在跨语言句法启动的研究中，一些研究者发现，跨语言的动词重复能促进句法启动效应（Schoonbaert，Hartsuiker，& Pickering，2007）。Bernolet等（2007）发现，名词重复在母语的言语产生中会发生句法启动的促进效应，对二语的句法启动没有促进效应。曹贤文、牟蕾（2013）发现，"把"字句和"被"字句的受事名词相同对跨语言句法启动效应影响不显著，而动词相同则可显著增强句法启动效应。这些结果说明，动词和名词在二语言语产生中扮演的角色也许不同。

以印欧语为实验材料的研究发现，介词（to或者for）重复不能促进句法启动（Bock，1989）；但是汉语的介词大部分由动词演化而来，汉语的介词重复（例如"把""被""向"等）是否会对句法启动有显著影响？介词的意义和虚化程度如何影响句法启动的发生？这些值得在今后的研究中加以关注。

五、句法启动的机制

句法启动现象是如何产生的？目前主要有两种理论对此进行解释：内隐学习理论（implicit learning theory）（Ferreira & Bock，2006）和残余激活理论（residual activation theory）（Pickering & Branigan，1998）。

内隐学习理论认为，句法启动是句子意义映射到句子成分序列的连接增强过程，启动句的加工增强了从意义到词语序列的映射连接。研究者认为，至少有三点证明启动是内隐的。第一，启动和外显记忆无关（Bock，Loebell，& Morey，1992）；第二，由颞中叶损伤造成的顺向失忆症（anterograde amnesia）患者（外显记忆受损严重）也会出现句法启动效应（Ferreira，Bock，Wilson，& Cohen，2005）；第三，句法启动有反倾向性效应（inverse preference effect），即低频的句子产生更大的句法启动效应（Hartsuiker & Kolk，1998），这和基于试误的内隐学习算法相关。

残余激活理论认为，句法启动是动词词条层的句法组合信息激活后的产物。研究者认为，动词词条层有动词的词类节点，包含性、数、格的特征节点（feature nodes）以及包含动词句法组合信息的组合节点（combinatorial nodes）。动词用在特定结构时，组合节点及其连接就会被激活，例如，give 用在介宾结构时，组合节点 NP、PP 及它们之间的连接就被激活。组合节点及其连接被激活后，说话者就更倾向于重复已经激活的信息，所以发生了句法启动。

六、结语

作为一种实验范式，句法启动已经被心理语言学家广泛应用。它可以看作是实验室环境下研究言语交流的重要方法，可以建立起语言理解与语言产出实验研究的桥梁，将语言研究由静态扩展到动态，将语言加工研究扩展至语言教学、语言本体研究。但是利用句法启动所能研究的问题、实验范式的选择和变量的控制，在有关汉语的研究中需要结合汉语的事实谨慎处理，以使实验结果的解释性、可重复性更强。

句法启动的研究结果也可以为汉语第二语言教学提供非常重要的参考。了解句法启动的影响因素和发生条件，明晰二语句法启动和母语的异同，有助于教师利用这些影响因素更好地设计教学，组织教学语言，使学生听到的句子能够真正成为有效的“启动句”，成为其句法习得的“支架”，从而提高课堂教学的效率，促进学生口语能力的发展。

参考文献

曹贤文，牟蕾（2013）汉语二语处理中句法启动效应的实验研究，《汉语学习》第4期。

陈庆荣（2012）句法启动研究的范式及其在语言理解中的争论，《心理科学进展》第2期。

冯丽萍（2008）汉语句子产生中的结构迁移效应研究，《云南师范大学学报》（对外汉语教学与研究版）第5期。

冯丽萍、冯浩（2015）汉语母语者和高水平二语者句法启动效应实验研究，《国际汉语教育》第2辑，北京：外语教学与研究出版社。

李金满（2013）二语视角下汉语关系从句中的量词分布考察，《现代外语》第2期。

王启、屈黎娜（2012）二语交互中的结构启动与二语发展，《外语教学与研究》第6期。

袁博平（2015）汉语二语习得中的界面研究，《现代外语》第1期。

查芸芸、吴思娜（2014）汉语句法启动效应实验研究，《语言教学与研究》第1期。

张积家、芦松敏（2012）汉—英双语者言语产生中的句法启动效应，《西安外国语大学学报》第4期。

张金桥（2012）汉语成语产生中的语法结构启动效应，《心理科学》第4期。

张金桥、王明月（2012）中级水平留学生汉语句子产生中的句法启动效应，《华文教学与研究》第2期。

张金桥、王燕（2012）印尼留学生汉语句子产生中的跨语言句法启动，《心理与行为研究》第4期。

Bernolet, S., Hartsuiker, R. J. & Pickering, M. J. 2007. Shared syntactic representations in bilinguals: Evidence for the role of word-order repetition. *Journal of Experimental Psychology: Learning, Memory, and Cognition.*

Bock, J. K. 1986. Syntactic persistence in language production. *Cognitive Psychology.*

Bock, J. K. 1989. Closed-class immanence in sentence production. *Cognition.*

Bock, J. K. & Loebell, H. 1990. Framing sentences. *Cognition.*

Bock, J. K., Loebell, H. & Morey, R. 1992. From conceptual roles to structural relations:

Bridging the syntactic cleft. *Psychological Review*.

Branigan, H. P., Pickering, M. J. & Cleland, A. A. 2000. Syntactic co-ordination in dialogue. *Cognition*.

Cai, Z. G., Pickering, M. J., Branigan, H. P. 2012. Mapping concepts to syntax: Evidence from structural priming in Mandarin Chinese. *Journal of Memory and Language*.

Chen, B., Jia, Y., Wang, Z., Dunlap, S. & Shin, J-A. 2013. Is word-order similarity necessary for cross-linguistic structural priming? *Second Language Research*.

Cleland, A. A. & Pickering, M. J. 2003. The use of lexical and syntactic information in language production: Evidence from the priming of noun-phrase structure. *Journal of Memory and Language*.

Ferreira, V. S. & Bock, J. K. 2006. The functions of structural priming. *Language and Cognitive Processes*.

Ferreira, V. S., Bock, J. K., Wilson, M. & Cohen, N. J. 2005. Structural persistence in anterograde amnesia: Evidence for implicit learning. Paper presented at the 46th annual meeting of the Psychonomic Society.

Gries, S. T. 2005. Syntactic priming: A corpus-based approach. *Journal of Psycholinguistic Research*.

Hare, M. L. & Goldberg, A. E. 1999.Structural priming: Purely syntactic? *Proceedings of the 21st Annual Meeting of the Cognitive Science Society*. London: Lawrence Erlbaum Associates.

Hartsuiker, R. J. & Kolk, H. H. J. 1998. Syntactic persistence in Dutch. *Language and Speech*.

Hartsuiker, R. J., Kolk, H. H. J. & Huiskamp, P. 1999. Priming word order in sentence production. *Quarterly Journal of Experimental Psychology*.

Hartsuiker, R. J., Pickering, M. J. & Veltkamp, E. 2004. Is syntax separate or shared between languages? Cross-linguistic syntactic priming in Spanish-English bilinguals. *Psychological Science*.

Hartsuiker, R. J. & Westenberg, C. 2000. Word order priming in written and spoken sentence production. *Cognition*.

Jaeger T F. 2008. Categorical data analysis: Away from ANOVAs (transformation or not) and towards logit mixed models. *Journal of Memory and Language.*

Menenti, L., Segaert, K. & Hagoort, P. 2012. The neuronal infrastructure of speaking. *Brain & Language.*

Pickering, M. J. & Branigan, H. P. 1998. The representation of verbs: Evidence from syntactic priming in language production. *Journal of Memory and Language.*

Pickering, M. J. & Ferreira, V. S. 2008. Structural priming: A critical review. *Psychological Bulletin.*

Potter, M. C. & Lombardi, L. 1998. Syntactic priming in immediate recall of sentences. *Journal of Memory and Language.*

Sorace, A., & Filiaci, F. 2006. Anaphora resolution in near-native speakers of Italian. *Second Language Research.*

Schoonbaert, S., Hartsuiker, R. J. & Pickering, M. J. 2007. The representation of lexical and syntactic information in bilinguals: Evidence from syntactic priming. *Journal of Memory and Language.*

Weiner, E. J. & Labov, W. 1983. Constraints on the agentless passive. *Journal of Linguistics.*

Wheeldon, L. R., Smith, M. C. & Apperly, I. A. 2011. Repeating words in sentences: effects of sentence structure. *Journal of Experimental Psychology: Learning, Memory, and Cognition.*

作者简介：冯浩，北京师范大学汉语文化学院博士研究生；冯丽萍，北京师范大学汉语文化学院教授，博士生导师。

在京英语国家留学生跨文化适应调查分析

彭继彤　刘继红

摘要　本文首先从语言适应、生活适应、心理适应和文化适应四个维度对在京英语国家留学生跨文化适应情况进行了调查。其次，从社会层面和个体层面具体分析了影响留学生跨文化适应的因素。研究发现，英语国家留学生在京跨文化适应整体处于中上水平，文化适应和心理适应水平较高，语言适应一般，生活适应水平较低。分析显示，英语国家的多元文化特性、同中国的友好关系、留学生较强的独立意识和内部学习动机及来自东道国成员的社会支持，对其跨文化适应均有促进作用。最后，本文着重从高校留学生教育管理的角度提出有利于提高留学生跨文化适应水平的建议。

关键词　英语国家留学生　跨文化适应　调查　分析　建议

一、绪论

全球化的发展，带动了国际间人员的流动。这种趋势表现在高等教育领域，最突出的特征就是“国际学生流动数量的飞速增长”(朱国辉，2011)。伴随着“汉语热”的持续升温，越来越多的海外学生看好中国的发展前景，选择来中国学习深造。据中华人民共和国教育部“来华留学生数据统计”，至2014年，来华留学生已达37万余人①。来到陌生国度，身处全新的环境，面对独特的中国文化，留学生难免遇到各种困难和问题。这些困难若没有得到及时解决，很可能对其身心健康、日常生活及学习造成负面影响。由此，海外留学生跨文化适应问题在近些年得到学界的广泛关注。

“跨文化适应”的早期定义是由人类学家Redfield等人提出的，他们认为，跨文化适应指“拥有不同文化背景的群体间发生直接接触，并伴随着一方或双方群体原有模式的持续改变”②(Redfield et al., 1936:149)。而Kim（2001：31）认为跨文化适应是一个动态过程，“个体在新的、陌生的、变化了的文化环境中重新安置，建立并维持一种与环境之间相对稳定、互利、且功能健全的关系”。与此不同，Berry（2005）则更加强调个体在跨文化适应中的选择权利及主动性，他认为“文化适应具有交互性，涉及每个参与交际的人员，它不仅会导致文化的融合与同化，而且还会引起认同的逆转与文化的回归”③。从上述定义的描述中不难发现，跨文化适应的界定经历了从“群体层面的文化模式变化”到“个体心理的调整过程”的转变(朱国辉，2011)。

目前，国内关于在华留学生跨文化适应的研究已取得一定成果，陈慧（2003、2006）、安然（2009）、朱国辉（2011）等学者的研究为我们提供了良好的借鉴。其中，朱国辉较早关注到“学生”这一群体的特殊性，在通常考察的“心理适应”和“社会文化适应”两个维度基础上，增加了“学

① 参见 http://www.moe.edu.cn/publicfiles/business/htmlfiles/moe/s5987/201503/184959.html，统计数据仅为中国内地（大陆）情况，不包含香港、澳门及台湾地区。

② 转引自 Kim, Y. Y.(2001). *Becoming Intercultural: An Integrative Theory of Communication and Cross-cultural Adaption*(pp.12). Thousand Oaks, CA: Sage Publications. 此处译文由笔者提供，后同。

③ 转引自戴晓东、顾力行（2012）《跨文化适应（一）：理论探索与实证研究》，上海：上海外语教育出版社。

术适应”维度，对本文的研究具有重要启示。

在实证研究方面，选题角度大致可分为三类：第一，将留学生作为一个整体，从高校选取一定的样本进行研究，如孙乐芩等人（2009）对来自全国13所高校留学生的研究；第二，对留学生所在地域做限制，针对某个城市或地区的留学生进行调查，以分析地域文化对跨文化适应的影响，如吕小蓬和董雅琪（2014）对在京留学生进行调查，特别考察了留学生对待北京文化的态度；第三，国别化的研究，主要以来自某个国家或文化圈的留学生为研究对象，结合其母语文化特点进行探讨，如亓华等（2009，2011）先后对在京韩国留学生、俄罗斯留学生的跨文化适应情况进行了研究，从量表设计到问题分析，充分考虑到学生母国文化的特点。我们认为，与宏观研究相比，国别化研究可以更为深入地分析影响留学生跨文化适应的因素。整体看来，目前国内学者比较关注留学生跨文化适应的维度、适应水平及影响跨文化适应的因素。由于研究角度、实施过程及样本选择不同等原因，研究者所得出的结论存在一定差异，跨文化适应问题仍存在较大的研究空间和现实意义。

目前，在全国招收留学生的31个省市中，北京位居第一，约占总留学人数的20%[①]。而发展跨国教育对于推进北京的“城市国际化”和“教育现代化”具有重要现实意义。如何帮助留学生更好地适应当地生活，成为政府和高校日益关注的问题。本研究在这一背景下进行，旨在通过调查和分析，了解英语国家留学生在京跨文化适应情况及影响因素，并尝试从政府、高校教育管理以及留学生自身的角度提出有利于提高留学生跨文化适应水平的建议[②]。

① 参见 http://www.moe.edu.cn/publicfiles/business/htmlfiles/moe/s5987/201503/184959.html 。

② 本研究所说的“英语国家”包括英国、爱尔兰、美国、加拿大、澳大利亚、新西兰等以英语为母语的国家。从留学生母语角度加以区分，是基于他们在语言适应方面的共性。另注：本文使用的问卷资料由北京市共建项目“在京留学生文化适应性研究”课题组提供。该课题组于2014年5月至6月期间，向北京七所高校在读留学生发放问卷，共收集到来自69个国家、764位留学生的有效问卷。前期研究者依据文化相近程度，将留学生划分为东亚、东南亚、中亚非和欧美国家四个地区。详见魏崇新（2015）来华留学生文化适应性研究——以北京高校留学生为例，《海外华文教育》第2期。本研究从“欧美国家”中提取“英语国家”，有效问卷为50份。

二、研究设计

2.1 研究对象

国籍方面，被试分别来自美国 21 人（42%），英国 21 人（42%），加拿大 3 人（6%），澳大利亚 5 人（10%），以英美两国为主；性别方面，男性 31 人（62%），女性 19 人（38%）；族群方面，华裔学生 8 人（16%），非华裔学生 42 人（84%），以非华裔学生为主；年龄方面，20 岁以下 5 人（10%），20—30 岁 40 人（80%），31—40 岁 3 人（6%），41—50 岁 1 人（2%），年龄大多在 20—30 岁之间；在京居留时间方面，一年以内 42 人（88%），1—2 年 2 人（42%），2—4 年 1 人（22%），4 年以上 1 人（22%），在京时间以一年以内为主；教育程度方面，本科 34 人（68%），硕士 9 人（18%），博士 3 人（6%），其他 3 人（6%）；学习类型方面，全日制本科生 19 人（38%），普通进修生 16 人（32%），专门项目研修班学生 1 人（2%），预科语言班学生 3 人（6%），在读研究生 6 人（12%），被试大部分为全日制本科生和普通进修生；学费来源方面，自费学生 23 人（46%），获奖学金学生 19 人（38%）；汉语级别方面，初级 16 人（32%），中级 23 人（46%），高级 9 人（18%），被试汉语水平以初中级为主；来京学习目的[①]方面，工作需要 7 人（14%），对汉语和中国文化感兴趣 35 人（70%），为取得学历或学业成绩 22 人（44%），旅游 13 人（26%），其他 1 人（2%），被试大部分因为对汉语和中国文化感兴趣而来北京。

2.2 研究问题

我们希望通过调查了解英语国家学生的跨文化适应情况，具体包含以下几个方面：

1. 英语国家留学生在京跨文化适应整体水平如何？与其他地区相比，英语国家学生在跨文化适应方面的特点是什么？

① “来京目的”为多项选择题，频率表示选择该项的总人数。

2. 英语国家留学生在语言适应、生活适应、心理适应和文化适应方面的具体问题是什么?

3. 影响英语国家留学生跨文化适应的主要因素是什么? 如何帮助他们提高跨文化适应水平?

2.3 研究方法

本文研究采取问卷调查与深度访谈相结合的方法。

1. 问卷

问卷由三部分构成：第一部分是“个人信息”，包括人口统计学信息，如性别、国籍、年龄、教育程度等在内共 11 个项目。第二部分共 38 题，主要从语言、生活、心理和文化四个维度来考察英语国家留学生跨文化适应情况，采用五度量表记分（1 表示“完全不符合”、2 表示“不太符合”、3 表示“不确定”、4 表示“基本符合”、5 表示“完全符合”），得分越高表明适应性越好[①]。第三部分由12个选择题和一个开放问题构成，是对问卷第二部分某些问题的进一步挖掘，探究可能对留学生跨文化适应产生影响的因素。

2. 访谈

初步整理问卷资料后，我们对个别学生进行了访谈，希望能进一步明确问卷所反映出的一些问题，同时，进一步了解我们关注的问题，如来华前的期望和准备、与中国人的交往、对高校留学生管理的建议等。访谈类型为半结构式，通过笔记记录访问内容。

① 其中，语言适应性共 14 题，对应的题目标号为 6、7、8、11、15、16、17、18、20、21、23、24、25、31，主要考察留学生对语言学习（如课堂参与）、公共语言环境的适应，以及在日常生活中运用语言交际的能力；生活适应性共 5 题，对应的题目标号为 9、19、22、26、27，主要考察留学生在京期间对城市生活环境的适应，包括服务、交通、通信等方面；心理适应性共 11 题，对应的题目标号为 1、2、3、4、5、10、12、28、36、37、38，主要考察留学生在京生活期间的心理健康程度、生活满意度以及对北京人的态度；文化适应性共 8 题，对应的题目标号为 13、14、29、30、32、33、34、35，考察学生对北京文化（如北京的建筑、饮食、文化场所、文化活动）的适应情况和态度。

三、调查结果

3.1 英语国家留学生跨文化适应总体情况

表 1　在京英语国家留学生的跨文化适应总体情况

项目		均值	标准差
跨文化适应四维度	语言适应性	3.5171	.56934
	生活适应性	2.9720	.77302
	心理适应性	3.7145	.46826
	文化适应性	3.9000	.50760
跨文化适应总体[①]		3.5259	.41616

单样本 T 检验结果显示，跨文化适应总体均值以及语言、心理、文化适应的均值都显著高于中间值“3”(检验结果分别为：$t=8.936, p < 0.001$；$t=6.423, p < 0.001$；$t=10.790, p < 0.001$；$t=12.537, p < 0.001$)，生活适应均值略低于 3，但二者无显著差异（$t=-.256, p=0.799$）。说明英语国家留学生在京跨文化适应整体处于中上水平，文化适应和心理适应水平较高，语言适应一般，生活适应水平较低。

对各维度平均数进行多重测量方差分析，结果显示，适应性的主效应非常显著（$F3,147=34.171, p < 0.001$），多重比较结果显示，文化适应的分数显著高于语言适应、生活适应以及心理适应的分数（$p < 0.001$；$p < 0.001$；$P=0.42$）；心理适应的分数显著高于语言适应和生活适应的分数（$P=0.019$；$p < 0.001$）；语言适应的分数显著大于生活适应的分数（$p < 0.001$）。数据分析的结果表明，在京英语国家留学生跨文化适应四个维度的水平有显著差别，由高到低排列依次是：文化适应、心理适应、语言适应、生活适应。

① 我们将跨文化适应四维度的均值相加除以 4，得到每个样本的“跨文化适应总体”均值。

3.2 与其他地区留学生的比较

为了进一步了解英语国家留学生的适应水平，我们将其与课题组数据库中来自其他国家和地区的留学生进行对比。见下表：

表 2 不同地区留学生的跨文化适应情况

地区	语言适应	生活适应	心理适应	文化适应
东亚	3.31（.50）	3.27（.66）	3.35（.53）	3.31（.73）
东南亚	3.61（.52）	3.72（.75）	3.63（.57）	3.71（.64）
中亚非	3.58（.52）	3.46（.75）	3.65（.54）	3.70（.64）
英语国家	3.52（.57）	2.97（.77）	3.71（.47）	3.90（.51）
其他欧美国家	3.41（.48）	3.15（.69）	3.86（.44）	3.82（.65）

由表 2 可知，在所有地区中，英语国家留学生的语言适应位居第三，生活适应的排名处于最后，心理适应位居第二，文化适应位居第一。可见，英语国家留学生在文化适应和心理适应方面表现较好，而生活适应水平较低，可能存在较多困难。单因素方差分析结果显示，地区差异对跨文化适应四维度均产生非常显著的影响（$p < 0.001$）①。事后分析显示，语言适应方面，英语国家与其他地区之间无显著差异（$p > 0.05$）；生活适应方面，英语国家留学生的适应水平要显著低于来自东南亚以及中亚非地区的学生（$P < 0.001$; $P=0.018$）；心理适应方面，英语国家学生的适应水平要显著高于东亚学生（$P < 0.001$）；文化适应方面，英语国家学生的适应情况也显著好于东亚学生（$P < 0.001$）。

3.3 相关变量②

下面，我们通过方差分析来探讨跨文化适应水平与性别、族群、学费

① 其中地区对语言适应有显著影响（$F=9.943$, $p < 0.001$），对生活适应有显著影响（$F=17.495$, $p < 0.001$），对心理适应有显著影响（$F=31.457$, $p < 0.001$），对文化适应也有显著影响（$F=23.581$, $p < 0.001$）。

② 对于“在京居留时间”和“年龄”两项，由于样本分布不均匀，不符合数据分析的条件，故不将其作为影响因素分析。

来源等变量之间的关系。见下表：

表 3　跨文化适应水平与相关变量

变量	变量水平		语言适应	生活适应	心理适应	文化适应
性别	男 N=31①		3.49（.57）	2.99（.70）	3.73（.45）	3.81（.55）
	女 N=19		3.57（.59）	2.94（.89）	3.68（.50）	4.04（.40）
族群	华裔 N=8		3.50（.38）	3.28（.75）	3.86（.47）	3.73（.71）
	非华裔 N=42		3.52（.60）	3.91（.77）	3.69（.47）	3.93（.47）
学费来源	自费 N=23		3.55（.12）	2.90（.65）	3.68（.37）	3.97（.58）
	奖学金 N=19		3.49（.13）	3.16（.87）	3.74（.54）	3.81（.46）
国家②	美国 N=21		3.50（.65）	2.96（.98）	3.78（.53）	3.92（.59）
	英国 N=21		3.47（.60）	2.95（.61）	3.57（.36）	3.85（.47）
教育程度③	本科 N=34		3.56（.59）	2.87（.77）	3.72（.46）	3.96（.51）
	硕士 N=9		3.38（.45）	3.18（.75）	3.70（.41）	3.54（.40）
学习类型④	全日制本科 N=19		3.72（.46）	2.98（.65）	3.77（.43）	3.89（.44）
	普通进修		3.53（.48）	2.91（.76）	3.72（.52）	4.05（.46）
学习级别	初级 N=16		3.13（.60）	2.83（.73）	3.64（.44）	3.80（.51）
	中级 N=23		3.56（.45）	2.89（.65）	3.69（.48）	3.93（.47）
	高级 N=9		4.07（.31）	3.49（.81）	3.97（.49）	4.15（.48）
来京目的⑤	工作需要	是 N=7	3.49（.68）	2.83（.78）	3.68（.45）	3.91（.53）
		否 N=43	3.52（.57）	3.00（.78）	3.72（.60）	3.90（.34）
来京目的	对汉语和中国文化感兴趣	是 N=35	3.46（.53）	2.90（.72）	3.76（.50）	4.02（.49）
		否 N=15	3.65（.65）	3.13（.88）	3.62（.38）	3.63（.46）
	取得学历或学业成绩	是 N=22	3.56（.62）	2.90（.81）	3.62（.39）	3.89（.38）
		否 N=28	3.49（.53）	3.03（.75）	3.79（.51）	3.91（.59）
	旅游	是 N=13	3.30（.57）	2.68（.76）	3.64（.51）	3.94（.49）
		否 N=37	3.59（.56）	3.08（.76）	3.74（.46）	3.89（.52）

① N 表示选择该选项的有效问卷数量，下同。另注：一些问卷的个别题目存在漏填、漏选情况，因不影响结果的准确性，也算作有效问卷。

② 我们调查的留学生来自 4 个英语国家，由于澳大利亚和加拿大人数过少，因此本文仅对英、美两国进行考察。

③ 问卷中的“教育程度”共有 4 个选项，其中“博士”和“其他”两项人数过少，因此本文仅对“本科”和“硕士”进行对比。

④ 问卷中的“学习类型”共有 5 个选项，选择“专门项目研修班”“预科语言班”和“研究生”三项人数较少，因此本文仅对“全日制本科”和“普通进修”两项进行考察。

⑤ 问卷中的“来京目的”共有 5 个选项，其中只有一人选择“其他”，故不做分析。

独立样本T检验结果显示，性别、是否华裔、国籍、学费来源、学习类型、来京目的中的“工作需要”“取得学历或学业成绩”及“旅游”对跨文化适应各方面均无显著影响①。教育程度和来京目的中的“对汉语和中国文化感兴趣”对文化适应有显著影响②。我们发现，本科生的文化适应水平显著高于硕士生（p=0.028）；因对汉语和文化感兴趣而来北京的留学生，文化适应水平也要显著高于其他人（p=0.011）。

单因素方差分析结果显示，学习级别对语言适应有显著影响（F=11.033, p < 0.001），对生活适应的影响接近0.05的显著水平（F=2.929, p=0.064）、对心理适应和文化适应无显著影响（p > 0.05）③。事后分析表

① 性别对语言适应无显著影响（t=-.487, p=0.628），对生活适应无显著影响（t=.249, p=0.804），对心理适应无显著影响（t=.355, p=0.742），对文化适应无显著影响（t=-1.619, p=0.112）。“是否为华裔”对语言适应无显著影响（t=-.092, p=0.927），对生活适应无显著影响（t=1.216, p=0.230），对心理适应无显著响应（t=.982, p=0.331），对文化适应无显著响应（t=-1.007, p=0.319）。学费来源对语言适应无显著影响（t=.304, p=0.763），对生活适应无显著影响（t=-1.077, p=0.288），对心理适应无显著影响（t=-.439, p=0.663），对文化适应无显著影响（t=.969, p=0.338）。国籍对语言适应无显著影响（t=.117, p=0.860），对生活适应无显著影响（t=.038, p=.970），对心理适应无显著影响（t=1.491, p=0.144），对文化适应无显著响应（t=.398, p=0.692）。教育程度对语言适应无显著影响（t=.845, p=0.403），对生活适应无显著影响（t=-1.070, p=0.291），对心理适应无显著影响（t=.163, p=0.871）。学习类型对语言适应无显著影响（t=1.174, p=0.249），对生活适应无显著影响（t=.279, p=0.782），对心理适应无显著影响（t=.341, p=0.735），对文化适应无显著影响（t=-1.047, p=0.303）。来京目的一（“工作需要”）对语言适应无显著影响（t=.136, p=0.893），对生活适应无显著影响（t=.525, p=0.602），对心理适应无显著影响（t=.237, p=0.814），对文化适应无显著影响（t=-.060, p=0.953）；来京目的三（“取得学历或学业成绩”）对语言适应无显著影响（t=-.415, p=0.680），对生活适应无显著影响（t=.580, p=.565），对心理适应无显著影响（t=1.276, p=0.208），对文化适应无显著影响（t=.167, p=0.868）；来京目的四（“旅游”）对语言适应无显著影响（t=1.651, p=0.105），对生活适应无显著影响（t=1.627, p=0.110），对心理适应无显著影响（t=.696, p=0.490），对文化适应无显著影响（t=-.346, p=0.731）；来京目的二（“对汉语和中国文化感兴趣”）对语言适应无显著影响（t=1.062, p=0.293），对生活适应无显著影响（t=.965, p=0.339），对心理适应无显著影响（t=-.952, p=0.346）。

② 本科生和硕士生在文化适应方面差异显著（t=2.279, p=0.028）。来京目的“对汉语和中国文化感兴趣”，对留学生的文化适应有显著影响（t=-2.659, p=0.011）。

③ 学习级别对心理适应无显著影响（F=1.577, p=0.218），对文化适应无显著影响（F=1.530, p=0.228）。

明，语言适应水平方面，高级和初级之间有显著差异（$p < 0.001$），高级和中级之间有显著差异（$p < 0.05$），初级和中级之间接近 0.05 的显著水平（$p=0.69$）。结果表明，留学生语言水平越高，语言适应性越好。生活适应方面，各级别之间无显著差异，但整体趋势是生活适应水平随语言水平提高而升高。

四、英语国家留学生跨文化适应及影响因素分析

4.1　英语国家留学生跨文化适应情况和问题

1. 语言适应分析

英语国家留学生语言适应得分 3.52，在语言学习、人际关系以及公共语言环境三方面表现良好，但在与其他地区留学生比较中位居第三，水平一般，具体分析如下：

a15 题得分最高，被试普遍认为来京后汉语水平提高较快[①]。我们的研究对象都是高校留学生，汉语学习是他们的首要任务。到京之后，他们不仅能在课上学习汉语，课下也有很多机会接触和使用汉语，在课堂学习和大语言环境的共同促进下，汉语水平自然得到提升；被试对 a20 题的认可度也比较高，说明“用汉语跟商场和饭店的服务员交流”基本没有困难[②]，因为购物、用餐是最基础的话题，学生在汉语学习初始阶段就能掌握相关表达，练习机会也很多。

a25 题得分最低，被试对去医院看病、和医生交流普遍感到压力[③]。我们推测，其主要原因在于看病会涉及一些专业术语，描述病情、听懂医嘱对语言水平要求比较高，因此容易产生交流障碍；a21 题得分较低，说明被试在阅读电器说明书方面也存在一些问题[④]，这是因为对英语国家学生而言，认读汉字本身就比较困难，加上说明书通常为书面语，语言比较复杂，

① a15“来北京后，我觉得我的汉语水平提高得很快。”（4.3）

② a20“我能用汉语跟商场和饭店的服务员交流。”（4.06）

③ a25“我很害怕去北京的医院，因为担心和大夫交流困难。”（2.58）

④ a21“我在北京买了电器后常常看不懂使用说明书。”（2.6）

更是难上加难；被试对 a08 题认可度相对也较低，说明留学生在北京与中国人的接触比较有限[①]。从开放题的表述来看，大部分留学生希望和中国学生有更多交流的机会。已有研究表明，与东道国文化成员的接触对留学生益处甚多，能够更好地促进其适应当地文化生活。

2. 生活适应分析

英语国家留学生生活适应水平中等偏低，得分 2.97，在与其他地区留学生比较中，排名处于最后，暴露出一些问题。

b09 题和 b19 题得分较高，说明被试对北京生活的丰富性、购物的便利性比较认可[②]。b22 题得分最低，说明被试对北京交通便利的认可度最低[③]。我们推测，道路拥堵、公共交通工具的拥挤是导致这一问题的主要原因。在通信方面，特别是网络，被试的满意度也较低，57.1% 的留学生表示，在北京生活最希望得到解决的问题是"随时可以上网"。从开放问题来看，网络设施及网速都有待改善。自然环境方面，北京的空气质量令人担忧，选择题"北京生活最不适应"的一项，高达 96% 的学生选择"空气污染"。我们调查的英语国家，社会经济比较发达，自然环境相对也是比较优越的。尽管在其工业发展的初期，比如英国也曾饱受环境污染的困扰，但随着环境治理得到重视，相关问题也逐渐得到解决，人们普遍有较强的环保意识。对于新兴崛起的中国来说，更多的人还沉浸在经济增长的喜悦之中，发展所带来的问题刚刚引起关注。近年来北京的雾霾严重，习惯了蓝天白云的留学生自然难以适应。

3. 心理适应分析

英语国家留学生心理适应部分得分 3.71，处于中等偏高水平，在与其他地区留学生比较中位居第二，表现较好。这一结论与前人研究相符，Hashim（2003）的研究证实西方学生应对压力的能力要好于非洲和日本学生；孙乐芩（2009）等人的研究表明欧美学生在心理适应方面要显著好于东南亚和东亚学生。

---

① a08"我有中国朋友，我每天有机会和中国人用汉语聊天。"（3.3）

② b09"北京的生活比较丰富。"（3.56）b19"北京物品丰富，购物很方便。"（3.26）

③ b22"北京的交通比较方便。"（2.4）

英语国家留学生普遍认为“在北京能交到很多国家的朋友”①。高校采取混合编班教学、大多数学习者乐于交友的性格及英语广泛的使用范围，为英语国家学生结交外国朋友带来了便利。此外，学生们普遍对自己的适应能力比较认可，认为已经适应了在北京的生活②。对于“北京人对外国人热情、友好”一题被试呈中立态度③，我们认为，个人经历的差异是造成意见分歧的主要原因，如果在北京遭遇了不愉快的经历（比如被骗），可能导致其做出负面评价。当然，也不能排除中西文化差异的影响。英美等国都属于西方发达国家，整体国民素质比较高，再加上宗教信仰方面的因素，不相识的人之间友好、信任的成分会多一些，人们会更愿意向陌生人伸出援手。而中国存在着“差序格局”，“圈内人”和“圈外人”的观念根深蒂固，致使中国人对待熟人和生人的态度可能截然不同。Hart（2000：153）在论述“关系”反射出的中美文化差异时，也发表过类似观点。他认为中国人信任熟人、不相信陌生人的程度都远超于美国人。中国人对于陌生人尽量避免接触，特别是不同民族、文化背景不同的人。虽然在北京这样的大都市，开放程度越来越高，友好的人也不在少数，但是这种表面上的冷淡态度可能也会使得留学生认为北京人并不那么“热情”“友好”。

4. 文化适应分析

英语国家留学生文化适应部分得分 3.9，处于中上等水平，在与其他地区留学生比较中位居第一，表现很好。我们认为，这与被试的来京目的密切相关，调查显示，有 70% 的英语国家留学生因为“对汉语和中国文化感兴趣”而来京留学。有趣的是，孙乐芩等人（2009）的调查也表明“对中国感到兴奋的留学生中有一大半（64%）是欧美学生”。我们认为，对中国文化的浓厚兴趣，是英语国家留学生文化适应性良好的重要原因。

物质文化方面，英语国家留学生最感兴趣的是北京的名胜古迹以及传统民居。作为文化古都，北京丰富的文化遗产对留学生有着较高的吸引力。结合选择题 6 来看，对于“在北京，我去过（　）”一项，选择频率最高

① c28“在北京能交到很多国家的朋友。”（4.38）

② c01“我是一个适应能力很强的人。”（4.28）c02“我已经适应了在北京的生活。”（4.34）

③ c10“北京人对外国人热情、友好。”（3.08）

的是三里屯酒吧（81.6%）和798艺术区（69.4%）。由此可见，除了历史文化建筑，北京的现代娱乐文化场所也很受欢迎。非物质文化方面，留学生对北京民俗和历史也很感兴趣。但“国粹京剧”得分最低[①]。我们认为，京剧艺术独特的表现方式对外国人来说难以理解，因此他们对京剧的兴趣普遍较低。而像北京市民自发组织的文娱活动如“在公园和广场唱歌、跳舞”反而使留学生驻足观看。

总体来看，英语国家留学生比较喜欢中国文化以及北京文化。而这种喜爱，可能正是源于文化上的差异。中国历史悠久，有着神秘复杂的一面，而当下的中国仍然不断有新鲜事物涌现[②]。留学生不仅对传统建筑和民俗充满兴趣，同时对有现代气息、能够展示城市活力的文化场所及活动也很喜欢。

4.2 影响在京英语国家留学生跨文化适应的因素

我们依据Ward等人（2001：44）对跨文化适应影响因素的分类，分别从宏观（社会层面）和微观（个体层面）两个视角来考察[③]。

1. 社会层面

Ward等人认为，从社会层面来讲，来源国与东道国的社会、政治、文化都会对跨文化适应造成影响，下面我们将结合英语国家与中国经济、文化、政治三方面的情况来分析。

---

① d32“我对京剧很感兴趣。”(2.6)

② 关于异域文化的吸引力，汪长明（2014）指出：“中国仍然是一个让人难以理解，充满许多与现代性不兼容的、怪异而神秘的‘东方国度’。在他们看来，中国文化不管是古是今、是雅是俗，都能激起他们深深的好奇心、探究欲。”汪长明（2014）文化调适·制度供给·社会支持——跨文化视野中的在华留学生，《当代青年研究》第4期。

③ Ward等人（2001：43-44）对影响跨文化适应的变量做过较为全面的总结，并从宏观和微观的角度将其分为“社会”和“个体”两个层面的变量，前者主要指东道国与来源国的社会、政治、文化因素，后者又可分为个体特征和情境特征两类。个体特征包括性格、语言流畅度、训练与经验、文化身份、文化适应策略、价值观等因素；情境特征包括文化接触时间、群体内以及群体间的接触（包括质与量两个方面）、文化距离、生活改变、社会支持等因素。

首先，主要英语国家的社会经济发展水平都比较高。中国经济虽然保持高速增长，但在许多方面和西方发达国家还有不少差距。基础设施不完善（如网络）、城市污染严重都是造成其生活适应困难的重要原因。另一个现实因素是发展中国家的国民素质有待提升。留学生对于中国人开车不遵守交通规则、不礼让行人及缺乏社会公德的行为比较反感。

其次，主要英语国家具有多元文化特征，如美国、加拿大、澳大利亚为移民国家，移民不仅为国家发展做出贡献，还带来各具特色的文化。英国虽然不是移民国家，但在第二次世界大战后，随着大批移民的涌入，民族成分也日益变得复杂。我们认为，来自英语国家的学生，在出国前有较多机会接触来自不同文化背景的群体，这对其在华的跨文化适应是个很好的铺垫。

最后，较为稳定的中外关系，对于英语国家留学生在京的跨文化适应也起到一定促进作用。伴随着经济的崛起，中国的国家实力与地位在世界范围内也得到认可。对英语国家来说，中国是重要的海外市场与资本输出国，因此重视发展对华关系。对中国来说，英美等国拥有先进的技术和丰富的资源，是我们现代化道路上的学习对象和重要合作伙伴。目前中国和主要英语国家之间都建立了战略合作伙伴关系，这种较为良好的中外关系，潜移默化中也会增进留学生与东道国居民相互间的好感。

2. 个体层面

（1）人口统计学因素

性别对跨文化适应四个维度均无显著影响。从均值来看，语言、文化适应女生分数略高于男生，生活、心理适应男生略高于女生。这一结论验证了以往的研究[①]。总体来看，我们认为性别并不是跨文化适应的决定性因素，男女各有优势，男生应对压力和困难的能力可能更好，而女生在语言学习方面更有天赋，丰富细腻的情感使她们能够更好地理解和体验东道国文化。

---

① 严文华、车笠（2012）通过调查发现，性别对美国在华留学生的心理和社会文化适应均无显著影响。孙乐芩等人（2009）的研究也显示性别因素无显著影响，不过总体男性适应水平略高，且女性的消极情绪体验要显著高于男性。

族群方面，理论上说华裔学生的文化距离更近，跨文化适应也应比非华裔学生更好。但分析结果显示二者并无显著差异。我们认为，这些华裔学生可能从小生长在国外，生活习惯、价值观念等方面更接近英语国家当地人，对中国的了解也比较少，因此并不比其他人更有优势。

国别方面，英美两国留学生的跨文化适应水平无显著差异。说明英语国家之间历史渊源比较深，在社会、经济、文化上有较多共性，因此来自这些国家的留学生在文化适应过程中，也表现出较高的一致性[①]。

教育程度对文化适应性水平有显著影响，本科生显著高于硕士生。本科生对于北京传统民居、名胜古迹，特别是对京剧的兴趣明显高于硕士生。我们推断，由于年龄和阅历的关系，本科生对于新鲜事物更加兴奋，探索未知领域的欲望更强，接受能力也更强。

（2）汉语水平

虽然检验结果显示学习级别只对语言适应有显著影响，但我们看到跨文化适应四方面都显现出语言水平越高，适应性越好的趋势。语言水平和语言适应联系最紧密，汉语好，学习上遇到的困难会少一些，和当地人交流则更加顺利，在公共场所辨识理解各种标牌和指示自然也更容易。生活适应方面也如此，如使用交通工具、上中文网站都要使用中文，汉语水平越高，在京生活语言障碍越少，处理问题相对容易，面对挑战也更有信心。

（3）来京目的

来京目的中只有“对汉语和中国文化感兴趣”一项对文化适应性有显著影响。“取得学历、学习成绩”和“工作需要”是典型的外部动机。而喜欢中国语言和文化是内部动机，学生能够从留学过程本身获得快乐，这种动机强度更大，持续时间也更长。对于英语国家的留学生，内在动机中的情感因素对跨文化适应起到了促进作用，而工具性的目的，对跨文化适应水平影响不大。

① 美国、加拿大、澳大利亚在成为独立国家之前都曾是英国殖民地。本研究调查的人数较少，如果增加样本数量，也许能揭示出不同英语国家之间的差异，这方面研究还有待深入。

（4）学费来源和学习类型

获得奖学金的学生和自费生之间并无显著差异。不过，在心理适应上，自费生感到的汉语学习压力要显著高于奖学金生。我们推测，获得奖学金的学生汉语基础可能比较好，学习汉语会相对轻松一些。不过，自费生不远万里，付出时间和金钱来京学习，可能有着更加强烈的动机。二者各有优势，因此适应水平也相当。

全日制本科生和普通进修生的适应水平相当。二者在年龄（20—30岁）、教育程度（本科）和在京居留时间（一年以内）几个方面比较相似，单纯的"学习类型"差别对适应影响并不大。此外，三名预科语言班的学生，在语言适应和生活适应上明显遇到较多的困难，我们认为较低的语言水平可能是造成适应障碍的原因。

4.3　与其他国家和地区的比较

1. 英语国家与东亚国家

通过与其他地区对比，我们发现，英语国家和东亚国家之间的差异最突出[①]。总体来讲，除生活适应以外，英语国家留学生的适应情况都比东亚学生好。通常认为文化距离越近则跨文化适应越有利，但是一些实证研究的结果却指向相反面[②]。我们的数据结果也部分支持"文化距离越远，适应性越好"这一结论。英语国家学生在语言、心理以及文化方面适应水平都显著高于东亚学生。原因可能有以下几点：

第一，文化差异。以英美为代表的英语国家、以日韩为代表的东亚国家分别可以归入文化上的"个人主义"以及"集体主义"[③]。典型的个人主义文化"信仰人的自助、自治和自我价值实现"（戴晓东，2011：102）。反映在现实中，英语国家的学生独立自主意识比较强，在陌生环境中更倾向

① 英语国家和文化距离最近的其他欧美国家之间无显著差异。

② 比如文雯等人（2014）对在京留学生的研究就显示，文化距离最远的欧美等国学生，适应反而比文化距离最近的日韩学生好。

③ 根据霍夫斯泰德的调查，英语国家个体主义指数最高：美国91、澳大利亚90、英国89、加拿大80。而日韩个体主义指数偏低（特别是韩国）：日本46、韩国18（戴晓东，2011：103—104）。

靠自己克服困难，选择来中国学习更多出于个人意愿和兴趣爱好[①]。而集体主义文化“重视集体忠诚、团队利益和互相之间的义务”(戴晓东，2011：102)。在华日韩的留学生容易形成由本国人组成的“小集体”，在着装和行为方式上有共同点，用本国语言交流，以此创造出“集体归属感”，许多日韩学生是出于家庭期望而来华留学。

第二，学习动机。如上文所述，英语国家学生来华主要出于对汉语和中国文化的喜爱，内部动机比较强。而日韩学生来华更多是为了拿到学历，认为汉语对就业有帮助，外部动机比较强。从情感上来说，正是因为“喜爱”，英语国家留学生更愿意学习汉语和中国文化，而这种“文化身份的灵活性”(flexibility in cultural identity)，在 Kim (2001：108) 的论述中便是“情感能力”(affective competence) 的重要组成部分，使得适应主体在面对挑战时有更多的情感支撑和动力支持。

第三，社会支持。Kim (2001：91) 推测东道国的接纳程度以及同化压力越高，与东道国成员交往的能力越强，交际活动越多，跨文化适应也越好。从已有资料来看，同日韩学生相比，英语国家留学生在京能够得到更多来自东道国的社会支持[②]。由于亚洲人外貌相近，日韩学生可能并不会引起太多关注。英美等国强大的经济实力和较高的国际地位是获得中国人好感的重要原因。在中国，英语是最重要的外语，中国学生学习英语的积极性很高，因此也希望和“母语是英语的留学生做朋友”(陈慧等，2006)。

除上述原因外，较低的期望[③]对于英语国家学生在京的适应也有促进作用。性格的开朗与内敛、是否有海外生活经历等也可能造成英语国家和东亚国家学生的适应差异。

① 这种“个人主义”文化，在美国人所崇尚的“独立个体教育”中有很好体现：“每个人都要自己应对生活中遇到的各种问题，掌握自己的命运……不要把自己当作联系紧密、相互依赖的群体中的一员，如家庭、宗教群体、部落、民族或其他组织中的成员。”(加里·阿尔滕、詹尼特·班尼特，2012：17)

② 杨军红 (2009) 的问卷调查显示，中国学生最有好感的八个国家中，英语国家就占三个。孙乐芩等人 (2009) 的调查也表明“中国居民最想与欧美国家来访者建立友谊”。

③ 欧美学生由于意识到中西文化的巨大差异，通常在来华前会做好心理准备。另外，由于受某些外国媒体对中国负面报道的影响，他们的期望不高，来华后发现中国比想象中好，因此更容易适应。

2. 英语国家、东南亚以及中亚、非洲地区

来自东南亚和中亚非的学生在生活适应性方面要显著好于英语国家的学生。导致这种结果的具体原因还有待探明。我们认为，在生活适应方面，社会经济发展水平和语言能力可能起到比较重要的影响作用。北京在中国虽然是最发达的城市之一，但是同英语国家相比，在交通、网络通信、购物方面尚有差距。而东南亚和中亚非国家的社会经济发达程度与中国更接近，有些地区甚至相对落后，因此，来自这些地区的留学生反而在北京享受到生活的便利。特别是东南亚国家与中国文化距离更近，华裔学生人数较多，在汉语学习方面比较有优势，他们在北京生活出行、购物、查找信息遇到的语言障碍也更小，因此生活适应水平更高。

五、结论与建议

我们发现，英语国家留学生在京跨文化适应整体处于中上水平。进一步分析显示，四维度适应水平有显著差异，按水平从高到低依次为：文化适应、心理适应、语言适应和生活适应。总体来讲，在京英语国家留学生的文化、心理适应表现较好，语言适应一般，生活适应水平较低。进一步分析显示，从社会层面上，中国和英语国家之间社会经济发展水平的差距会对跨文化适应造成阻碍。而英语国家的多元文化特性及同中国的友好合作关系对跨文化适应也有促进作用。从个体层面上，汉语水平对语言适应有显著影响，汉语水平越高，语言适应越好，其他三个维度也呈现出汉语越好、适应水平越高的趋势。此外，教育程度以及来京目的中的“对汉语和中国文化感兴趣”对文化适应有显著影响。研究发现，本科生的文化适应水平显著好于硕士生，因喜爱中国语言文化来京留学的学生，文化适应水平也要显著高于其他人。而其他因素，如性别、族群、国籍、学费来源、学习类型等对跨文化适应各方面均无显著影响。

通过与其他国家和地区的对比，我们发现，英语国家留学生的生活适应水平显著低于来自东南亚和中亚非国家的留学生，而文化、心理适应水平要显著高于东亚国家的留学生。我们推测，这可能受到来源国的社会经

济水平、文化距离、文化差异、社会支持、动机和期望等多种因素影响。个人主义文化推崇的独立意识、较强的内部动机及来自东道国成员的社会支持，对于促进英语国家留学生跨文化适应具有重要作用。

下面，我们将从政府、高校及留学生自身三个方面提出提高英语国家留学生跨文化适应水平的建议。

首先，政府层面上，北京市政府应进一步加强空气污染治理和网络基础设施建设；增加公共场所的语言支持，提高语言翻译的准确性和表达的得体性，考虑增加多语种的语言支持，特别是使用人数较多的日语、韩语；另外，留学生勤工俭学的政策还有待完善。

其次，在高校教育管理方面：第一，应加强留学生办公室建设。从问卷反馈来看，高校留学生办公室仍存在分工不明确、管理人员业务素质不高、无法提供足够的语言支持等问题。为解决上述问题，首先要明确工作范围和分工，留学生能够获得哪些帮助、办事的流程等需要通过手册或者讲座等方式告知学生。高校应当以留学生办公室为中心，逐步建立起“留学生咨询制度”，设立“留学生顾问”，提供一对一指导，“从个体层面关注留学生的困难”（杨军红，2005）。另外，办公室工作人员的跨文化交流技能和外语水平还有待提高。第二，注重语言教学的实用性，丰富文化教学的内容。通过调查我们发现，语言障碍是影响留学生在京日常生活的一个重要因素。因此，课堂汉语教学应当进一步贯彻落实“培养学生交际能力”的目标。特别在初级阶段，要重视日常交际情境的呈现，避免课本与真实语境的脱节。文化教学方面，统计显示，教师讲授是英语国家留学生了解北京文化的重要途径。丰富多样的文化课程将有助于学生了解北京、了解中国，可以针对学生的兴趣点，结合北京的名胜古迹及传统民俗进行教学。当然，这种文化介绍的内容还有待拓展和深入，除了中国历史、民俗、艺术外，还应该涉及更深层的价值观、交际模式，以帮助学生更好地理解中外文化差异，从而减少与中国人交往中的误解。第三，为留学生提供与生活学习密切相关的信息与指导，包括行前支持（入学前）、入学教育（入学时）及其他指导与咨询活动（入学后）。我们认为，编写留学生入学手册或校园指南十分重要，在手册中将入学教育的内容分门别类写清楚，便于学生遇到问题时查看。第四，通过辅导制度、“同屋”/“住家”制度及形式多样的校园活动，为中外学生交流创造更多机会。如前文所述，留学生普遍有和中国人交流的意愿，但缺乏沟通渠道。访谈中我们发现，IES 北京中心语言强化项目的一些措施很值得借鉴。比如，辅导制度，学校可以为留学生安排一对一辅导，请本校中国学生帮助留学生练习口语等，规定每周辅导次数并进行记录，以起到监督作用。另外，除了隔离式的留学生公寓外，学校应尽量提供更多的住宿选择，比如中外学生同住，给有意愿的留学生安排中国同屋，中外学生一起生活，双方能有更深入的交流；其二是“住家”计划，安排留学生住在学校附近的中国家庭，以帮助他们更好地体验并融入中国人的生活。第五，建立留学生教育管理的信息化平台。在校园信息化水平日益提升的大背景下，留学生的教育管理工作也应该充分利用这种现代化的手段，建设专门为在校留学生服务的网站、手机应用甚至微信公众账号，及时提供各种信息和指导。

最后，从留学生自身角度，来华前应多做心理准备，通过书籍、网络或者朋友提前了解留学目的地及就读学校情况，对即将到来的留学生活有客观实际的预期，对于可能遇到的困难尽早考虑应对措施。这对提高留学生跨文化适应水平都有促进作用。

参考文献

安然（2009）来华留学生跨文化适应模式研究，《中国高等教育》第 18 期。

陈慧（2003）留学生中国社会文化适应性的社会心理研究，《北京师范大学学报》（社会科学版）第 6 期。

陈慧、朱敏、车宏生（2003）跨文化适应影响因素研究述评，《心理科学进展》第 6 期。

陈慧、朱敏、车宏生（2006）在北京高校的外国留学生适应因素研究，《青年研究》第 4 期。

戴晓东（2011）《跨文化交际理论》，上海：上海外语教育出版社。

吕小蓬、董雅琪（2014）在京留学生北京文化适应状况调查研究，《国际汉语教育》

（第二辑），北京：外语教学与研究出版社。
罗敏东（2012）来华美国留学生的跨文化适应研究，首都师范大学硕士学位论文。
梅仁毅主编（2010）《英语国家社会与文化》，北京：外语教学与研究出版社。
亓华、[韩]李秀妍（2009）在京韩国留学生跨文化适应问题研究，《青年研究》第2期。
亓华、李美阳（2011）在京俄罗斯留学生跨文化适应问题调查研究，《语言教学与研究》第2期。
孙乐芩、冯江平、林莉、黄筱杉（2009）在华外国留学生的文化适应现状调查及建议，《语言教学与研究》第1期。
魏崇新（2015）来华留学生文化适应性研究——以北京高校留学生为例，《海外华文教育》第2期。
文雯、刘金青、胡蝶、陈强（2014）来华留学生跨文化适应及其影响因素的实证研究，《复旦教育论坛》第5期。
严文华、车笠（2012）美国留学生在中国的跨文化适应研究，载戴晓东、顾力行编《跨文化适应（一）：理论探索与实证研究》，上海：上海外语教育出版社。
杨军红（2009）《来华留学生跨文化适应问题研究》，上海：上海社会科学院出版社。
朱国辉（2011）高校来华留学生跨文化适应问题研究，华东师范大学博士学位论文。
[美]加里·阿尔滕、詹尼特·班尼特（2012）《理解美国——美国文化指南》，北京：北京大学出版社。
Ismail Hussein Hashim（2003）. 应激源感知和应对技巧的文化、性别差异：对留学中国的非洲学生、日本学生和西方学生的跨文化研究，华东师范大学博士学位论文。
Kim, Y. Y. 2001. *Becoming Intercultural: An Integrative Theory of Communication and Cross-cultural Adaption*. Thousand Oaks, CA: Sage Publications.
Ward, C., Bochner, S. & Furnham, A. 2001. *The Psychology of Culture Shock* (2nd *Edition*). Routledge.

作者简介：彭继彤，北京外国语大学中文学院2013级汉语国际教育专业硕士研究生；刘继红，北京外国语大学中文学院副教授，硕士研究生导师。

二、语言、教育理论及应用研究

现代常用字部件变形与归组研究

韩秀娟

摘要 部件变形是汉字发展演变中的一种常见现象，是汉字的书写、组配、理解等方面都涉及的一个重要部分，但在实际教学中，这个方面的教学和研究还未引起足够的重视。本文以《现代常用字部件及部件名称规范》的规则为依托，就部件变形的原因、归类进行了详细介绍。

关键词 部件 变形 变体 构字理据

一、引言

在学生学习汉字、部首检索查字典等活动中，对于部件“氵”是汉字“水”的变形,“扌”是部件“手”的变形，都容易掌握，但对于“刂”(刀中)与“刀”、“攵”(反文)和“攴”(敲字边)、“丷”(倒八)”与“八”、“廾”(弄字底)和“𠔉”(共字底)、“覀”(要字头)与“西”等部件之间的关系，往往会打个问号，或是因为这些部件组字后变形较大，不易辨认联想；或是因为部件组合时构字理据发生了较大改动；或是部件虽然在部件划分中归属为一组，但其实并无构字理据上的关联。因此，部件的变形与归组并不是简单的问题，需要我们做进一步的了解和研究。

二、部件变形的原因及分类

何谓“部件变形”？同一部件，由于组配在汉字的不同部位，受部位特征的约束而变成不同的形状，这种情况叫作部件的变形[①]。变形了的部件我们称为“变形部件”或“部件变体”。

部件为什么会变形？主要是书写方面的原因。

一是为了使合体字保持整体上的紧凑匀称、美观自然，部件会根据组配位置和部件的数量发生形体和笔画的变异，本文把这种情况叫作“部位变形”。例如，“心”在“思、想”等字中变扁或变窄；组配在汉字左边时变成“忄”，如在“情、怕”等字中；组配在撇捺对称的部件下部时变成“⺗”，如在“恭、慕”等字中。

部件	例字	部件变形
心	思、想	变扁或变窄
	情、怕	忄（竖心旁）
	恭、慕	⺗（恭字底儿）

又如，“共、其、兴”等做上部件时把右下的点延长变成捺，这样组配出来的“恭、基、誉”等字才显得舒展美观。例字如下：

① 刘靖年、曹文辉（2009）《汉字规范部件识字教学法》，长春：吉林大学出版社。

部件	例字	部件变形
共	恭	置于汉字上部时，部件的右下点延长变成捺。
其	基	
兴	誉	

再如，汉字构形复杂，有时需要多个部件组配成一个与其他字等大的方块，有横向型（“摊”）、纵向型（“拿”）、内外型（“围”）等形式，部件的数量越多，汉字笔画就越多，要把多笔画的合体字写成与独体字等大的方块，只能通过调整部件的形体来解决，本文把此种变形叫作“组合变形”。例字如下：

部件	例字	部件变形
手、又、隹	摊	横向型
合、手	拿	纵向型
囗、韦	围	内外型

二是为了追求汉字的简化、速写，使得汉字逐渐符号化，在这一过程中必然出现部件的减省、黏合、同化或异化现象，本文把此种变形叫作“简写变形”。

以同化和异化为例：“同化”指原本不同的一组形体变得相同了，例如“春（）、秦（）、奉（）、泰（）”四字的上部原本各是不同的构件，隶变后简并同化为一个构件：

古体部件	例字	现代变形部件
	春	𡗗
	秦	
	奉	
	泰	

“异化”与之相反，指原本相同的某一形体变成了一组不同的形体，这种情况多发生在构件身上，构件的形体变了，但整个字形的记录功能并没有变化，例如，上文举过的“心”的部件变形情况即属于此种情况。

一直以来，部件的变形现象在汉字教学中并未引起足够的重视，仅限于常见变形部件的简单介绍，如“氵”表示的是“水”，“刂”代表的是“刀”，对于部件变形的原因及其详细归组则很少涉及。其实，“部件变形”也应该是汉字教学中的一个重要内容：首先，因为部件是汉字字理的主要体现者，是能进行理据性拆分的基本单位。据功能的不同，部件有着表形、表义、示音、标示和记号之分。结合这些部件功能，学生在理解字义（语素义）、掌握字形和牢记读音方面能减少很多困难。其次，因为“部件变形”在汉字的演变发展中是一个常见现象，而且“变形部件”又活跃于汉字组配中，因此，汉字教学中应加重这方面的教学和研究。

三、《现代常用字部件及部件名称规范》的部件归组

《现代常用字部件及部件名称规范》[①]（以下简称《部件规范》，本文作者曾是此规范研制小组成员之一）是由教育部、国家语委组织研制的国家语言文字规范，于2009年3月24日发布，2009年7月1日起试行。此规范规定了现代汉语3500常用字的部件拆分规则、部件及其名称，适用于中小学语文教学和对外汉语教学。

《部件规范》共514个部件，并按照归组原则归入441组。《部件规范》的归组原则中包括了对现代常用字部件及其变体的具体归类，以下本文将就此部分进行详细介绍。

《部件规范》中“5 部件归组规则”主要有以下五条规定：

（1）部件构字理据相同，或写法稍异、或有所省减、或置向不同的变体归入一组。

所谓“构字理据”，也称为汉字的“构形理据”，即汉字的形体体现了何种造字意图，体现了哪些意义信息[②]。部件所要表达的构形理据相同，但因为汉字形体的变化，会导致写法、省减或置向等方面的一些变化。例如：

① 《现代常用字部件及部件名称规范》，GF0014—2009，中华人民共和国教育部、国家语言文字工作委员会发布。

② 王宁（2002）《汉字构形学讲座》，上海：上海教育出版社。

部件（组）	部件变体	例字	举例说明
“止”组	“止” 止（zhǐ）	步、止	“止”：本义为足、脚，这个意义后来做“趾”。
	“少” 步（bù）字底	步、涉	“步”：甲骨文的“步”由两只脚的象形符号构成，表示两脚在路上一前一后地走路。《说文 · 步部》：步，行也。意思是慢慢行走。
	“⺊” 足（zú）字底	走、定	“走”：金文上部像甩臂的人形，下边是一只脚，表示人在跑。《说文 · 走部》：走，趋也。指跑。
	“㐄” 降（jiàng）下角	降、舞	“降”：《说文 · 阜部》：降，下也。本义为从高处走下来。“夅”像两只脚向下，好像是倒写的“步”，篆文把金文的“步”写成“夅”。
“冫”组	“冫” 两点水（liǎngdiǎnshuǐ）/冰（bīng）字旁	冰	“冰”：会意字，从水从冫（bīng），古凝字。
	“⺀” 两点（liǎngdiǎn）/冬（dōng）字底	冬、寒	“冬”：小篆“冬”字从从仌，”（冰），表示冬季寒冷。隶书将篆文中的“冰”写成“⺀”。
“水”组	“水” 水（shuǐ）	水	“水”：象形字，像水流的样子。
	“氵” 三点水（sāndiǎnshuǐ）	河、渴	“水”在汉字左边做偏旁时常变形为“氵”。有这个部件的汉字常跟水有关系。
	“氺” 水（shuǐ）底	泰、暴	①“泰”：形声字，从从水，大声。②“暴”：小篆从日，从出，从廾，从米，本义为晒。楷书误将篆文的“米”写成“水”。
	“䒑” 益（yì）字头	益、溢	“益”：会意字，从水在器皿上，表示水溢出，是“溢”的本字。
“牛”组	“牛” 牛（niú）	牛、牲	“牛”：象形字，甲骨文像一头牛的样子，上面突出牛的两角。
	“⺧” 告（gào）字头	告、浩	“告”：形声字，从口从牛。《广雅 · 释诂》：告，语也，意思是告诉。
“匕”组	“匕” 匕（bǐ）	北、化	“匕”：象形字，长柄浅斗，像饭勺的样子。
	“丬” 北（běi）字旁	北	“北”：“背”的初文。甲骨文像两人相背。隶书误将表示人的“”写成了“”。《说文 · 北部》：北，乖也，从二人相背。

（续表）

部件（组）	部件变体	例字	举例说明
“廾”组	“廾” 弄（nòng）字底	弄	“弄”：会意字，从王（玉）从廾，上面是玉，下面是手，表示用手把玩。
	“丌” 共（gòng）字底	共、兵、兴	“共”：会意字。小篆共表示两手供设器皿，是“供”的初文。

此类归组的情况还有很多，限于篇幅，无法一一详细举例说明，简列于下，非成字部件的名称列于括号内：

“刀”组——“刂”（刀中）

“八”组——“丷”（倒八）

“爿”（pán）组——“丬”（将字旁）

“丝”组——“纟”（绞丝旁）、“糸”（绞丝底）

“卜”组——“⺊”（卢字头）

“老”组——“耂”（老省）

“豖”组——“𧰨”（豖省）

“乒”组——“乓”

“火”组——“灬”（横四点）

“衣”组——“衤”（衣旁）、“𧘇”（衣省）

“第”组——“𢎨”（弟省）

“鸟”组——“乌”（鸟省）

“册”组——“𠕁”（扁字底）

“羊”组——“𦍋”（养字头）和“𦍌”（美字头）

“臣”组——“𦣞”（临字旁）

“夕”组——“夂”（夜下角）

“月”组——“肉”“⺝”（青字底）

“攵”（反文）和“攴”（敲字边）

（2）对应的简化字、繁体字部件归入一组。

简化部件是简化字的构成方式之一。有的简化部件无论独立成字还是做偏旁，都要简化，例如“魚”做偏旁简化作“鱼”旁，独立成字时同样简化作“鱼”。但有的简化部件是一般只在做偏旁时简化，独立成字时不简化，这种情况在《部件规范》中也归为一类，只有以下几个：

“柬”和“东”(拣字边)　　“言”和“讠”(言旁)

“食”和“饣”(食旁)　　“金”和“钅”(金旁)

(3)独用时的形体与变形部首归入一组。

汉字部件可分为“成字部件”(可以独立成字的部件，如“另”“吉”“唱”中的“口”)和“非成字部件”(不能独立成字的部件，“筒”“刚”“网”中的“冂”)。成字部件独用时的形体在作偏旁时会变形，但变形部件的构字理据一般保持不变，与独用时一致。因此，此种归组原则应包含在第一种归组情况里面。例如：

部件	部件变体	例字	举例说明
“手”组	“手” 手(shǒu)	手	“手”，象形字，像人手的样子。
	“扌” 提手(tíshǒu)	提、拍	“手”位于汉字左边做部件时，变形为“扌”，有这个部件的汉字多与手的动作有关。
“心”组	“心” 心(xīn)	悲、闷	“心”，象形字，像心脏的样子。
	“忄” 竖心(shùxīn)	情、性	“心”位于汉字左边做部件时，变形为“忄”，多与心理活动有关。
	“⺗” 恭(gōng)字底	恭、慕	“心”位于汉字下半部分做部件时，可变形为“⺗”，也表示心理活动。
“草”组(没有“草”这个部件)	“艹” 草(cǎo)字头	草、花	“草”位于汉字上边做部件时，变形为“艹”，有这个部件的汉字多与植物有关。
“人”组	“人” 人(rén)	人、从	“人”，象形字。
	“亻” 单立人(dānlìrén)	体、他	“人”位于汉字左边做部件时，变形为“亻”。
“玉”组	“玉” 玉(yù)	宝、璧	“玉”，象形字，像一根绳子把几片玉贯穿起来的样子。
	“王” 斜玉(xiéyù)	玻、班	“班”：《说文·玨部》：班，分瑞玉。从玨从刀。瑞玉古代用作信物，中分为二，各执其一，本义为分开。
“竹”组	“竹” 竹(zhú)	竹	“竹”，象形字，篆文竹像竹杆上对生的两片叶。
	“⺮” 竹(zhú)头	笔、等、笑、筑	“竹”位于汉字上边做部件时，变形为“”，多与竹制品有关。

此类归组的情况限于篇幅，不再一一详细举例说明。

（4）无法分析理据的同形或近似部件归入一组。

在汉字隶变、楷化、简化等过程中，一些汉字部件被借用，或者没有字源关系，只是形体变得近似，难以追根溯源，在《部件规范》中也并入一组。例如：

部件（组）	形近部件	例字	举例说明
“西”组	“西” 西（xī）	西、洒	“西”，篆文在巢上又加一简化的鸟形，表示鸟在巢上的意思。
	“覀” 要（yào）字头	要、票	“要”：金文像人形，左右为人手，《说文·臼部》：“要，身中也。”本指人的腰，后引申为重要、主要的意思。晚期隶书则误将表示人形的部分写成“”。
“小”组	“小” 小（xiǎo）	雀、尖	“小”，象形字。甲骨文像散落的微粒，表示微小。
	“⺌” 尚（shàng）字头	光、尚、尝、堂	“尚”，《说文解字》：尚，曾也，庶幾也。从八，向声。隶书“尚”将篆文的混合结构写成和上下结构。
“卩”组	“卩” 节（jié）字底	节、爷	“节”（節）、“爷”（爺）的“卩”是由简化字把繁体字的声旁省略而成。在汉字下部时变得矮胖了。
	“㔾” 仓（cāng）字底	仓、危	“仓”：甲骨文仓字象形，据草书形体简化为仓。

此类归组的情况限于篇幅，无法一一详细举例说明，简列于下，非成字部件的名称列于括号内：

“丰”和“𡗗”（寿字头）

“巳”和“己”、“𠄌”（以字旁）、“已”

“𠂤”和（追字心）、“㠯”（官字底）、“刂”（师字旁）

“歹”和“歺”（餐左角）

“卯”和“丣”（留（liú）字头）

“彐”（雪字底）和“⺕”（虐字底）

还有一个特殊的笔画组：“𠃊”（竖折）、“乚“（竖弯钩）、“乛”（横钩）、“𠃍”（横折）、“𠃌”（横折钩）

（5）因书写部位不同，笔形发生变异的部件，不再另立。

这类部件因书写部位不同，而发生笔画长短、置向等略微变化，构字理据保持不变，因此在《部件规范》中没有把它们作为独立部件单独列出，但在例字中包含这些笔形发生变异的部件的组字。因此，在实际教学中，也要提醒学生这类部件的笔形变化，保证书写规范美观。例如：

“⺏”归入“土”　　“⺒”归入“己”

“龵”归入“手”　　“⺶”归入“羊”

“⾟”归入“辛”　　“⺷”归入“半”

“牜”归入“牛”

四、结语

部件变形是汉字发展演变中的一个常见现象，有的部件变形后变化不大，大家容易接受其与本体部件之间的同组关系，但也有的部件变形后变化很大，与本体部件之间的关系容易被忽视，希望本文有助于大家对部件变形有更深入全面的了解。

参考文献

《现代常用字部件及部件名称规范》，GF0014—2009，中华人民共和国教育部、国家语言文字工作委员会发布。

刘靖年、曹文辉（2009）《汉字规范部件识字教学法》，长春：吉林大学出版社。

王宁（2002）《汉字构形学讲座》，上海：上海教育出版社。

（汉）许慎（2012）《说文解字》，北京：中华书局。

作者简介：韩秀娟，北京第二外国语学院汉语学院副教授，汉语国际教育硕士生导师。

词语结构组织与HSK词汇学习

莫修云

摘要 本文从词语结构组织的角度穷尽式地探寻HSK词汇间可能具有的意义关联，为HSK词汇学习提供意义方面的门径，加速词汇习得的进度。

关键词 词语结构组织 二语词汇习得 同素族 同用组

本文从词语结构组织的角度穷尽式地探寻汉语词汇间可能具有的意义关联，为汉语词汇学习提供意义方面的门径。其长期成果形式应是一部以词语结构组织为主线的学习词典。

一、汉语词汇学习的现状

二语词汇习得的重要性越来越引起语言学者和一线教师的关注。要想成为第二语言的真正说者（native speaker），词汇的分量可想而知。语言习得从本质上说是判定语言的词汇特征。中高级阶段的词汇学习，平心而论，在科学性、目的性和可操作性上远逊于语音和语法的学习。一个重要原因是，语音语法研究为各自的教学提供了较好的理论基础和技术基础，便于得到一个循序渐进、螺旋上升的知识体系。理论语法和教学语法的接口问题也较受关注。而词汇本身的庞杂，不但制约了词汇理论的建立和发展，更严重的是直接影响到词汇的学习。词汇学习往往是随文识词，遇到什么学什么，学了什么是什么，学了多少算多少，总量上略有控制，但不太注意词汇内部各词语间的联系，比较松散随意，缺乏应有的目的性。为了备考，很多留学生守着一部水平考试词汇大纲苦背，词语后边写满了母语注释，这就是目前多数人学习汉语词汇的现状。

汉语词汇的学习因为有了《汉语水平词汇与汉字等级大纲》的分级界定，似较有规律和章法。但这仅仅是一个静态的词表，还没有运用到千变万化的语言实践中去，不能完全展现出词语与词语之间在构成、意义和使用上丰富多层的关系。词表按音序排列，一定程度上展示了同语素词语在前字构成上的关系（花—花朵—花费—花色—花生—花纹—花样—花园），但没有照顾到它们在后字构成上重要的指称和分类关系，如“梅花—棉花—桃花—鲜花—雪花—樱花—荷花—菊花—葵花”。至于词语意义和使用上的有机系联，则未在词表的任务之中。而二语词汇的真正习得，必须注意词音、词形、词义和使用四个方面。一个词语也只有被置于该语言全部词语单位的语义场、联想场中，在词形、意义、用法的三方比照中，才能尽显自己的价值。汉语词汇学习也只有达到这样的境地才算在真正意义上窥到了汉语词汇的奥秘。

对外国留学生来说，掌握数量足够的汉语词汇是个难题，而词语结构组织的作用就在于它能够把词语放在各种语义网络里，为汉语词汇学习建立起一个又一个的联想场。而每一种结构组织的鲜明特点又能加深学习者的印象，从而加快他们的学习速度，减轻学习难度，扩大词汇量。这样，就在词语结构组织与词汇习得之间架起一座桥梁。我们认为，通过词语结构组织的系联，可以成组成批地学习和掌握词汇，从而进行词汇的规模学习，大大提高留学生掌握词汇的效率。

二、HSK 词汇在构成上的系联及其意义关系

众所周知，词语的意义关系复杂多向，因标准的不同而有不同的类别。总体来看，就单个词的意义而言，根据义项的多少可以分为单义词和多义词，多义词的不同意义又有基本义、引申义（语俗义、文化义）的区别。从词语间的意义来看，可以分为同义、近义和反义，类义和主题词族，上义和下义等。这里重点考察词语间的意义关联。

1. 同义、近义和反义

刘叔新先生（1990：280—286）强调，不同的词语，只要各自的意义所反映的对象外延一致，就构成同义关系。构成同义关系的词语在意义上通常互有细微差异，即对同一事物的个别特点有所强调或不强调；对某些不重要的特点加以反映或不反映；带有或不带有某种表达色彩。如“妈妈—母亲—娘”三个同义词，所指同一，但“妈妈”“娘”有口语色彩，“母亲”在语体色彩上呈中性，“娘”有一定的地域色彩。所以，“祖国，亲爱的母亲 / 妈妈”完全符合语感，但不能说“祖国，亲爱的娘”。留学生必须充分认识到汉语词汇中众多同义近义词的细微差别。因为同义近义词的考察是汉语水平考试中的一个难点，从词性上来看，大多集中在名词、动词、形容词等词类上。而留学生最困惑的也是同义近义词语的辨析，甚至只有一个义项相近的两个词语也成了学习上的拦路虎。

2. 类义和主题词族

因所指对象种属关系的客观存在，任何语言的词语间必形成上下义关系。如颜色词、身体词、亲属关系词等，我们统一把它们称为类义和主题词族。后字族及其所由构成的单字，在很大程度上就是类义和主题词族的关系。

同素族，同义、近义、反义，类义和主题词族三者之间的交叉叠合，反映了汉语词语间多重多向的意义关系。以“星”为例：

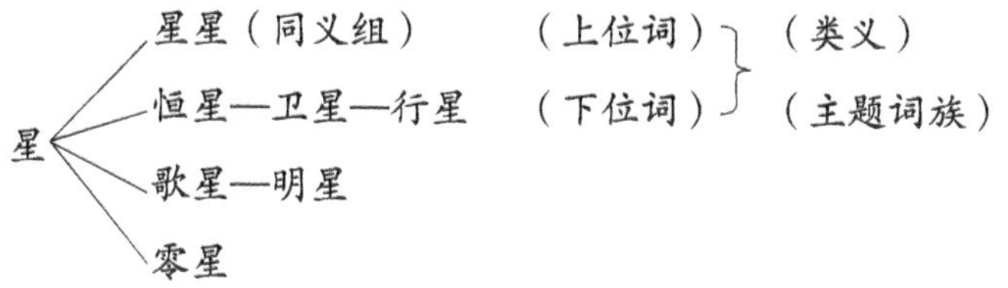

以上分析显示，词语结构组织可从构成、意义和功能三个维度进行划分，相应地得到构成组（同素族及其小类）、意义组和功能组（基于语法或语用的类）三个不同的类。一定程度上，意义组是对构成组的细化，如“花——花费；花——花朵、花色、花生、花纹、花样、花园”(多义)、“鲜花 ={ 梅花、桃花、樱花、荷花、菊花、葵花 }”(类义和主题词族）等。同用组则动态展示了词语在用法上的紧密联系。

三、词语结构组织及 HSK 词语间的分组

HSK 词汇考察的重点是多义词、同义词、常用短语、语境意义。特别是那些高频词的低频义项，同义词近义词的辨析更是考察的难点。所以给 HSK 词汇分组时，就应当以最便于描写词语关系为标准，注意揭示某个词在整个词汇系统内的多向语义联系、在语义网络中的多重节点关系，以网络的观点而非平面描写的观点看待语义结构和词语结构组织。

1. 同义组、近义组和反义组

刘叔新先生（1990：277—280）认为，互为同义关系的词语构成同义组，同义组中各成员之间在意义上一般基本相同而微有差异，在构造材料

上则不必相同，因而互相形成同中有异的对照，而且各以自身的特点在共同的聚合体中占有特定的位置，从而互相制约着意义特点或意义内涵。同义组成员一个显著特点就是组内的词大多含有共同的语素，这相同的语素能体现共同的意义成分，而不同的语素往往是意义有细微差别的根据所在。如“成绩”和“成就”都指“好的方面的收获”，但语义的范围和轻重程度不同。“成绩”往往指“个人的具体的收获”；而“成就”则多指“集体取得的突出的收获”。意义上微有差别，用起来就更不能混淆，如“388 环是他个人今年取得的最好成绩”，其中的“成绩”就不能换成“成就”。同样，“更加”和“越发”，都能表示程度的进一步增加。但是“越发”只用于同一事物的进一步变化，对两种事物进行比较时必须用“更加”。例如：

王老师每天坚持锻炼，身体越发（更加）结实了。

麦克学习很努力，但是玛丽更加（× 越发）努力。

同样地，互为反义关系的词语形成的聚合叫作反义组。确定反义组需要三个条件：各词语单位在语义上相反、互为存在的前提；各词语的风格要一致；词性要一致，并且在同一个意义范围内。根据这些标准，反义词可以分为两种：相对反义词和绝对反义词。对留学生或少数民族学生来说，可以不必掌握这两种反义词的具体特点，而以掌握具体的反义词语为主。反义组内各成员较少含有相同的语素，在构成上缺少明显的特点，但在意义上却有直接的比照和关联。如：成熟—幼稚；冷—热；进口—出口；输入—输出；兴奋—麻木；争取—放弃；鼓励—打击；精致—粗糙；天真—世故 / 老练；安装—拆卸，等等。根据统计，HSK 词汇中共有 460 多个反义组。

2. 挨连组

挨连组内各成员以某种顺序为条件，形成一个很有规律的结构体。组内成员互相挨连，主要集中在时间词上。如：星期一—星期二—星期三—星期四—星期五—星期六—星期日（天）；春天—夏天—秋天—冬天；春季—夏季—秋季—冬季；早上—中午—下午—晚上；早饭—午饭—晚饭；前天—昨天—今天—明天—后天；去年—今年—明年—后年。它们与英语中的对应词（Monday—Tuesday—Wednesday—Thursday—Friday—

Saturday—Sunday; spring—summer—autumn—winter）相比，可类推和易掌握的程度可想而知。这种结构体的特点是容易引起人们的联想，有了“春季”，很容易去想有没有其他的一系列的词，这样考生的词汇量无形中就能得到扩大。

3. 级次组

级次组不同于上下义关系。组内各成员间有严格的级次，级次分明是其显著特点。最有代表性的是表示度量衡单位的词语。如：里—丈—尺—寸—分—厘；元（块）—角（毛）—分；斤—两。其他如：国—省—市—县—镇—村。特别应该提及的是级次义在汉语名量词分类中的重要作用，按有无级次义，汉语名量词可以分为级次量词和非级次量词两类。上述度量衡量词最具级次性，其他如器物名量词，也具有一定的级次义，在学习和记忆时也可以把它们作为级次组来处理。如“杯—碗—盘—盆”等。

4. 同用组

HSK 词汇中还有一种这样的聚合，就是各词语因为相同的功能而聚合在一起，这就是同用组，主要集中在各个封闭性的词类及其小类上。每个同用组集合着一批词语，这样也就可以迅速地扩大学生的词汇量。同用组因分类的角度不同也会有不同的数目。如：

数字组——一（壹）、二（贰）、三（叁）、四（肆）、五（伍）、六（陆）、七（柒）、八（捌）、九（玖）、十（拾）；十、百、千、万、亿

人称代词组——你、你们、您、他、他们、她、她们、我、我们

量词组——把、班、杯、倍、本、笔、遍、层、场、次、道、点、段、顿、分、封、个、公斤、公里、号、回、家、间、件、角、节、斤、棵、句、克、刻、口、块、里、辆、毛、门、米/公尺、篇、片、瓶、声、双、岁、条、头、位、下、些、页、一些、元、张、只、支、种、座（甲级）；包、部、册、尺、寸、袋、滴、度、对、吨、朵、份、副、幅、行、架、届、颗、类、厘米、粒、两、列、面、秒、名、亩、排、盘、批、匹、期、群、深、首、所、台、趟、套、团、项、样、章、丈、阵、株（乙级）；磅、辈、成、串、顶、堆、番、公顷、股、毫米、伙、卷、千克、束、艘、摊、丸、箱、盏、枝、桩、幢（丙级）；重、担、栋、公尺、公分、具、

卡、枚、千瓦、尾（丁级）

总之，汉语教师在教学中要有词汇的系统观，要善于总结词汇间的意义关系，以词语结构组织为纲，这样才能更好地一组一组地诠释 HSK 词汇间的复杂关系，才能有效地帮助学生学好汉语词汇。

参考文献

北京语言文化大学汉语水平考试中心（2000）《汉语 8000 词词典》，北京：北京语言文化大学出版社。

国家汉语水平考试委员会办公室考试中心（2001）《汉语水平词汇与汉字等级大纲》，北京：经济科学出版社。

HSK 对策研究组（2000）《通过 HSK——HSK 词汇精解》，北京：华夏出版社。

刘叔新（1990）《汉语描写词汇学》，北京：商务印书馆。

王海峰、刘超英（2001）《HSK 速成强化教程》，北京：北京语言文化大学出版社。

作者简介：莫修云，北京第二外国语学院汉语学院副教授，硕士研究生导师。

语言库藏类型学观照下的对外汉语教学

——以汉英对比为例

赵晓晖

摘要 本文从语言库藏类型学的角度出发，主要对汉英两种语言进行对比，指出了汉语在语音、词汇、语法诸方面与英语库藏的不同之处。特别是在语法方面引入显赫范畴的概念，结合前人的研究，指出了汉语中的若干显赫范畴。与英语相比，汉语中的这些显赫范畴功能十分强大，使用非常频繁，能用来表达与其原型范畴相关而又不同的范畴，这正是汉语的特点所在。对这些汉语中的显赫范畴掌握不熟练，也是造成学习者表达不正确、不地道的主要原因之一。通过分析指出，在第二语言教学中，师生应当具备语言库藏类型学的观念，特别注意目的语中的那些显赫范畴，并将其当作学习的重点，这样，才能做到事半功倍。

关键词 语言库藏类型学 对外汉语教学 汉英对比

一、引言

在第二语言教学中，对比分析由来已久，但是从语言库藏类型学的角度进行分析的文章尚不多见。语言库藏类型学（Linguistic Inventory Typology）是近年由中国学者提出的一个概念，是语言类型学研究的一个分支。刘丹青最早于2011年在《当代语言学》发表《语言库藏类型学构想》，提出这一概念，后来他又相继发表了《汉语的若干显赫范畴：语言库藏类型学视角》《论语言库藏的物尽其用原则》等文，论证这一观点。

刘丹青认为，所谓语言库藏（linguistic inventory，或译为“语言库藏清单”），是指特定语言系统或某一层级子系统所拥有的语言手段的总和，包括语音及韵律要素、词库、形态手段，句法手段，包括虚词、句法位置等。语言库藏因语言而异，并且会导致语种之间形义关系的显著差异，不但影响到语义范畴的形式表达，而且深刻影响语义范畴的存在状况和“显赫性”（mightiness）[①]。显赫范畴（mighty category）是语言库藏类型学中的核心概念之一。所谓显赫范畴，是在不同语言的对比中凸显出来的。假如某种范畴语义由语法程度高或句法功能强大的形式手段表达，且成为该手段所表达的核心（原型）语义，该范畴便成为该语言中既凸显又强势（prominent and powerful）的范畴，即显赫范畴[②]。显赫范畴意味着它们在母语者的心理层面是容易被激活的，调用的认知心理能耗最低。它们除了用于该范畴本身的原型功能之外，常被用来表达其他相邻的甚至有一定距离的语义语用范畴，造成语义范畴在语法表征上存在核心范畴、扩展范畴、边缘范畴之分，这些范畴在很多其他语言里甚至大部分语言里是由属于其他范畴的语法手段来表达的。显赫范畴的功能扩展使语言中形式和语义的对应关系比传统设想的更加复杂，造成了语种之间表达相同语义语用之时形式手段上的不对等性，而这也正是第二语言学习时的难点之一。

传统的类型学或认知语言学视角基本上都认为语义内容是跨语言共有的，区别在于人类语言是否将它们用形式手段来加以范畴化，而库藏类型

① 刘丹青（2011）语言库藏类型学构想，《当代语言学》第4期。

② 刘丹青（2012）汉语的若干显赫范畴：语言库藏类型学视角，《世界汉语教学》第3期。

学更加注重形式对语义的反制。认为一种语言的库藏中所拥有的语言形式手段及其语法属性会对一种语言的类型特点，尤其是该语言的形式和语义的关系类型产生重大影响。因此，语言的库藏，特别是语法库藏，是塑造一种语言类型特点的根本成因之一[①]。从语言库藏类型学的角度出发，从语音、词汇、语法等几个方面对比汉英两种语言，我们可以发现，两者各有不同的库藏手段与显赫范畴，这也造成了两种语言各自的特点，下面试举一些例子，具体分析之。

二、语音方面

与英语相比，声调无疑是汉语中极为重要的一个库藏。无论是古代汉语的平、上、去、入，还是现代汉语的阴、阳、上、去，其实都是利用同一音节音调内部的屈折变化来达到区别意义的目的，而非声调语言的英语是不使用这种手段的。英语中音长有区别意义的作用，如 sheep 和 ship，这是汉语所不具备的。因此母语为英语的学习者在学习汉语时，首先应该建立起调类与调值的观念，然后再经过大量的操练达到听力的敏锐与发音的准确，这也就造成了他们学习汉语的难点之一。但是，对于母语有声调的学习者，例如泰国、越南的学生来说，却并不是那么困难。他们所要做的，只是将调类与调值重新定位，尽管这也需要一定的练习才能熟练。

1. 清辅音与浊辅音。古代汉语中曾经存在过整齐的清浊辅音的对立，这种对立现在还保存在广东话等方言中，但是在现代汉语普通话中这种对立完全消失了，只剩下了清辅音，但存在着送气与不送气的区别。而在英语中，清辅音与浊辅音都还是存在着的，在辅音方面，两者有着不同的库藏手段。但是，由于汉语拼音方案中采用 b-p、d-t、g-k 对立的形式书写，极易给英语为母语的学习者造成误解。他们往往用英语中的浊辅音代替普通话中的清辅音，例如说“北京”时，“北”发得特别重；而对于送气与非送气的区别却不甚了了，这是在对外汉语教学中需要特别注意的。教师

① 刘丹青（2012）汉语的若干显赫范畴：语言库藏类型学视角，《世界汉语教学》第3期。

应在教学中帮助学生建立送气与不送气的库藏概念，例如可以利用 peak-speak 中 p 的发音帮助学生进行区分，同时要求学生严格区分清辅音与浊辅音，明确普通话中并无浊辅音的库藏手段。

2. 复辅音。复辅音是英语中一种常见的库藏手段，有时出现在词首，如 school；有时出现在词尾，如 desk。古汉语中有无复辅音是一个有争议的问题，普通话中没有复辅音，zh、ch、sh 及 ng 的拼写在形式上虽然是两个字母，但发音并不是复辅音，这一点需提醒学生注意。

3. 韵律。与英语比较，韵律是汉语语音中非常显著的一个库藏手段，冯胜利对此有较为深入的研究。他在《汉语韵律句法学》《韵律构词与韵律句法之间的交互作用》《韵律制约的书面语与听说为主的教学法》等一系列的著作和文章中指出，不仅汉语的日常口语受到韵律的制约，书面语更是如此。例如“喜欢钱”可以说，而“阅读报”则不可以，主要原因就是因为“阅读”是一个书面词汇，而汉语的书面语是区别于口语和文言的一种独立体系，这一体系直接为韵律规则所控制。又如下例：

①进行→研究、批判、修改、帮助

加强→研究、批判、管理、帮助

② * 进行→学、批、改、帮

* 加强→学、批、管、帮

第一组成立而第二组不能成立，重要的原因就是第二组不符合汉语书面语中的韵律规律。在此基础上，冯胜利总结出汉语的“韵律语法”：如果该语言的计算系统（Computational System）必须在韵律规定的条件下才能合法运作的话，那么该种语言的语法就是韵律语法，即韵律制约下的构词造句法。语音是韵律的基础，没有严格的语音训练，不可能产生正确的韵律结构，没有娴熟的韵律语感，不可能自觉地御驾韵律的句法功能[①]。英语中的韵律虽然不能说没有（如单音节形容词变比较级时在后边加 er，而多音节者则需要在前面加 more，很大程度上即可能是受到了韵律的制约），但是远不如汉语中这么发达，因此对于汉语学习者来说，建立韵律的库藏

① 冯胜利（2003）韵律制约的书面语与听说为主的教学法，《世界汉语教学》第 1 期。

概念，并且通过大量的阅读与听说训练培养语感，掌握韵律规律才是习得汉语，特别是汉语书面语的关键。

三、词汇方面

众多学者已经谈到，与英语、法语、西班牙语等西方主要语言相比，汉语是一种口语和书面语距离比较远的语言，其中最重要的一个因素就是汉语在长期的历史发展过程中积累了极为丰富的词汇，形成了一大批同义或者近义的词库，但受韵律的支配、语体的要求，在使用时却不能随意。这造成了外国人学汉语的极大困难，特别是在中高级阶段，出现了以下用例：

1. 学了《雨中登泰山》中“古老的泰山越发显得崔嵬了”中的“崔嵬”之后对朋友说：“看，这座山多崔嵬！”
2. 知道了“髀”的意义是大腿之后，造出了这样的句子：“她的髀很粗。”①
3. 公交车靠站，一位老人上车了，一个留学生起身主动让座，说：“请阁下坐这里。”
4. 留学生拜访一位八十多岁的老师，很礼貌地说：“您还健在啊？”
5. 迈克急匆匆地跑到他的中国朋友家里赴约：“对不起，我迟到了。天下雨，你看，我的头部都湿了，我跑得呼吸不过来。”
6. 汤姆对应邀到他家吃饭的中国朋友说：“来，现在就餐。”②
7. 到一位华裔专家的家中做客，主人在介绍他爱人时说：“这是我夫人。”③

以上几例，不同程度地都存在着将书面语当作口语误用的情况，例如“崔嵬”“髀”“阁下”“头部”“就餐”等。又如书面表达中的问题：

① 以上两例引自毕彦华（2008）浅谈如何将语体观引入对外汉语词汇教学，《和田师范专科学校学报》（汉文综合版）第5期。

② 以上四例引自邓科香（2009）语体在对外汉语教学中的作用，《西安社会科学》第3期。

③ 引自丁金国（1999）对外汉语教学中的语体意识，《烟台大学学报》（哲学社会科学版）第1期。

8. 在语言学习过程中最重要的是反复复习。每次没反复的话，都瞎掰了。

9. 其实，学习的问题是自己。生命是很短暂。即使教给不明白的学生很好的方式，也是个不抵事。

10. 在人类历史发展进程中，大自然是我们的母亲，没有自然，人类不能在地球上存生，什么都要靠着自然，直接或者通过简单的生产工具从大自然获得所需的一切。[①]

“瞎掰”是地道的口语，在这里应改为“如果不复习的话，没有任何作用”。“不抵事”同样太口语化，本句应改为“即使有很好的方式，对于不明白的学生来说，也没有用”。“靠着自然”感觉同样不如“依靠自然”那么正式。还有一些是语言虽然正确，但是语域太低。如：

11. 西安有一条小吃街，那里有很多很多好吃的东西。

12. 让老人去养老院，孩子们也不要自己替老人拿主意。[②]

“自己替老人拿主意”最好改为“自作主张”，“很多很多好吃的东西”固然不错，但是如果能改为“各种各样的美食”，语言自然会上一个台阶。

英语中虽然也有口语和书面语的区别，例如一些词语有同义的两种形式：buy——purchase、have——possess、ask——propose、important——significant 等，但远远没有汉语中的口语词汇库藏和书面语词汇库藏这么丰富，尤其值得注意的是汉语在长期的历史发展过程中，积累了大量的成语、俗语、歇后语等语汇，英语中固然也有一些惯用法，有些与汉语还非常相似，如 one stone kills two birds（一箭双雕、一石二鸟），no fire, no smoke（无风不起浪）等，但是无论是从数量还是从形式上看，都不能与汉语等量齐观。留学生在使用成语时总是错误百出，如：

13. 来留学以前，我是井底之蛙的人。

14. 中国人十分热情。当然有的商人对外国人不好，甚至于骗人。那我们国家呢？一样呗！别瞎子摸象！

① 以上用例均选自学生作文。

② 以上用例均选自学生作文。

15. 政策要时殊风异。[1]

"井底之蛙的人"属于画蛇添足。"瞎子摸象"的意思是比喻对事物一知半解，不对全局做判断，用在此处不合适，应改为"以偏代全"。"时殊风异"应该是学生根据词典直接翻译过来的词，在这儿不如改为"与时俱进"。

汉语这些词汇库藏中蕴藏着丰富的中国文化，但同时也造成了学习汉语的一大难点。很多外国学习者在学习很长时间之后，在成语等的使用上，仍然不能做到得心应手，蜚声北美的"普林斯顿暑期中文培训班"甚至一度放弃了成语的教学。但另一方面，能否正确地使用这些汉语词汇库藏，也成为衡量外国学习者汉语学习成功与否的一个重要标志。

四、语法方面

任何一种语言的语法，一般都包括词法和句法两大部分。柯彼德认为，词法又可以分为构词法和构形法。汉语很少有英语那种在词形上进行屈折变化的构形法（"们"可算是个例），但是汉语充分利用语素的构词法与英语相比却极为发达。

在构词法方面，汉语与英语为代表的西方语言相比有明显的不同，汉语通常用一个统称词加上一个描述词，如"树""花"，只需加上另一个词就可以加以区别，如"柳树、桃树、梧桐树、桑树，菊花、牡丹花、玫瑰花、荷花"等。从西文的对译中很容易看出，西方文字是一物一词，而汉语的中心词是同一个词。又如用英语和汉语表达"笑"义的词：laugh（大笑），smile（微笑），smirk（假笑、傻笑），sneer（嗤笑），beam（满脸堆笑），giggle（咯咯地笑），snigger（窃笑），jeer（嘲笑）。在这组例子里，汉语的中心词都是一个"笑"字，前面只须加上修饰语就对应于英语里不同的词。储诚志教授曾提到，在中国去医院，只要认识"科"再加上一些常用汉字，基本上就可以辨识清楚该去哪儿，但是在美国，尽管生活了很多年，进去以后认那些英文单词仍然是如看天书，从一个侧面可以看出，对同一个实

① 以上用例均选自学生作文。

体或同一个事物，汉英的表述很不一样。总体来看，这与不同类型语言的造词方式有关。汉语的这种造词方式作为一种库藏手段，在一定程度上减轻了学生学习生词的压力，如果教给西方学生汉语构词法的这一特点，他们会发现，掌握汉语里一个词相当于学会了一群词，或者说学会了潜在的一群词。但值得注意的是，汉语并不是所有的词都是如此，例如亲属词汇就比英语要复杂得多，又如古汉语中关于马的各种词汇，就相当复杂，再如江河，古代是特指，而现代汉语中已经成为泛指的分类词。上古汉语可谓一物一词，而现代汉语采取的是中心词加修饰词的办法。这表明，某一语言的构词法与其语言类型有关，文化背景、历史因素也能造成特例[①]。

以上所述只涉及了汉语构词法中的偏正式，事实上，汉语中的构词法还有并列式、动宾式、补充式、主谓式、重叠式等，可谓多种多样。英语中虽然也有词源一说，很多单词拆分开来可以从古希腊语或者拉丁语中找到根据，但是已经不为今天的大多数人所了解了，人们只是习惯将它们作为一个整体记忆。特别值得注意的是，汉语构词法与句子的构成方式是基本一致的，这是汉语语法的一大特点，但是在我们以往的对外汉语教学中并没有给予足够的注意。学生对汉语的构词方式不了解，造成了词汇记忆负担重，语法掌握也不熟练，因此有必要让学生知道汉语构词法丰富多彩的库藏手段。

具体到各个词类来说，汉语和英语也有不同：

1. 量词

汉语中有一个非常显著的库藏是英语中所不具备的，那就是量词。汉语个体量词的国际通行术语是“数量分类词”(numeral classifier)，“分类词”一名揭示其词义具有按形状等特征给事物分类的意义，而 numeral 或“量词”则反映了该类词所占据的位置是计量单位词（measure words）的位置（比较：三粒米—三斤米）。这个通行术语反映了汉语量词具有两类相关度不高的功能（计量和分类）。对照英语，如果说表示计量的功能尚可用名词充当的话（如一杯水，a cup of water），表示分类的功能则付之阙如（如一棵树，a tree）。刘丹青指出：从现代汉语的使用现状看，量词的主要功

① 徐丹（2007）语言类型研究与汉语教学，《语言教学与研究》第 3 期。

能既不是计量也不是分类，而在于个体化。刘丹青所举的例子是：

A. 我招了个 / 些研究生（很聪明）。

B. * 我招了研究生（很聪明）。

A 句宾语带泛用量词“个”或复数量词“些”，基本没有分类作用（但带了量词，就指向特定个体，因此可以在同句中被后面的谓语“很聪明”所陈述；而 B 句“研究生”没带量词，就只指类而不能指个体，因此无法再在后面用谓语对其进行陈述。由此刘丹青认为量词这个功能性词类，已经不是一个单一语义范畴，而是一个至少包含了计量、分类、个体化等多重功能的语类，其中个体化作用尤为凸显，而个体化在其他语言中是由数形态、冠词、量化词等手段实现的。这种多功能性，已使汉语量词成为比较显赫的词类。

作为一个显赫的词类，量词还扩展到了其他一些功能，或帮助实现这些功能，而这些功能在其他语言中可能是由其他范畴的手段来完成的，例如量词可以接受重叠操作表达全称量化，形成“个个”“一个个”“一个一个”“两个两个”等全量的小类形态；还发展出指多量的状态性谓语用法，如“公园里红花朵朵，绿草片片”“田里的稻草一堆一堆的”。汉语量词还可以跟指示词一起组成指量短语，在有定的定名短语中代替“的”作为临时的定语标记，用在领属定语、关系从句等定语和核心名词之间，有时候甚至可以删除核心名词，量词成为有定的定名短语中的支撑代词，不能省略，如：

小张这份 / 我这杯 / 公司昨天新聘那个 / 正在钓鱼那位

如果说汉语量词表示计量的功能可以由英语中的名词充当，表示分类的功能可以由学习者通过强记掌握的话，英语母语者很难习得用汉语量词表示个体化的表达；至于说“红花朵朵、绿草片片”等状态性谓语的用法，更是为英语母语者所难以理解；量词与指示词合成有定的定名短语中的支撑代词，在英语中这类功能则是由关系代词或支撑代词 one 等表示的。由此可以看出，量词这种在英语中没有的库藏手段，在汉语中是多么显赫。

2. 名词和动词

汉语究竟是一种名词性语言还是一种动词性语言，是一个有争议的话题。沈家煊先生认为汉语的动词（陈述语）也是名词（指称语），由此得出动词是名词的一个次类的结论[①]。换言之，汉语的动词其实都是“动态名词”，兼有名词和动词两种性质。我们把这种名动关系称作“名动包含”，区别于英语和其他印欧语的“名动分立”，图示如下：

英语“名动分立”　　汉语“名动包含”

从与修饰词的关系来看，沈家煊先生认为英语与汉语也有显著的不同，图示如下：

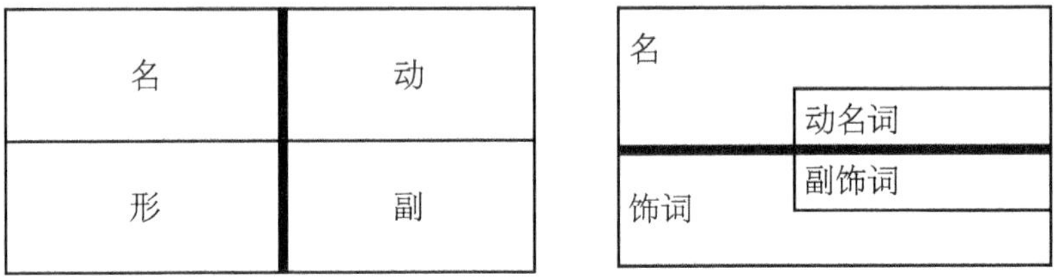

英语“名动分立”　　汉语“名动包含”[②]

刘丹青认为，名词和动词在一种语言里各有自己的作用，本身难以比较。单就汉语和英语的相应词类而言，相比于英语的名词，汉语名词功能较受限制；相比于英语动词，汉语动词的功能非常强大。由此，在类型比较的意义上提出汉语是一种动词型语言，区别于英语的名词型语言[③]。刘丹青（2010）一文列出大量多方面的例子，表明英语多用名词而汉语多用动词，转引一小部分如下：

Obama! Obama! 欢迎奥巴马 !/ 支持奥巴马！

Attention! 注意！／立正！

Wet floor. 当心地滑。

No photos! 禁止拍照！

① 沈家煊（2012）怎样对比才有说服力——以英汉名动对比为例，《现代外语》第1期。

② 见沈家煊先生2015年6月9日在北京第二外国语学院的讲座。

③ 刘丹青（2012）汉语的若干显赫范畴：语言库藏类型学视角，《世界汉语教学》第3期。

Death to invaders! 让侵略者统统去死吧！

Shorter working time! 缩短工作时间！[1]

在2012年的文章中，刘丹青进一步指出，汉语动词在句法中的作用远比英语动词重要，而名词的成句和句法功能受到诸多限制，出现了大量英可名、汉须动，英须名、汉可动的情况，这正反映了汉语动词是一个显赫的词类范畴，符合句法功能强大的标准，而名词是相对英语语言名词更加弱势的范畴，无法完成在其他语言中可以由名词完成的功能。在翻译和学习汉语、英语时，这种差别不能不注意。

3. 形容词和副词

因为有形态变化，英语对这一范畴的开发利用就非常充分。以形容词的比较级形式而言，英语中有大量的汉语中的比较级所不具备的用法，例如：no longer（不再）、from bad to worse（每况愈下）、Higher wage! Shorter working time!（提高工资！缩短工时！），这说明在英语中形容词的比较级是显赫范畴。

再看下面的例子：

Women should get independent financially. 妇女应该在经济上取得独立。

Mr. Medvedev has firmly embraced, at least verbally, the modernizing political and economic agenda. 至少在口头上，梅德韦杰夫坚定支持政治和经济议程的现代化。

按照陆丙甫的观点，英语中的方式状语虽然可以前置也可以后置，但是只有后置才能回答问题而成为自然焦点、新信息[2]。而相应的汉语翻译却倾向于在动词前用介词短语加以强调，这是因为现代汉语中名词固然可以直接修饰名词，但却不能像古汉语那样出现名词做状语的情况。换言之，汉语中缺少从名词变为形容词再变为副词的途径，虽然也有副词，但是远没有英语中那么发达，即显赫程度不同。

4. “体”和“时”

作为一种缺乏屈折变化的语言，汉语的语法主要依靠虚词和语序来实

---

① 刘丹青（2010）汉语是一种动词型语言——试说动词型语言和名词型语言的类型差异，《世界汉语教学》第1期。

② 陆丙甫等（2015）状态补语是汉语的显赫句法成分，《中国语文》第3期。

现，而在虚词中，“了、着、过”尤为突出。换言之，汉语的语法主要是依靠句法手段而非形态手段来实现的，尽管这两种手段都是语言库藏，但是在不同语言中的显赫程度却很不相同。就汉语而言，句法手段显然是显赫范畴。包括英语在内的很多有形态变化的语言是“体”和“时”俱备的。而在汉语中却只有“体”的范畴，缺乏“时”的范畴：

了：表示“动作的完成”——完整体

着：表示“动作正在进行”或“状态的持续”——进行 / 持续体

过：表示“某事件至少发生一次”——经历体

那么，汉语中是如何表示“时”的范畴呢？事实上汉语中是运用“体”标记来传达“时”的信息的：

了：默认为过去时，如：他吃了碗面条。

着：默认为现在时，如：他惦记着大家。

过：默认为过去时，如：我去过山西。

但是“体”和“时”毕竟是两个范畴，不可能做到完全对应，然而很多留学生并不了解这一点，在学习汉语的过程中，错误地用“体”标记来翻译自己语言中一切“时”的范畴，这也就造成了很多偏误。以“了”为例，很多汉语学习者见到自己母语中的过去时，便统统以“了”代替，造成很大偏误，加上“了 $_1$”“了 $_2$”的纠缠，更是导致学习者混乱不堪，成为汉语学习中的老大难问题。作为现代汉语中仅次于“的”的第二高频词，学习者对“了”掌握的好坏，直接关系到其汉语的整体面貌。

简单说来,“了 $_1$”为体标记，用于动词后，表示完成;“了 $_2$”为语气词，用于句子末尾，汇报事件、情况的发生或将要发生。以前我们的教学一般是先教“了 $_1$”再教“了 $_2$”，但是根据邓守信对台湾师范大学第二语言中介语数据库进行的调查，发现母语为英语的学生掌握“了 $_2$”似乎较“了 $_1$”更为容易，于是有人提出应该先教“了 $_2$”再教“了 $_1$”[①]。但学生为何掌握“了 $_1$”比较困难，却没有说明，其实很可能是我们的教学不到位。

据统计，体标记“了 $_1$”的用频远超语气词“了 $_2$”，如：

《茶馆》“了 $_1$” 147 次：“了 $_2$” 25 次 =5.88:1

① 周小兵（2014）《对外汉语教学导论》，北京：商务印书馆，第 83 页。

《那五》“了$_1$”352 次：“了$_2$”63 次 =5.6:1

作为体标记的“了$_1$”如此高频，并非都是出于完整体的语义需求，一些是在表示完整体的同时附带提供过去时的信息，特别是在表时需求较强的叙事语体中。根据《现代汉语频率词典》，“了”的分语体数据如下：

报刊政论	科普	生活口语	文学作品
4261	2531	3636	18253

可见，“了”在文学作品中的出现频率远高于其他三种，究其原因很可能是因为文学作品叙事性最强，时间信息和行为事件过程性的表达需求也最强，同时由于文学作品缺乏生活口语的现场性，无法以现场参照包含时间信息。

另外还有一个不可忽视的原因是以表示过程性为本职、兼有表时功能的体标记“了$_1$”物尽其用，承担了很多扩展功能。如：

谁也没想到，他的兜里藏了一把刀。（表存现）

扔了这张纸！（表消失）

这双鞋大了一号。（表过量）

把我吓了个半死！（表程度或结果）

应该说，这些都是非常地道的汉语表达，外国人却很难掌握。究其原因，就是没有认识到汉语中的“体”是一个显赫范畴，它不但能在表示完整体的同时附带提供过去时的信息，而且还有一些扩展功能，能够表达存现、消失性的结果或者过量偏量等，而这才应该成为学习地道汉语的重点与难点。我们以前的教学，很少强调“了$_1$”表达的是“体”而非“时”，导致学习者以“体”代“时”，对于它的一些扩展功能却视而不见。因此我们以后在讲解“了$_1$”时，教师应该有这样的意识：

1.“了$_1$”是完整体的标记，紧接在动词之后，表示动作完成；

2.一般情况下，“了$_1$”默认理解为过去时，但出现特定的阻断因素时，“时”意义会被取消，但是表示“完成”的“体”意义始终存在；

3.过去时毕竟占据默认蕴含义的地位，取消该解读需要加特殊的条件；

4.“了$_1$”除了表示完成，蕴含过去时之外，还有一些其他的功能不能忽视。

当然，“了”的问题很复杂，不是本文所能解决的，但如果在学习“了1”之初便将这样的概念传达给学生，相信他们就会将汉语中的“了”与自己母语中的过去时进行有意识地切分。这样，“了”也就不会再被师生视为畏途，只能用“习惯”来解释，只有通过“语感”来掌握了。当然，这并非是说学习者大量阅读练习掌握汉语的语感不重要，相反，显性学习与隐性学习应该结合，有了一定的理性认识之后，学习者更应在具体语境中反复体会揣摩其语义，增强语感，培养对汉语的敏锐度。这要求教师首先要对“库藏手段”“显赫范畴”“扩展功能”“时”“体”等有一个明确的认识，又能深入浅出、一针见血地给学生指出其精要，不能“以其昏昏，使人昭昭”。同时要求学生也应该从语言学的角度，对语言库藏类型学有一定的了解。

五、结语

与英语相比，汉语中的显赫范畴还有很多，刘丹青（2012）指出汉语的显赫范畴有话题、量词、连动结构等。陆丙甫（2015）认为状态补语是汉语的显赫句法成分。另外，汉语中的处置式、单句中的存现句、复句中的主次复句（相对于并列复句和主从复句）等与英语相比，功能十分强大，使用非常频繁，能用来扩展表达与其原型范畴相关而又不同的范畴，而这些地方正是汉语较之英语的特点所在。对汉语中的这些显赫范畴掌握不熟练，也是造成学习者表达不正确、不地道的主要原因之一，限于篇幅，不能一一分析。从理论上来讲，作为语言手段的库藏对任何语言都是公平的，任何语言都可以选择任何一种库藏手段为其所用。但在实践中，每一种语言对库藏手段的选择又是不尽相同的，对于所选库藏手段的利用程度更是千差万别，这就造成了显赫范畴。而显赫范畴是一个相对性的概念，是在不同语言的对比中凸显出来的。在第二语言教学中，师生应当具备语言库藏类型学的观念，特别注意目的语中的那些显赫范畴，并将其当作学习的重点，这样才能做到事半功倍。

参考文献

冯胜利（2003）韵律制约的书面语与听说为主的教学法，《世界汉语教学》第1期。

刘丹青（2010）汉语是一种动词型语言——试说动词型语言和名词型语言的类型差异，《世界汉语教学》第1期。

刘丹青（2011）语言库藏类型学构想，《当代语言学》第4期。

刘丹青（2012）汉语的若干显赫范畴：语言库藏类型学视角，《世界汉语教学》第3期。

刘丹青（2014）论语言库藏的物尽其用原则，《中国语文》第5期。

陆丙甫等（2015）状态补语是汉语的显赫句法成分，《中国语文》第3期。

沈家煊（2012）怎样对比才有说服力——以英汉名动对比为例，《现代外语》第1期。

徐丹（2007）语言类型研究与汉语教学，《语言教学与研究》第3期。

赵晓晖（2014）多管齐下，培养学生的汉语语体能力，郭鹏、沈庶英主编《汉语国际教育研究》（第三辑），北京：北京语言大学出版社。

作者简介：赵晓晖，北京第二外国语学院汉语学院讲师。

从传统思维方式看汉语词义引申的途径和方式

孔庆蓓

摘要　汉语词义反映出的民族性和文化性已为世人公认，但词义引申的深层机制却是有待探讨的问题。本文拟从中国传统思维方式的基本特征出发，初步揭示中国特有的思维方式对汉语词义引申途径与方式的制约和影响。

关键词　思维方式　词义引申

一、引言

汉语词义反映出汉民族独特的民族特点、文化特点已是公认的事实。现代汉语词义系统的完备则是词义不断演变、引申的结果。词义的民族性、文化性与汉语词义引申独特的途径与方式密不可分。词义引申除受汉字形体表意性特点影响外，还受历史文化、地理环境、风俗习惯诸因素的影响。归根结底，是中国传统思维方式起着主导作用。

二、思维方式与民族文化

2.1 思维方式的定义

李宗桂（1989）指出，所谓思维方式，就其根源来说，不过是被历史主体所内化了的社会实践方式，其特点、作用、命运，取决于其赖以生存的历史过程。思维方式不仅指思维的形式和方法，而且是与每个时代的实践活动的对象、目标相一致的思维内容与形式、结构与功能的统一体，是由一系列基本观念所规定和制约、被模式化的思维整体程式，是特定思维活动的形式和方法的总和。同时，思维方式又属于认识论的范畴，它表现在民族的认识方式、方法和类型的特点中。

2.2 思维方式具有民族性

“各类文化史的研究，各民族文化的比较研究证明，民族统一的形成传统的思维方式是客观存在的。”每个民族都有自己整体的思维偏向，从而形成自己特有的思维类型。

2.3 思维方式与民族文化的关系

思维方式是人类文化现象的深层本质，属于文化现象背后的、对人类文化行为起支配作用的稳定因素。可以说，各民族思维方式的特点决定了其文化走向的差异。

三、思维方式与词义引申的关系

3.1 词义引申的实质

什么是词义引申？蒋绍愚（2005）认为：“引申是基于联想作用而产生的一种词义发展。”我们认为，词义引申的过程，其实质是人认识客观世界的过程，是社会发展、人类思维发展和人际交流过程在语言中的综合反映。

3.2 思维方式与词义引申的关系

苏宝荣（2000）先生认为：“语言中的一个词甲义引申出乙义，总是因为这两个意义之间有某种联系。这种联系，一般是客观事物之间所固有的；没有这种联系，词义的演变一般是不可能实现的。但是，这种词义之间的联系，只为词义的引申演变提供了可能性。”要将可能性变为现实性，“还有赖于人们的认识”。因此他说：“词义的发展，从主观条件上讲，是由人们的思维来完成的。”

词义引申过程的实质既然是认识客观世界的过程，根据上文思维方式的定义，那么它必然与人的思维方式有着不可分割的联系。一个词从最初的意义或基本义引申出一系列的新义，其引申方向、引申方式以及引申结果，直接决定于引申者在历史发展过程中形成的具有本民族特色的如价值观、伦理观、道德观、审美观等种种基本观念，而更深层的原因则是引申者特有的思维方式。

中西思维方式上的差异是显而易见的，西方形式逻辑和严密的因果推论较中国发达；而中国在具象思维、辩证思维方面则优于西方。中西思维方式的不同很大程度上造成了二者在词义引申途径与引申方式上的差异。（当然，我们不否认由于思维与语言为全人类共有而造成中西词义引申方面的相似之处。）例如：英语中 arm 一词，由“胳膊、手臂”义引申出“武装、装备”义；与之对应的，汉语中“臂膀”一词可由“胳膊”义引申为“得力的助手”，而不能引申为“装备”义。再比如，西方传统思维注重对事物本质的探究和把握，因此英语中表示身材低矮的词是 short，表示价格低廉的词是low，表示身份低贱的词是humble。而在汉语中，仅一个词——“低”，就可以通过引申而拥有以上三个义位。这就是因为中国传统思维方式之一是“重神轻形”。虽然它们是描写不同事物的不同性质与状态的，并不属于一个语义场，但“低矮”“低廉”“低贱”三个义位都含有在某一方面“低”的意义，因此统合于一个词“低”，并且“低廉”“低贱”义均是有与高相对的“低矮”义引申出来的。

四、中国传统思维方式与词义引申

汉语词义体现出汉民族丰厚的文化底蕴与民族特色，中国传统思维方式决定了汉民族词义引申的特殊途径和特殊方向。

4.1 中国传统思维方式的基本特征

众所周知，汉民族在漫长的历史发展中，经历了与其他民族不同的历史实践，形成了汉民族特有的思维方式。

蒙培元（1993）认为，中国传统思维方式最基本的特征，就是“经验综合型的主体意向性思维。就其基本模式及方法而言，它是经验综合型的整体思维和辩证思维，就其基本程序和定势而言，则是意向性直觉、意象思维和主体内向思维”。经验性特征使思维方式倾向于对感性经验的直接超越从而做出抽象的整体把握，而不对经验事实做具体的概念分析；意向性经验则突出思维的主体因素的意向活动及价值判断，同时承认对象客体的客观存在。因此我们可以认为，中国传统思维方式的本质精神是主观上重视客观具象世界，抛开所谓的本质问题，沿“同异律”两个方向展开思维的翅膀。

其一，沿“同”的方向发展，主要发展起了“比类”这一思维方式。其特点在于思维做横向运动，具有联想色彩。它包括因果型、比喻型、推理型三种方式。

其二，沿“异”的方向发展，主要发展起了分析这一逻辑思维。由此又发展出辩证性思维和整体性思维。

总之，传统思维方式的整体性、辩证性、具象性、比类的特征，决定了词义引申的途径和方式。

4.2 中国传统思维方式对汉语词义引申途径和方式的主导与制约

4.2.1 整体性思维方式对词义引申的制约

思维方式的整体性就是从整体出发，全面观察事物及其发展变化，不偏于一隅，既注意事物的各部分与整体的自然和谐的关系，又重视事物各部分之间的统一。由此产生了词义引申中的相关借代。词义引申的结果即通常所说的词义扩大或缩小。

A. 以事物的局部借代为事物的全体，以此引申词义。例如：

轸，本义为车厢底部的横木，《说文·车部》："轸，车后横木也。"借车厢底部的横木代替车厢。《周礼·考工礼·序官》："加轸与轐焉，四尺也。"郑玄注："轸，舆也。"舆即车厢。又借车厢代"车"，韦昭注《国语·晋语四》："还轸，犹回车。"可见，"轸"的词义引申是利用车子的某一部分代替整个车子。

B. 以事物的全体借代为事物的局部。如：

体，本义是全身的总称，《广雅·释亲》："体，身也。"从全身总称引申为"身体的一部分"，《论语·微子》："四体不勤，五谷不分。"上肢和下肢即四体。

C. 以事物的特殊意义借代为普通意义。如：

沐，本指洗头发，《说文·水部》："沐，濯发也。"由洗头发借代为一般的"洗涤"。宋玉《神女赋》："沐兰泽，含若芳。"李善注："沐，洗也。"

D. 以事物的普通意义借代为特殊意义。例如：

宫，本义是房屋的通称，《尔雅·释宫》："宫谓之室，室谓之宫。"后来特指为帝王的住房，普通人的住房不能再称"宫"。陆德明《经典释文·尔雅音义》："宫，古者贵贱同称宫，秦汉以来惟王者所居称宫焉。"

4.2.2 辩证性思维对词义引申的制约

思维方式的辩证性要求全面、变化、相对地看待问题，并且认为一切对立事物都是相互依存、相互转化、并有可能达到统一的。因此，产生了词义引申中的"反向引申"，即具有对立关系的义项可纳于同义词形中，用同一个词来表示。同时，反向引申也离不开思维方式的整体性，因为词义的正反义项并存，反映了这些义项的不可分割性，是思维整体性的反映；而事物现象的各个发展阶段可能会出现对立性，是思维辩证性的反映。

古人对此已有片段的认识，他们称之为褒贬同词、美恶同词或施受同词，训诂学家则统称为“反训”。段玉裁就是以相反相通的辩证思想来解释，在《说文解字注》“偭”字下说：“偭，训‘向’，亦训‘背’。此穷则变，变则通之理。如废置、徂存、苦快之例。”古代汉语、现代汉语中这样的例子都不少，如：

匄、贷：可以是借求，也可以是给予。《广雅 · 释诂》：“祁、乞、匄，求也。”王念孙疏证：“乞、匄为求而又为与，贷为借而又为与，禀为受而又为有。义有相反实相音者，皆此类也。”这是一个词有两种“反向”的意思。

非：有否定和肯定两种相反的意义。肯定的意义是表示“必须、一定要”。《史记 · 淮阴侯列传》：“其势非致之死地，使人自为战。”否定的意义则十分明显，《仪礼 · 聘礼》：“辞曰：非礼也，敢！”

可见，一个词从一个义位引申出与之相反、相对的另一个义位，其实是辩证性思维的制约和影响。

4.2.3 比类性、具象性思维方式对词义引申的制约

汉民族重视实践，关注现实，对具体客观世界观察入微，所以其具象思维发达，且善于运用取象比类的方法达到对事物整体的认识或表达抽象的事物。上文已介绍比类性思维有三种形式，在具象思维的基础上，这三种形式可以产生出三种词义引申的方式：由比喻型比类思维产生出比喻引申，因果型比类与推理型比类则产生了相关引申和相因引申。

1. 比喻式引申

它不同于词的比喻义，后者是临时性的；而比喻式引申则已经在长期使用中成为该词的固定意义，人们通常意识不到其比喻性。

高守纲先生曾将相似类比归纳为四类：A. 形貌形状相似；B. 功能作用相似；C. 方式情态相似；D. 感受相似。可以看出，这四类比喻式引申都是以本义反映的具体情状为基础，以某个相似点为节点，由此通过比喻型比类而引申出新义。如：

管：本义为竹管，古时常用来指称一种竹制乐器。《诗·周颂·有瞽》："既备乃衮，萧管并举。"管作为乐器是筒状的，古时钥匙也是筒状的，形状上相似，于是由乐器义引申为钥匙。《左传·僖公三十二年》："郑人使我掌北门之管，若潜师以来，国可得也。"

2. 相关式引申

相关引申常借助修辞上的"借代"手法，其关键在于两种对象之间"有不可分离的关系"。罗正坚将词义借代引申分为13类，其中以所在借代引申词义、以材料借代引申词义、以状态借代引申词义、以性质借代引申词义、以特征借代引申词义，当属词义引申中的相关引申，比如：

艄：本义指船尾，《集韵·爻韵》："艄，船尾。"舵也在船尾，所以引申为"舵"。

麻：本义指麻布，古时丧服用麻布制成，由此引申为丧服义。郑玄注《礼记》："麻，吊服是也。"

齿：本指门牙，牙齿生长、脱落体现人的年龄特征，故借以指代年龄。柳宗元《捕蛇者说》："退而甘食其土之有，以尽吾齿。"

孩：本是小儿笑。《老子》："如婴儿之未孩。"引申指代为小孩。杜甫《山寺》："自哂同婴孩。"

3. 相因引申

相因引申从具体的两个对象出发，通过两者间的某种逻辑关系，运用推理型比类而实现引申。但中国传统比类思维带有很大程度的体悟性，往往在缺少必要的中介推理下，跳跃式地达到境界的升华从而得出结论。因此所谓相因引申，常出现非逻辑性的过程轨迹。罗正坚谈到的以功用借代引申、以工具借代引申、以原因借代引申、以结果借代引申，以及我们一般所说的实词虚化，都是这一类引申。如：

导：原有疏通、疏导义，箅类功用正在于疏通头发，借其功用代称篦类。《六书该故·人八》："导，篦类也。"

兵：本义兵器，是战斗工具，引申为战斗。《论衡·吉验》："及壮，使兵，数有功。"

沐：本义洗头发，古时为使官员沐浴才放假，故以"沐"代休假。

晞：《说文 · 日部》："晞，干也。"干是曝晒的结果，因此引申有"曝"义。《方言·卷七》："晞，曝也。"

相：原是动词，《说文》："相，省察也。"后引申为副词，段注："目接物为相，该凡彼此交接皆曰相。"

我们还要看到，汉语词义在引申过程中所运用的思维方式往往是多层次、多角度的综合。上文我们为了行文的方便而分别加以论述。因此，在不同思维方式主导下，词义会同时以不同方式、不同途径引申。如：

法：本义法令、法律。通过整体式思维可以引申为"制度"，《过秦论》："内立法度，务耕织。"通过比类式思维可以引申为"效法"，如《吕氏春秋·察今》："上胡不法先王之法？"

4.3 余论

其实，词义演变方式还有一些，如"相因生义""句法影响"等，但这些新义不是由旧义引申出来的引申义，而是在特殊条件下由旧义生成的"变异义"，不属于词义引申范畴，故不在本文讨论之列。

参考文献

董为光（2004）《汉语词义发展基本类型》，武汉：华中科技大学出版社。

汪建（1987）试析中国古代传统思维方式，《哲学研究》第2期。

（汉）许慎撰、（清）段玉裁注（2008）《说文解字注》，上海：上海古籍出版社。

俞志慧（2009）《国语韦昭注辨正》，北京：中华书局。

（汉）郑玄（2006）《周礼注》，长沙：岳麓书社。

作者简介：孔庆蓓，北京第二外国语学院汉语学院讲师。

语块理论在语言教学中的运用

——兼谈视听说教材中的标记语成分话语分析

王 涛 聂 鑫

摘要 近年来，语块理论在西方语言学界的发展日趋成熟，逐渐形成了一套相对系统的研究方法和研究成果。语块教学已成为语言教学领域中的一个重点课题，越来越多的国内学者也开始关注这一理论，并将其运用到第二语言 / 外语教学实践当中。现代语言教学理念重视习得和认知过程，将教学重点放在学习者如何实现可理解性输入、内容吸收以及最终形成有效交际输出的过程。结合语言学、认知心理学和语用学的发展趋势来看，语块理论在汉语作为第二语言教学（TCSL），特别是视听说教学领域也同样具有重要的指导意义。研究语块理论，对课程标准、教材编写、课堂教学实践等活动将会起到积极的推动作用。

关键词 语块 语义 语用 标记语 视听说

一、语块理论发展概述

“组块”（chunking）一词于 1950 年由美国心理学家 Miller 和 Selfridge 提出，用于描述人脑的信息加工过程，即如何把单个信息组成更大的模块。后来这一概念被应用到语言研究之中，Nattinger & De Carrico 最终将对“块”这一语言结构的研究上升到了理论的高度，正式提出了“语块理论”（Chunks of Language）。鉴于语言现象的复杂、多样性，研究者们对语块的称谓莫衷一是，对其内容的定义也各有侧重，不同学者对此也使用了不同的术语。目前，语言学界对语块尚无明确的定义。本文暂且将语块描述为“在真实言语交际活动中，以高频率出现的聚合性多词单位”。

语块广泛存在于人们日常的言语交际活动之中，它具有稳定的内在结构形式和外在语义特征，主要包括口语和书面语中常见的短语、习语和固定搭配。它的一个主要特征是：形式被整体记忆储存，并在即时交际中被整体提取，而不需要使用语法规则来加工分析。习得研究显示，“本族语使用者的大脑中储存了大量语块，这种由预先制成的模块（prefabricated chunks）构成了言语内容的主体，只有极少数是即时“创造”的”（Nattinger & De Carrico，2000）；“语言的流利程度并非取决于学习者掌握多少生成性的语法规则，而是取决于学习者大脑中究竟储存了多少数量的语块，以便使其能流利地自我表达”（Nattinger & De Carrico，1992）。

二、语块的本体研究

2.1 语块在英汉语言系统中的差异

语块有两个层面上的研究方向：认知心理学层面的“语块”（chunk）是一种记忆单位。美国心理学家 Miller（1956）通过实验证明：人类短时记忆的容量大概是 7±2 个单位，将语块作为短时记忆的基本单位，可以通过“组块”（chunking）的方式扩大记忆容量。语言学层面的“语块”（英文中对应的是 chunks 或 formulaic language）是一种语言单位，本体研究中的“语块”指的是后者。英语是基于形式规则的语言，通过语块组合可以使句子具有生成性，便于言语表达，也有利于学习者记忆。比如短语“first of all”“by the way”，小句“if I were you”“would you like...”“that is to say...”，以及各种句型和语篇连接词等。

相对英语而言，汉语不具备形态规则的变化，而是趋向于整体语义逻辑的表达。“甚至汉语中的语块比英语更丰富，在交际中更活跃”(李晓琪，2004)。不过，由于汉语书面表达形式中不存在明显的词边界，造成很多词与短语的划分难以界定。计算语言学以及中文信息处理方面的研究成果显示：词切分认同率随学生年级的升高而降低，切分出来的词单元逐渐增大。即被试者词切分的差异量随阅读技能水平的提高而增加，而且切分出来的词长也随之增大，另外，搜索引擎、双语平行语料库、机器翻译、自动语义分析等应用性研究中，也普遍采用了倒序检索、贝叶斯分类法、长句优先的原则。一定程度上验证了语块在语言系统中的模块化和功能化作用。例如，根据使用者（User）目的不同，对同一语句可以有不同的切分结果。

按词性切分：高 /d 举 /v 邓 /n 小平 /n 思想 /n 理论 /n 的 /u 伟大 /a 旗帜 /n

按词类切分：高举 /vp 邓小平 /nr 思想 /n 理论 /n 的 /u 伟大 /a 旗帜 /n

按句法切分：高举 / 邓小平思想理论的 / 伟大旗帜 /

按语篇切分：高举邓小平思想理论的伟大旗帜 /

2.2 汉语语块的划分

近年来，国内学者对语块的分类进行了一系列较为细致的研究。周健（2007a）把汉语语块分为三类：词语组合搭配语块、习用短语、句子中连接成分等类固定结构；钱旭菁（2008a）根据语块所属的语法单位层次将其分为词级语块、句级语块和语篇语块三类；亓文香（2008）则根据语法功能和结构形式把汉语语块分为固定搭配、词语构造成分、句子构造成分；李慧（2008）从结构上把汉语语块分为短语、固定语句和框架三大类；周倞（2009）参照周健（2007a）的分类，将汉语语块划分为固定结构、填补结构和关联结构，并进行了框架描述。

目前而言，汉语语块的界定尚未形成较高程度的共识，同时也缺乏一个完整、清晰以及足够开放的定义。主要原因在于缺乏明确的学理界定和实践标准，缺少大规模语料库为基础的定量研究，特别是基于自然语言多模态语料库的数据支撑，导致汉语语块的分类问题尚缺乏系统性、层次性和科学验证。

本文参考 Michael Lewis 的语块内部语义联系和句法功能分类，并结合研制中的《汉语视听说课程大纲》框架分类标准，将汉语语块分为以下三类：

1. 语音层：按音节划分，是包括单 / 双音节词和多音节词。例如："看""买""笔""火车""运动"等。多音节词是呈现整体性的固定词语组合，包括已经词汇化的成语、俗语、惯用语、四字结构等，例如："闻所未闻""众所周知""第一时间""咄咄逼人""拉下水""拍马屁""门儿也没有"等。

2. 语句层：存在于单句中，属于句级词汇短语。一种是表现主观性语气成分，具有明显语法语义功能的词汇。例如："反正""要不""简直是""总算""看上去""差不多""不怎么样"等；另一种是共同出现频率很高的词语，词语间可以添加其他修辞成分。主要是固定结构和搭配，例如："教育问题""环境保护""实现梦想""克服困难"等。

3. 语篇层：一种是具有语篇连接和主观化的语用功能的短语，例如："没事儿""别提了""在我看来……""要我说……""值得注意的是……"等；或直接以小句形式存在，包括熟语、谚语、格言、套话等，例如："不管三七二十一""萝卜青菜，各有所爱""好吃不如饺子，舒服不如倒着""老骥伏枥，志在千里""恭敬不如从命"等。

三、语块在视听说教学中的运用

目前，国内 TCSL 的课程设置普遍分为语言综合课、语言分技能课和其他专项课三种形式。综合课承担着主要的语言教学任务，即对学习者语言能力的培养。二语教学的重要任务之一是要把焦点放在提供大量的输入和输出环节上，并且在教学过程中考虑学生实际能力来完成。然而实际情况是，课堂教学中大多使用平面语料，教师在课堂教学活动中使用的也是调整、加工后的人工语言，无法为学习者提供获取大量自然语言输入的途径；另外，中高级阶段语篇结构单一，过多使用文学类语言内容，普遍存在语体不对称的现象，不利于二语习得的过程。

视听说教材包含社会热点话题、新闻、情景剧、纪录片、脱口秀、访谈、娱乐节目、影视剧、微电影、广告、歌曲等丰富的视频内容。一方面可以通过选篇控制语体形式，按阶段呈现口语和书面语的不同语体特征，使语言教学具备内在的层次性；另一方面可以为学习者构建虚拟的自然语言教学环境，在提供可理解性输入的前提下，为学习者创造有意义的输出机会，实现对学习者语言综合能力的培养。同时通过虚拟教学情境促进了学习者认知发展过程，满足学生学习兴趣和自我发展需求，进而更大程度地挖掘内在动力，激发学习积极性、主动性，促进语言学习与文化理解的有机融合。

3.1 语块教学实践

刘加英（2006）、姚宝梁（2004）分别论述了语块在大学英语口语和中学英语口语教学中的重要价值，认为有助于学生了解语篇结构、口语规则，提高表达的流利度和准确度。陈艳、赵倩倩（2010）采取对比实验的方法验证了语块教学方法对提高学习者英语口语的有效性，尤其表现在流利性、词汇使用和发音方面。

结合以上口语教学研究成果，在视听说课中采用语块理论进行词汇教学和语法教学，同样有助于目的语学习者在言语输出时形成流利、地道的表达方式，培养学习者使用目的语的跨文化交际能力。课堂教学中往往会遇到这样一种现象：学生在输入环节都听懂了，在听后输出环节进行语言操练时，造出来的句子虽然完全符合语法规则，可就是听着别扭、不自然。例如：

① 我离开大学以后，打算……（谈毕业后的经历）。

② 我拍张照片，臭个美。（发微信）

③ 我有事先走，你们随便吃。（聚餐的时候提前离席）

例句①：更准确的表达应该是“我大学毕业以后”，由于受话者身份不同，可能会理解为“毕业后离开”，也可能会认为是“换工作离开”。

例句②：没有掌握词和短语的区别，“臭美”是已经词汇化了的俗语，中间不能插入其他成分，可以说“臭美一下”。（指出错误后，学生特意重新发了一条微信，以示感谢。）

例句③：没有根据交际情景选择合适的语体和语用形式，更为得体的表达应该把“随便吃”改为“请慢用”。（经过说明，如果老板请客的话可以这么说。学生们会意地大笑，纷纷要求这名学生请客。）

3.2 语块作为标记语成分分析

乔姆斯基理论强调语言的生成性、创造性，只要有组词造句的规则，再加上一个词库就可以生成无限的句子。然而语言除了具有创造性一面以外，还有习用性，并非所有合乎语法规则结构的句子都可以依靠转化生成在实际的语言交际中使用。因此，相对传统基于规则的语言学理论不好解释清的东西，从认知、功能和语用角度进行话语分析，或许更有助于学习者理解和表达使用。参见“应结合标记功能，研制相关大纲和标记分类表，教学中结合语料开展话语标记教学，让学生有意识地得体地使用话语标记，并进行针对性训练。”（潘先军，2015）

本文结合《中国微镜头 China Focus》视听说教材，以及建设中的自然语言多模态语料库进行检索，对“你类”标记语的话语和“是吧”提供了实证性研究，通过对语料进行分析，可以得出“你看”和“你看你”“你看我”在语用上的差别。事实证明，语块理论用于教学实践，不但具有现实意义，而且也有一定的可操作性。

1. 以“你看”为例，通过语料查找结果分析，“你看”不仅具有语义上的差别体现，其语篇功能也比较明显，具有承接关系和补充说明的作用。用于插入语时，也有缓和语气、商量的作用。

① 网上买东西，谁不想看清楚点啊？你让我回去怎么交差呀？你看你拍的这东西，一半亮一半暗的，我怎么卖啊？——用于责备

② 你看（看）人家小明他爸爸刘叔叔，上学期就给小明买了个电脑。你要是像刘叔叔一样给我买电脑，我保证能考高分。——用于褒奖

③ 向大师是个艺术家，他一般是不拍婚纱照的。你看，我们这不打算

把这个小房子给退了，然后去那个798，大House里边做艺术家了。

——用于承接，补充说明。

④ 在北方有一句老话是这么说的，好吃不如饺子，舒服不如倒着，也就是说，吃和睡是最重要的生活中的两件事。要不怎么说是一见面就要说吃了吗？或者说还没睡呢？你看还是吃和睡。——用于承接，有语气强调、验证前面所说的内容的含义。

⑤ 可是你看，今天店里这么多人，妈特别忙。你爸爸又出差没回来，咱们要是去了，这不就乱套了？咱们改日回去，好不好？——用于语气缓和，商量

⑥ 你看你怎么对待人家爸爸的，怎么对待咱爸爸的？亏你还说得出来？真是的。——用于责备

2. 由语料检索结果可以看出，“是吧”的语篇功能也比较明显，具有承接关系和确认的作用。用作插入语，也有缓和语气、拉近关系并希望得到听者认可的作用，具有较为明显的言语主观性。

① 您好，您去哪？西单，西单是吧？嗯，好。——确认 / 承接

② 其实向大师向来不接低于一万的小活，但是咱们谁跟谁呀，不能让你们吃亏，是吧？这样吧，友情价，两千。——确认 / 承接

③ 父亲：你考多少分啊？还不错，65分。太好了！

儿子：是吧，我也觉得自己超常发挥了。

——加强正面情绪，表示满意，持肯定态度。

④ 哥，你什么意思呀？那我们就没家是吧？我们就不要和谐是吧？

——加强负面情绪，表示不满，持否定态度。

四、结论

目前，国内第二语言教学的语块研究主要集中在语块与言语输出方面，特别是英语口语和写作教学。随着现代教学理念的改变，语块理论研究的重心也逐渐从语言本体、教法转向学习者为中心的教学模式研究，以及认知过程学习者内部与外部因素的影响等方面。实践证明，结合教学语料库

建设，将语块理论引入汉语视听说教学，有利于提高言语输出流利度和准确度，培养学习者自主学习能力，提高语言综合运用能力。

参考文献

桂诗春、杨惠中（2002）《中国学习者英语语料库》上海：上海外语教育出版社。

李红叶（2004）词汇练习要注意词块的产出训练，《国外外语教学》第3期。

刘珣（2005）《对外汉语教育学引论》，北京：北京语言大学出版社。

盛炎（1990）《语言教学原理》，重庆：重庆出版社。

杨玉晨（1993）英语词汇的板块性及其对英语教学的启示，《外语界》第3期。

周健（2007）语块在对外汉语教学中的价值与作用，《暨南学报》（哲学社会科学版）第1期。

周健、彭小川、张军（2004）《汉语教学法研修教程》，北京：人民教育出版社。

Gabrielatos C. Corpora and language teaching: Just a fling or wedding bells? [J]. Teaching English as a Second or Foreign Language, 2005,（4）.

作者简介：王涛，北京第二外国语学院汉语学院讲师；聂鑫，北京第二外国语学院国际交流与合作处。

诉讼环境下的非语言交际

赵培远

摘要 本文主要论述了诉讼环境下，尤其是在民事诉讼环境下，非语言交际自身的特点及其在一定程度上对诉讼主体的影响。全文共分以下几个部分：首先介绍了诉讼环境下涉及的三个特殊的交际主体，其次对特定的交际环境进行了分析，然后阐释了诉讼环境下的其他非语言交际因素，又分析了特定交际主体的特定思维方式，最后从法律的视角出发讨论了非语言交际对交际主体的价值和法律意义。

关键词 非语言 诉讼 法律思维

交际，通常指二人及二人以上通过语言、行为等表达方式进行交流意见、情感、信息的过程，是人们运用一定的工具传递信息、交流思想，以达到某种目的的社会活动。语言作为一种交际工具，是适应人类交际的需要而产生的。它是人类特有的交际工具，也是最重要的交际工具，是不依赖于其他任何交际工具而独立存在的交际工具。但语言并非唯一的交际工具。（高名凯、石安石，1963：28）非语言交际就是不用语言进行的交际，它也是交际的重要组成部分。

生活中，人们借助于语言和各种非语言手段交流思想，表达感情。这个过程中，二者互为依托，相辅相成，构成整个交际行为。任何交际行为都是在具体情景和语境中发生的，这种情景和语境是影响交际行为的基本要素之一。这是因为不同的民族使用的语言和非语言交际手段有同有异，不同的语言环境对语言和非语言交际的要求也有不同。

任何交际活动“都是在具体情景和语境中发生的，这种情景和语境是影响交际行为的基本要素之一”（顾嘉祖，2000：134）。诉讼作为解决纠纷的方式之一，是国家专门机关（主要指法院）在当事人和其他诉讼参与人参加下，依法定程序，为处理案件而进行的专门活动。当然，诉讼活动也有其具体的情景、语境。本文旨在阐释在中国的诉讼环境下，尤其是在民事诉讼环境下，非语言交际自身的特点及其在一定程度上对诉讼主体的影响。

一、交际主体

一切交际活动都离不开交际主体，没有交际主体的参与，交际活动就无从谈起，在诉讼环境下也不例外。

在民事诉讼活动中，涉及的主体包括三个方面：一是审判人员，居中裁判，不偏不倚。二是诉讼当事人，包括原告、被告和第三人。当事人称谓因其处于不同的诉讼阶段和程序而有所不同。一审程序中，称原告、被告；二审程序中，称上诉人、被上诉人。再审程序中，适用一审程序的，称原告、被告；适用二审程序的，称上诉人、被上诉人。执行程序中，称申请人、被申请人。三是诉讼参与人，包括证人、鉴定人、勘验人等。

尤其应该注意的是，民事案件中，原被告双方诉讼地位平等，享有平等的诉讼权利。所以，开庭后法庭调查前，审判长或独任审判员要依法告知原被告双方享有的诉讼权利：可委托代理人；原告可放弃或变更诉讼请求；被告可承认或反驳诉讼请求、提起反诉；有权举证质证、进行辩论、自行和解、请求调解；有权上诉；经许可，有权查阅卷宗；有权申请回避等。

据最高院有关规定：审判长应坐在国徽下正中处，审判员或陪审员分坐两边。书记员坐在法台右前方。审判台左前方为证人、鉴定人位置。当事人及其代理人相对而坐于法台前方两侧，原告及其代理人在右，被告及其代理人在左。两告平等对抗，法官居中裁判。

二、交际环境

凡交际都有着一定的时空背景及文化背景，没有离开具体交际环境的交际，而交际环境是交际赖以进行的客观基础。离开特定的具体的交际环境去研究交际，就像离开空气、阳光和水去研究植物的生长一样，基础不牢，无从谈起。古今中西，概莫能外。

古代帝王为了表示听取臣下谏议或百姓冤情，悬鼓于朝堂外，许击鼓上闻，谓之登闻鼓。“其事起于晋，唐时长安洛阳并置登闻鼓。”又于朝廷门外放置肺石。“民有不平，得击石鸣冤。”(《辞源》1988：1166 ）按照《资治通鉴》卷二零三，唐武后光宅元年二月癸未：“所置登闻鼓及肺石，不须防守，有槌鼓立石者，令御史受状以闻。”

从行为者的目的来看，不论是统治者还是击鼓立石者，大概目的只有一个，立石或“击鼓上闻，以申冤抑”(《辞海》2002：310)。从非语言交际的角度考察，不论是声声敲击的登闻鼓，还是能立于其上的赤色石，都能直接打动人（包括但不限于行人路人旁观者、居庙堂之高者、甚至于最高统治者）的感觉器官，石和鼓均为视觉性非语言符号，都是静态的具有特定意义的信息载体，都起着表达、传播和沟通的作用。

由此，一面鼓、一块石，就变成了有特定意义的载体。立石击鼓，因有不平；因有不平，申屈鸣冤。放在今天，就是官司。“官”和“司”原指“官府”“掌管”，因而，纠纷双方去官府断是非。今天法言法语讲的就是去法院“诉讼”，《说文解字》将二字解为：“诉，告也”，“讼，争也”。

法院的角色是被动的、中立的、超然的，应不告不理，不偏不倚。法院的法庭正中前方设有法台，法台上设有法桌、法椅。法桌、法椅造型要求庄重、大方，颜色要求严肃、和谐。法院用这种鲜明而具体的符号意象和强烈的心理暗示，唤起人们对法律的信仰和对正义的希冀。

英国著名法官G· 休厄特说过：“正义不但要实现，而且要以人们看得见的方式被实现。”正义不但要以看得见的方式实现，还要以一定的具体的符号体现出来。比如法袍、法槌、法徽等。

我国是个多法域国家，法徽是法院的标志，也是法官的身份标志。法官应代表国家依法行使审判权，保障在全社会实现公平和正义。现在法徽的基本图案由麦穗、齿轮、华表、天平构成。麦穗和齿轮对应着工农联盟为基础的人民民主专政。法徽底色的红和麦穗、齿轮、华表、天平的黄两种色调在政治话语体系中起到了鲜明的代表作用。“纵观历史，法院作为代表国家行使审判权的机关，其建筑风格本身无不流露出集威严、庄重、超脱、典雅于一体的法律元素，法院建筑的寓意在于通过鲜明的造型风格意象来唤起人们对法律的信仰和对正义的追求。法院建筑当与作为法律元素象征的天平、利剑、权杖、獬豸等一样，能折射出法律的公平与正义。”（徐斌、周志伟，2012）

传说中獬豸为异兽。“能辨曲直，见人斗，即以角触不直者；闻人争，即以口咬不正者。”（《辞海》，2002：1881）在中国，獬豸与法有着不解之缘，是中国法律的象征。这可从古代“法”字的结构得到证实。古体的“法”字写作“灋”，本是“廌法”一体合成，乃取其公正不阿之意，所以从水，法平如水。由“灋”到“法”，“廌”字虽然已被隐去，然而它象征的中国传统法律文化并没有消失，也不会消失。中国古代的执法官吏戴有獬豸冠，其来历正源于此。唐韦縠《杜侍御送贡物戏赠》有诗：“越人自贡珊瑚树，汉使何劳獬豸冠”。

任何社会中，司法都是一种正义的符号。中国有神兽獬豸，西方有司法女神。

西方的司法女神也叫正义女神，她是法律、法官的化身和象征，也是西方司法理念的符号与标志。正义女神的雕像，经常出现在西方国家法院、法学院的建筑物上。其形象常常是一位年轻的女子，面容庄严，神情肃穆，蒙着眼罩，一手持天平，一手握宝剑。蒙着眼罩，寓意大概是，司法是"裁判"而不是发现，所以司法者眼睛应蒙上，这样有助于排除干扰，用心思考。有宝剑而无天平，不过是暴力；有天平而无宝剑，只是有名无实的正义，二者只有相依相辅，法律才能完全得以实行。

除了天平、宝剑，符号化的事物，也已体现在法袍和律师袍上。法袍是黑色长袍，散袖口式。黑色代表庄重和严肃；红色前襟配有装饰性金黄色领扣，与国旗的配色一致，体现法院代表国家行使审判权。法官身着法袍审理案件，象征着思想的成熟和独立的理性判断力，象征着法官依法裁判，对社会负责。

律师身着律师袍出庭，体现律师职业的严肃性和崇高性，也便于当事人、法官等辨别身份。某种意义上讲，其实这也是法制逐步完善的一种体现，是中国司法改革在形式上的一大进步，对于树立法律尊严和律师的形象建设都有着积极意义。

法官开庭，身着法袍，一定情形下，敲击法槌。法槌最早起源于我国古代的惊堂木。在使用法槌之前，法庭出现秩序问题时，有些法官就大声呵斥甚至拍桌子，影响法官形象，有损法庭尊严。现行使用的法槌槌体顶部镶嵌象征公平正义的天平铜片；圆形和方形结合的底座形成强烈的方圆对比，暗喻方圆结合、法律的原则性与灵活性的结合。

当然，诉讼环境包括但不限于上述的这些非语言因素，还包括交际过程中的其他各种因素。

三、其他非语言交际因素

非语言交际方式多种多样，分类各有不同。美国学者康登（J.Condon）在《跨文化交际导论》中曾把非语言交际行为归纳为 24 种，分为手势、面部表情、姿势、服装和发式、行走姿势、体距、体触、眼色交流、建筑及室内设计、装饰用品（如胸针、手杖、珠宝首饰）、标示图、艺术和修饰形式（包括婚礼舞会和政治游行）、体型、气味、副语言、颜色象征、言语与动作的配合、口味嗜好、气温等。

学者陆谷孙、胡文仲、毕继万、耿二岭、范蕴华、李杰群、顾嘉祖、汪福祥等也都有方方面面的论述。按照陆谷孙的观点，非语言交际指用手势、表情、姿态等传递思想、感情，也包括讲话时运用非言语的腔调、声调、语速等变化传意。（陆谷孙，1993）

交际，对律师来说，跟当事人要尽量使用日常语言；跟法官交流，要尽量使用法言法语。除了文字和语言表达技巧外，也应注意有声与无声、语言与体态的融合统一。

法庭上的较量，是智慧的较量，专业的较量。居上风时，不轻视对方；在失利时，不手忙脚乱。要做到中规中矩，控制好情绪，使用好交际辅助手段。法庭上，所有诉讼参与人及旁听人员都须遵守法庭纪律：未经许可，不得录音、录像和摄影；不得鼓掌、喧哗、哄闹；不得随意走动等。

有段时间，不少电视台都在热播律政剧。剧中的律师在法庭上走来走去，发问随意。实际情况是，法律归法律，艺术归艺术。庭审实践中，这种情况是不可能出现的。因为庭审有严格的既定程序。当事人、证人的座位在法庭上是固定的，律师不能随意移动和走动。举证质证、法庭辩论要依程序。这也决定了庭审中不能随意走动。

四、交际主体与法律思维

前文提到，人类的交际工包括语言和非语言。以民诉一审程序为例，非语言交际，一般在当事人（包括原告、被告、共同诉讼人、第三人）本人不愿或不能出庭并委托代理律师的情况下，主要发生在代理律师和其他诉讼参与人（如证人、鉴定人、勘验人员、翻译人员）、法官之间以及双方代理律师之间。

法官、检察官、律师等交际主体，他们都以从事法务为本，统称为法律人或法律职业共同体。他们有着共同的特点：经过专门的法律教育和职业训练；具有与众不同的思维方式和统一的法律语言；达成了职业伦理共识。

法律人思维有别于大众思维。“法律乃一门艺术，一个人只有经过长期的学习和实践才能获得对它的认知。”（爱德华·S.考文，1996：35）常有学者举例，夏娃送给亚当一个苹果，神学家发现了“原罪”，道德家发现了“羞耻”，文学家发现了“爱情”，法学家发现了“婚姻”。（徐爱国，2005：394）

法律思维的特点主要表现为：思维的工具是法言法语，重程序，服从规则，慎待情感，区别法律真实和客观真实，遵循先例，不求激进。（孙笑侠、夏立安，2004）不少法官认为，选择做一个法律人，就是“选择了一种克制而理性的生命方式，追求规范而秩序的外在形式和公平正义的内在良知”。（马军，2013：7）

律师与其他法律人相比，其思维方式的核心是运用法律概念进行思考，以法律许可的方式，至少是不违法的方式解决问题。律师不太关心客观真实，但对现有的能搜集到的证据能够证明什么给予特别的观照，换句话说，法律真实才是“以事实为依据，以法律为准绳”的“事实”。在律师看来，“杀人偿命和借债还钱这些民间铁律对律师的思维没有约束力。一些颠扑不破的世俗传统原则，会在律师提出的诸如时效、主体资格、管辖权、法律程序、不可抗力、情势变迁等奇特武器的一轮轮攻击下土崩瓦解、灰飞烟灭。”（张勇，2006：31）

这种思维表现在非语言交际中，常常是：对法官而言，要着装规范，不着奇装异服。法庭上或法院内会见当事人及其代理人时，不佩戴装饰物；言行威严得体，不张扬个性；一般情况下，不需要礼节性地与当事人及其代理人握手寒暄；面对当事人及其代理人，多用眼神交流，尽量不做点头、摇头习惯性的表态；倾听时，减少肢体语言；办案中，角色中立，控制感情等。

律师是为当事人提供法律服务的执业人员。律师当然应尽最大努力维护当事人的合法权益，使其合法权益尽可能地最大化。不管平时与对方当事人的律师多么熟悉，在办案时最好与之保持适当的距离，即使对方律师认为你矜持冷漠、不近人情，也无所谓。当着当事人的面，律师与对方律师法庭相遇，虽说仍应彬彬有礼，举止得体，不失风度，但不必有过于密切的友好表示，以免当事人疑窦丛生，降低了对律师的信任度。（张勇，2006：59）所以，一个表现专业的律师应注意区分开、把握好“平时”与“办案时”对其委托人和法庭上已作为对手的朋友的感情倾向和应保持的距离。

“我住长江头，君住长江尾。”“河汉清且浅，相去复几许？”“海内存知己，天涯若比邻”这些距离，更多的是社会学意义上的距离。

美国人类学家 E. T. Hall 把欧美人生活中物理学意义上的距离划分成了四种：360 厘米到 750 厘米之间的一般距离，120 厘米到 360 厘米之间的礼貌距离，45 厘米到 120 厘米之间的私人距离，0 厘米到 45 厘米之间的亲密接触距离。精确到厘米，划分为四档。这是物理学意义上的距离。它告诉我们，交际时，交际双方在空间所处位置的距离具有重要的意义。

五、对交际主体的价值和法律意义

谈到交际，毋庸置疑，第一要素是语言，但非语言有时也起着重要作用。诉讼中非语言因素对交际主体所起作用也不能小觑，尤其是在权利意识全面苏醒的今天，其本身所具有的法律意义更是值得探讨。

诉讼环境下，直接言词原则必须遵守，它决定了法庭审理的方式，这是庭审中最主要的交际方式。除了直接言词，交际者，尤其是当事人及其代理人也要运用好非语言交际因素。

对于法官来说，要关注当事人的肢体语言，要观察当事人的语速、语音、语调，这有助于分析当事人在心理上认识纠纷性质的主观态度。庭审中，一个眼神、一声叹息，都可能是纠纷双方握手言和的理由和契机；一举手、一投足，一个身姿的变化都可能是心灵支配的结果。

庭审中，法官会发现当事人或证人说谎时手部动作会减少，因为在潜意识里，会觉得挥动双手有可能把自己的秘密泄露出去。于是说谎时就下意识地将手放进口袋里或者互相紧握着。说谎时，摸鼻子和掩嘴的动作也会增加。这一点，对于一个有经验的法官来说，都会看在眼里。法官通过听取举证、质证等活动，依法对证据采信等相关问题，在内心形成某种确信。

就证据而言，《民事诉讼证据若干规定》第75条有证据推定规则：“有证据证明一方当事人持有证据无正当理由拒不提供，如果对方当事人主张该证据的内容不利于证据持有人，可以推定该主张成立。”在这里，一方拒不提供不利于己的证据，可推定另一方主张成立。

非语言交际中，顾嘉祖（2000：163）认为，沉默是一个“被淡忘的角落”，沉默这种社会现象，“值得社会语言学、人类语言学、跨文化交际学的学者们就这一被淡忘的角落做进一步深入的探讨”。（2000：167）

实际上，从法律的视角分析，沉默这一非语言交际的方式有其独有的法律意义。不了解这一点，有时本想着自己拥有权利，但可能最终会丧失权利；有时可能本不想同意，但法律会视为同意；有时可能本想接受，但法律会视为拒绝接受；有时本想让合同成立，但因为沉默，合同不成立。不了解这一点，可能会承担本不想承担的责任。在法律人的眼里，沉默可能不再是“金”，可能会变成一大堆的负担，可能会丧失于己于亲都看得很重的权利。

日常生活中，很多情况下一般人都会把“沉默”理解成“不同意”。诸如对“搭搭你的顺风车怎么样？”“周末喝个小酒吧。”“先不买房子了，可以吗？”这些问题的回答便是。日常生活归日常生活，法律活动归法律活动。不能用日常思维去裁量法律思维。下面仅以民商事有关规定举例。

《继承法》第25条第2款：受遗赠人应当在知道受遗赠后两个月内，做出接受或者放弃受遗赠的表示。到期没有表示的，视为放弃受遗赠，视为拒绝接受。

《民法通则》第66条第1款：本人知道他人以本人名义代理而不做否认的，视为同意。

《合同法》第22条：承诺应当以通知的方式做出，但根据交易习惯或者要约表明可以通过行为做出承诺的除外。这里的“通知”和“行为”，明显是以作为的方式做出的，不是沉默。受要约人收到要约后未做出答复的默示行为，由于双方没有约定以该种方式进行承诺，这也不是法律认可的承诺方式。要约人“如未答复，视为承诺”的意思表示没有效力。因此，这种情况下合同还是不能成立。

上述有关条款里的“没有表示的”“不做否认的”、应“以通知的方式”而未“通知”等法律用语，未见“沉默”却是沉默，法律效果如何，规定得清清楚楚。由此看来，需沉默时可沉默，该出手时当出手。法律领域里，可不像老子在《道德经》第73章所言：“不争而善胜，不言而善应，不召而自来”，倒很有可能是其反面：不争不胜，不言不应，不召不来。

六、结语

语言因素以外的交际符号、交际方式和交际行为丰富多样。不管是在日常生活中还是在特定的诉讼环境中，有时这种交际方式对一个特定的交际主体而言可能面临着一定的抉择和风险。从法律的视角观察，交际主体如能深入理解这种交际方式的特点，运用好现有的规则和合法的手段，在诉讼环境下，对维护和救济自身的正当权益有着不可小觑的作用。有些时候，用惯常的思维去解释法律现象而得出的结论与我们的情感相左，常人意识不到或理解不了。行有不得，反求诸已。这是规律，也是办法。生活中，法庭上，要多从自己的思维、语言和行为等方面寻找造成这种结果的原因，这当然包括检讨自己的非语言交际行为。从这个意义上说，研究非语言交际在法律环境下的效果和影响，的确会有着意想不到的收获。

参考文献

高名凯、石安石（1963）《语言学概论》，北京：中华书局。

顾嘉祖（2000）《跨文化交际》，南京：南京师范大学出版社。

《辞海》（2002），上海：上海辞书出版社。

《辞源》（1988），北京：商务印书馆。

陆谷孙（1993）《新英汉大词典》，上海：上海译文出版社。

马军（2013）《法官的思维与技能》，北京：法律出版社。

孙笑霞、夏立安（2004）《法理学导论》，北京：高等教育出版社。

徐爱国（2005）《名案中的法律智慧》，北京：北京大学出版社。

徐斌、周志伟（2012）法院之建筑风格，《人民法院报》2012 年 7 月 13 日第 7 版。

张勇（2006）《远见》，北京：机械工业出版社。

［美］爱德华· S. 考文（1996）《美国宪法的“高级法”背景》，强世功译，北京：三联书店。

作者简介：赵培远，北京第二外国语学院汉语学院讲师。

《学记》教育思想对对外汉语教学的启示

孙宁宁

摘要 近几年，我国对外汉语教学事业发展迅速，但教学质量问题也日益显现。教育思想主导着教学实践，对教学质量的提高有着不容忽视的作用。作为教育教学经典论著的《学记》对教育思想有着精辟的见解：例如“教”与“学”辩证关系的“学然后知不足，教然后知困”，重视启发式教学的“道而弗牵，强而弗抑，开而弗达”，重视个性教学的“长善而救其失”，主张教学要循序渐进的“当其可之”而施之、“不陵节而施之”等。这些教学思想同样适用于对外汉语教学，对提高对外汉语教学质量，促进对外汉语教学事业的发展有着深刻的启示。

关键词 《学记》 对外汉语教学 教育思想

《学记》是《礼记》中的一篇，是中国教育史上，也是世界教育史上第一部专门论述教育和教学问题的论著，它比捷克大教育家夸美纽斯的《大教学论》早面世一千八九百年。它从教育的作用、教育的目的、学校制度、教育内容、教学原则、教学方法、师生关系和教师素养等方面，做了比较系统而精辟的阐述。其中很多教育思想，不仅是教育史上的首创，而且经过两千多年教育实践的检验，即使放在现代教学理论的范畴中，也仍然闪烁着生命的火花。站在今天的历史时空来翻阅《学记》，咀嚼其精言要义，古代教育者的教育思想不仅未给我们以“隔世”之感，相反，它对今日的对外汉语教学仍有着令人信服的指导和借鉴意义。

一、吸取“学为主体”和启发诱导的教学思想改善学生的厌学情绪

当前学校教育中，学生的厌学情绪是令老师们最头疼的问题，在对外汉语教学界也不例外。对外汉语的教学对象是母语非汉语的外国人，很大一部分学习者的汉语基础是零，因此在学习过程中，会遇到汉字难写、语法难学、词汇庞杂难记、阅读技巧难以掌握等多种问题，而且留学生中有的是出于功利目的学习汉语，学习动机并不强烈，在学习遇到瓶颈加之教师教学不得法的时候，也不免会产生厌学情绪。一门语言，本应具有引人入胜的魅力，何以会让学生产生厌倦呢？究其原因，在对外汉语教学改革此起彼伏，功能教学法、任务教学法备受推崇的今日，不少对外汉语教师仍是一言堂，讲多练少，正如《学记》中所讲“呻其占毕，多其讯言”，漠视学生的主体地位，以自己的讲代替了学生的练，学生在课堂上不需自己思考、练习，而只需恭坐静听，没有机会自己去练习和使用语言，这样的教学怎能不令人感到乏味？怎能不“隐其学而疾其师”？

一位教育学家曾风趣地说到，如果在21世纪的课堂中，教师找不到下岗的感觉，那他就应该下岗了。我认为这是极有道理的。因为现代教学理论告诉我们，在教学过程中学生应是认识的主体，发挥学生的积极性和创造性才是教学成功的重要条件。这与《学记》中的观点不谋而合。“善学者，

师逸而功倍，又从而庸之，不善学者，师勤而功半，又从而怨之。”也就是说，认为教学效果的好坏不仅仅取决于教师，更取决于学生。认识到学生学习的主动性在教学过程中的地位是《学记》在探索教学规律方面最有价值的思想。学生主体能动性的发挥对教学过程确实有着深刻的影响，因为教学过程实际上是教学相长、双向互动的过程，教与学是一个过程的两个方面。“教人的一半在教，一半在学，而学习的人也是一半靠人来教，一半靠自己去学。”（刘震，1984）。这也就是《学记》中所说的“学然后知不足，教然后知困，知不足，然后能自反也；知困，然后能自强也”。

当然，承认学生的主体地位并非忽视或否定教师的主导作用。在现代教学中，教师的主导作用仍然是一条十分重要的原则。《学记》中要求教师做到“道而弗牵，强而弗抑，开而弗达”。“道而弗牵”意思是说，引导学生而不牵着学生走。之所以要“道而弗牵”，傅任敢先生（1990）曾做过精辟的解释：“学生求学是向未知的领域前进，所学的是他所不知的东西，是他所没到达的境界。因此，他需要引路人给他引路，这就是教师，……但是引路并不等于走路，也不等于强迫别人走路，……如果这个引路人不识相，不许我们饱览景色，自觉前进，却担起引路人的架子来，不顾我们的意志，不许我们休息，逼着我们赶路，甚至拖着我们高一脚低一脚地向前奔跑，难道我们会愿意吗？即使被迫着跑，跑过那个地段以后，我们对那个地方的景色一定也是一无所见的。”再来看“强而弗抑”，意思是，勉励学生而不推着学生走。要求“强而弗抑”，是因为“学习如同登山，中途不能没有困难”，这时就需要“有识途的人跟在后面，随时给他打气加油”，“但是要注意，对于一个筋疲力尽的爬山人，打气固然是好的，却不可急躁地在打气之外猛力推他一把”。因为人有发展的极大可能，不必强迫，夸美纽斯认为：“凡是强迫孩子去学习功课的人，他们便是给了孩子们很大的损害。”教师所需做的只是通过多样的方式，引发学生的求知欲，维持持久的学习兴趣。最后再来看“开而弗达”，即启发学生而不代替学生做出结论。要做到这一点，就必须知道“哪些东西要讲，而哪些东西则留着不要讲完，没有讲完的东西，就好比给学生的思维埋下一段‘引火线’”（苏霍姆林斯基，1987）。教师只有做到“道而弗牵，强而弗抑，开而弗达”，才能达到“和易以思”，即在和谐融洽的师生关系中，培养起学生独立思考的能力。试想，学生若能在教师的引导下不断提出问题、解决问题，常常处于一种怀疑、困惑、探究、释疑、会心的心理状态，就必将不断体验到“自得之美”，继而对对外汉语学习产生浓厚的兴趣，怎么会厌学呢？因此对外汉语教师在授课过程中，要选择恰当时机，巧妙设疑，提出难度适中的问题，并能够根据学生的回答情况适时追问，从而引导汉语学习者深入思考问题，培养其组织和输出语言的能力。另外，在对外汉语语法教学中，教师不能照本宣科，一味地把语法现象和规律灌输给留学生，而应该利用认知规律和语法的共性，使其在理解的基础上感悟语法而不是死记硬背语法规则。

二、借鉴“长善救失”、人尽其才的教学思想来纠正个性教育的缺失

每个人都是具有独特个性的个体，有自己独特的个性特征和精神素质。作为受教育者的学生，由于其天赋不同，生活环境和阅历不同，每个人的思维品质和个性特征也不一样，因此我们的教育就需视个性素质的不同而实施相应的“个性化”教育。可惜当前相当一部分对外汉语教师都十分漠视学生的个性发展，这固然与班级授课制的教学形式有关，但是实际上却是与教师的教学思想和理念密切相关的。不同的教学思想产生不同的教学原则，进而导出不同的教学方法。如果一个教师的教学思想里面没有促进每个学生个性发展的观点，他就不可能用因材施教的教学原则和方法来下功夫发展学生的个性特点。

《学记》早在2000多年前就提出了“长善救失”、人尽其才的教育原则。它先从反面指出：“今之教者……使人不由其诚，教人不尽其材。其施之也悖，其求之也佛。”就是说，教师在教学中如果不考虑学生的实际情况，就不能使学生的资质得到充分的发展。那么如何做到“人尽其才”呢？《学记》又进而论述，除了要把握教的时机，针对学生的不同年龄阶段以及在接受知识能力方面上的差别进行教育外，更为重要的是长善救失。

主张先了解学生者学习基础的好坏，才质的美恶，从而有针对性地取长补短，长善救失。《学记》中指出“学者有四失”：“人之学也，或失则多，或失则寡，或失则易，或失则止。此四者，心之莫同也。”这里指出的多、寡、易、止，是学习中表现出来的四种缺点：一是贪多勿得而不求甚解，二是孤陋寡闻而限制智力的发展，三是浅尝辄止而无法探求知识的本质，四是畏难则退而不得进取。而这四种偏颇，是由于学生的不同心理，即不同的学习思想和学习态度所引起的。由此需要教者“知其心”，了解学生心理上的不同差异和学习上的不同态度和倾向，“然后能救其失也”，并指出教师的职责就在于“长善而救其失者也”。因为学生学习态度上的缺点是可以补救的，而和缺点同时存在、互为条件的，还有学生的各种优点。正如明代王夫之在《礼记章句》中指出的：“多、寡、易、止虽各有所失，而多者便于博，寡者宜于专，易者勇于行，止者安其序，亦各有善焉。”因而关键在教师要进行积极引导，化消极因素为积极因素，从而“救其失，长其善”。

这一“长善救失”、人尽其才的教育原则，在我们的对外汉语教学中同样适用。由于学习汉语的留学生来自世界各地，他们受不同的语言、文化、习俗和教育背景的影响，接受汉语的能力也会有所不同，将《学记》中“长善救失”的教育思想应用于对外汉语教学中，可以帮助留学生们提高学习汉语的效率。

对外汉语教师应根据学生不同的年龄、国别及性格特点，选择不同的教学方式，有的放矢地进行汉语教学和文化传播。比如，对不同国别留学生的语音教学的重点是不同的，这取决于其母语负迁移的差异。对日本留学生，应侧重听力和口型训练，因为日语中的语音因素比汉语少得多，日语与汉语相同的同位语音音素也极少，而且日语的语言习惯是一般不大声讲话，否则会被认为粗鲁没礼貌。所以很多日本人讲话时口部活动很小，嘴唇基本不动，造成了他们在学汉语时普遍存在听力较差、学发音较难的状况。而对韩国留学生，应侧重平翘舌音的区别、唇齿音 f、声调等问题。对以英语为母语的学生，应侧重声调和声母的教学。再比如在课堂提问环节，欧美学生和东南亚学生也有明显区别，欧美学生回答问题的积极性高，喜欢参与到课堂讨论中去，敢于说出自己的疑惑，积极发表自己的见解；而东南亚学生虽好学但比较腼腆，回答问题的积极性不高，并且习惯向自己的同学请教问题而非教师，这样就要求对外汉语教师要准确把握学生的学习特点和心理，选择恰当时机提问。

总之，在进行对外汉语教学时，教师应该以发展的眼光，客观、全面、深入地了解学生，正确认识和评价汉语习得者的身心发展规律及学习特点，关注学生的个体差异、母语背景差异等，因材施教，对不同的学生提出不同的要求，制订不同的教育方案，进行不同的教育，防止一般化和模式化。只有这样，教师在教学中才能做到既有统一要求，又能有的放矢，才有可能发掘学生各方面的特点及潜力，在“知至学之难易”的基础上“知其美恶”，从而长善救失，取得好的教育和教学效果。

三、用“时”和“孙”的教学原则来缓解教学中的无序和盲目状态

在当前的教学中，一部分对外汉语教师为了赶进度，如《学记》中所说“及其数进而不顾其安”，不管学生有没有自觉学习要求，不是让学生自己感受、思考、质疑，而是自己处处设疑，满堂问，而且提出问题后，不给学生足够的思考时间，就迫不及待地把自己认为的正确答案塞给学生；还有一些教师不顾学生的接受能力，唯恐语法知识讲得不深不透，其结果是揠苗助长，不仅使学生“消化不良”，更令学生“苦其难，不知其益”；还有的教师忽视对外汉语教学需要潜移默化、厚积薄发的特点，不注重汉字、词汇和基础句型的输入和积累，而是盲目照搬任务教学法，当然是“欲速则不达”。

以上种种教学中的失误，归根结底都是违背了循序渐进的教学原则。现代教学论认为，循序渐进地组织教学就是指教师应按照学科的逻辑体系和学生认识发展的顺序逐步推进教学，使学生系统地掌握基础知识和基本技能，这是学科自身特点和学生认识发展规律的反映。《学记》也很重视教学中的循序渐进。它提出了“时”和“孙”的原则。所谓“时”，《学

记》言“当其可之谓时”，清代张载言：“‘有如时雨之化者’，当其可，乘其间而施之，不待彼有术有为而后教之也。”也就是说，教师应抓住学生学习的最佳时机及时施教，否则即使下很大的功夫也难以取得成效，即“时过然后学，则勤苦而难成”。这一原则，具体而言有按照学生的年龄特点及时施教和按照学生的学习心理需求及时施教两层意思。从学生的年龄方面说，不可过早地进行教育，更不可过晚地进行教育，不同的年龄阶段应施以不同的教育；从学生的心理需求来说，最佳的教育时机应是“不愤不启，不悱不发”，即在学生迫切要求排难解惑时，教师不失时机地进行教育和教学。如果学生没有求知的要求，如前面所讲，即使教师处处设疑，把知识塞给学生也是徒劳无功的。反之，待学生的自觉要求已消失后，教师再去进行教学，也将丝毫激发不起学生学习的兴趣，费力不讨好。所谓“孙”，“不陵节而施之谓孙”。学生的年岁长幼、知识基础和接受能力，就是“节”，“不陵节”就是必须在“节”的限度内，循序渐进地进行教学。既要根据学生的年岁长幼、知识基础和接受能力来安排教学的顺序及教授知识的深浅和难易，“不教长者才者以小，教幼着钝者以大也”。《学记》中主张的“幼者听而弗问”“学不躐等”“良冶之子，必学为裘；良弓之子，必学为箕”，都是因为要循序渐进，不“陵节”，否则就会“杂施而不孙，则坏乱而不修”，即教学陷入混乱、盲目的状态，学生学无所成。当前我们现代教育中主张的循序渐进与促进学生发展相结合的原则就是对《学记》中“孙”的原则的发展。

学习历史，是为了寻求解决现实问题的智慧。随着对外汉语教学的发展，我们不但要研究汉语本身的教学，还应该从传统教育思想中汲取养料。从《学记》中吸取的这些教育思想的精髓和启示，不仅能够帮助我们应对亟待解决的对外汉语教学质量问题，而且可以充实和丰富对外汉语教学的理论，进而促进对外汉语教学的发展。

参考文献

傅任敢（1990）学记译述，《傅任敢教育文选》，北京：教育科学出版社。

刘震（1984）《学记释义》，山东：山东教育出版社。
（明）王夫之（2011）《礼记章句》，湖南：岳麓书社。
（清）朱彬（1996）《礼记训纂》，北京：中华书局。
（宋）张载（1978）《张载集》，北京：中华书局。
［捷］夸美纽斯（2015）《大教学论》，北京：教育科学出版社。
［苏］苏霍姆林斯基（1987）《给教师的建议》，北京：教育科学出版社。

作者简介：孙宁宁，北京第二外国语学院汉语学院副教授，硕士研究生导师。

三、教学分析与探索

基于任务教学法的口语教学方式探索

潘先军

摘要 任务教学法比较适合运用在口语教学中，本文对口语与口语课进行了分析，针对目前口语课教学的不足提出了任务引领、团组合作的中高级口语教学方式，并总结了这种教学方式的教学实践情况，同时探索了这种方式的操作程序。

关键词 汉语教学 中高级 口语 口语教学

一、口语与口语教学

1.1 口语与口语课的关系

从语言学理论出发，可以从不同角度对语言构成进行切分，如“语言与言语”“语言与文字”等，将语言切分为口语与书面语就是一种很普遍的做法。口语与书面语对应，二者最本质的区别是语体不同，属于语言学范畴。Bailey（2007：2）将口语看作是一个构建意义的交互过程，包括输出、接收和处理信息。赵金铭（2006：1—14）提出“看的汉语”和“说的汉语”的说法，认为二者是不同的言语形式，而且“看的汉语”从属于“说的汉语”，并详细分析了相关概念的区别，研究的落脚点是汉语教学，无论是教材编写还是教学方法，“说的汉语”与“看的汉语”都不一样。姑且不去纠缠这些理论概念，我们还是沿用大家熟悉的“口语”“书面语”的习惯说法，我们认为二者是言语的不同形式，从交际的角度看，口语、书面语是用于不同交际场合的言语形式。

在汉语国际教育实践中，无论是教师还是学生，或多或少、或显或隐在认识上都存在一个误区，那就是口语就是口头交际的大白话，书面语就是规范语言或文学语言。如果单就口语、书面语的语言本质来说，这也许无可厚非，但国际汉语教学的根本目的是培养汉语学习者运用汉语进行交际的能力，所以“说出来的汉语”并不一定就是大白话，这时的口语应该根据交际情境的实际选择语体，也许在某种正式场合说出的“口语”完全是书面语，反之，如果使用大白话反而非常不合时宜，这也是表达得体性的要求和体现。范开泰（1992）认为汉语的交际能力包括汉语言系统能力（合语法、可接受）、汉语得体表达能力（会根据语境选择）、汉语文化适应能力（能适应中国人的社会文化心理）。所以我们不能想当然地认为口语就是口头说的话，就是日常说的大白话，口语应该是根据交际情景需要准确、得体表达出来的“说的汉语”。

口语课是分技能训练设置的一种课型，口语课的目的是训练学生开口说话的能力，内容是“说的汉语”，同时包括口语、书面语两种不同的语体。从教学理论到教学实际，口语课训练的内容具有层次性，入门及初级阶段主要是日常会话，这部分自然多是口头交际的大白话，这个阶段主要是做到“会说”，到了中高级阶段，口语要训练学生成段（篇）表达的能力，不仅要把交际的意思表达出来，而且还要得体地表达出来，所以口语课的教学任务就是要培养和训练学习者口头交际能力。口头交际能力包含讲、述、谈、说四个层次，有人将之概括为 3D（dialogue 对话、discuss 讨论、debate 辩论）。总之，口语课就是训练学生的口头交际能力，在各种语用场合下得体表达，日常会话是基础，也是应具备的起码能力，但像朗读、叙述、介绍、演讲、辩论等各种语境中各种语体的表达也是很重要的。

1.2 口语课教学

能否开口说话是衡量是否掌握一门外语的一个非常明显的标志，其重要性不言而喻。“听说法”强调“听说领先”，也足见口语和口语课教学的重要。口语课担负着口语训练的任务，学生很重视。一般教学根据学生的水平分为初级口语（9 个月以下）、中级口语（9 个月—1.5 年）、高级口语（1.5 年以上），当然这仅是从学习汉语时间长短简单划分出来的。初级阶段，尤其是入门阶段，所有的教学内容都是围绕口语展开，听、说分别代表输入、输出的两个重要方面。中高级阶段我们常开展讨论，因为中高级以培养学生成段表达能力为主，教学内容的层级区别不是太明显，所以一般统称为中高级口语（参见田然，1997）。

1.3 各阶段口语课教学

不同阶段学生口语课的教学目标各有侧重。初级阶段主要是日常会话，如询问、介绍、表示高兴、感谢、歉意等，语言形式是着重语素的学习和言语技能训练，可以说是一种生存语言训练。

中、高级阶段主要对学生进行成段表达与交际技能的培养，训练学生能在什么场合对什么人用什么方式说什么话，能够应付自如。

不同学习阶段的训练方式与重点也有不同。初级阶段多是机械训练，如模仿、替换、扩展，尽量学以致用，进步会比较快。教师多提问，多穿插游戏等，多注意重现、复现基本词汇与结构方式，使学生在真实生活中遇到同样语境能进行简单交流。用词正确，发音准确，结构无误，表意明确，态度适度。中高级阶段重在自由交际训练，从一般对话转为根据交际话题进行讲、述。应该虚拟交际环境，要求学生选择准确的词汇与结构，得体地进行成段、成篇表达。需要学生能区别词汇的不同功用与语体、感情色彩等。

二、口语教学现状与不足

2.1 口语课教学现状

目前国内各教学单位在课程设置上都会设置口语课，如“初级口语”“中级口语”“高级口语”等，也会开设“听说”或“视听说”等汉语口语训练内容的复合课程。初级阶段，特别是入门阶段，口语课与基础课（或精读课、综合课）大致差不多，也有的学校因此不再分设口语课，到了初级阶段的后期才进行分技能训练。现在的教学一般都是依据口语教材，教师按照教材按部就班地进行。但到了中高级阶段，如果教师不注意或缺乏经验的话，口语课就容易迷失为精读课或阅读课，学生在初级阶段觉得进步很大，口语水平每天都在提高，但到了中高级阶段就出现停滞不前的局面，对口语水平感到焦虑，如果不得法，有可能放弃或失去信心。好的口语教材缺乏，有影响力的越来越少，20世纪出现过产生一定影响的口语教材，诸如《说汉语，谈文化》《话题交际——高级口语教程》《汉语会话301句》都有不同程度的缺陷。一是不够口语化，不实用；二是中高级阶段口语课成了阅读课，如《话题交际》教材。这样口语课逐渐成为了“鸡肋”，各校都开设口语课，口语课却不被师生重视，教学效果低下。

2.2 口语教学方式

目前口语课的教学程序是根据某本口语教材先学习生词，然后学习课文。课文学习时，常常是老师进行领读，领读后对课文中出现的重要语言结构、词语进行简单解释和简单运用训练，让学生注意交际环境中的各种因素，然后学生分角色朗读，可以几人组合，班级检查，最后完成课后所附练习，一般都有交际练习。有经验的教师会注意调动学生，多鼓励并给学生机会开口，调节课堂气氛，不仅让学生练，还会举一反三。

这种常规教学的弊端是，千篇一律后学生身心疲惫，不愿意开口，老师变成主讲，中高级阶段的教材文本内容难，为让学生了解课文，口语课就变成了精读课，师生互动成了教师在单位时间内与某个学生的对话，其他学生无事可做或漠不关心，尤其是中高级阶段学生，每堂课下来后觉得无所收获，教学效果大大低于学生的期望值。

2.3　口语课教学不足分析

口语课为什么在中高级段变成“鸡肋”？口语课教学效率为什么会低下？我们认为原因是多方面的。

首先从学习规律来说，中高级阶段的特点导致了口语课的失效。学生在入门或初级阶段时，基础和起点很低，每学会一句汉语都是进步，都能马上学以致用，所学内容都是日常会话，很快就可以应付常规交际的语言需要，所以成就感很强，进入中高级阶段后，这种情况迅速改变，所学的内容，无论是词汇还是句式都越来越偏离日常生活，难以运用到自己的交际实际中，学习进步的台阶越来越不明显，日常交际所用语言还是初级的，所以觉得中高级口语课没什么用，逐渐放松乃至放弃了口语课的学习。

其次与教学内容与教学方法密切相关。上文我们谈及了中高级口语教材的情况，现在的口语教材的基本格局就是课文（含生词语）+练习，实际上口语教材课文是给学生提供一个可模仿的交际文本、话题和交际方式，但课文多是大块文章，涉及诸如环保、经贸等领域，看起来高大上，实际上佶屈聱牙，要弄懂非常不易，加之教师处理不当，口语就变成了精读，口语训练反而成为附带，教学效果自然低下。

最后还有一个深层原因就是上文提到的对口语性质认识的误区。无论是学习者还是教师，如果认为口语就是大白话，就是日常说出来的话，就是与书面语对立的口头语，那么在中高级口语学习和教学中就会走入歧途。中高级口语就是根据具体交际情景能选择得体的形式说出来的语言，学习者在聊天时会用大白话，而在正式场合会说出典雅的书面语。所以无论是学习者学习意识，还是我们的教材与教学都对此缺乏明确认识，最终导致了中高级口语教学出现的困境。

三、基于任务教学法的口语教学新方式

3.1 新口语教学方式的含义

关于任务教学法，学界已有了大量研究，在此不赘述，我们想强调的是任务教学法非常适合中高级口语课教学，它的任务可能是一个交际任务，也可能是话题，也可能是别的，但一定不是口语教材的某篇课文，鉴于口语教材的种种弊端，我们主张淡化口语教材，甚至取消教材，尤其是在高级阶段，代之以交际任务或话题。

教学方式完全抛开常规口语教学模式，即生词—课文—练习的学习程序，采用团组学习法，整个教学过程中均以团组为单位，其优点是互助学习，充分调动学生自主学习的积极性，这也是建构主义理论的主张。方式实践“语言不是教会的，而是练会的”理念，目的是“提高学生的开口率，使学生真正成为课堂活动的主体”。

教学过程中教师角色定位明确，是教学的组织者、教学效果的检验者和学生水平提升的助力者。

3.2 任务引领、团队合作的教学方式

笔者长期在教学第一线，近年都承担高级口语的教学任务，经过几轮实践，任务引领、团队合作的高级口语教学方式逐步得到完善。

笔者承担的高级口语课程名为“高级话题”，教学对象为汉语言本科专业四年级学生，分为上下两个学期，每周四学时。

针对上述教材弊端，课程没有采用任何一种口语教材。开学伊始，教师首先向学生明确了高级口语的含义、目标、学习方式等，然后将拟定的全部话题公布，征求学生意见，最后确定话题，如“人物介绍与推荐、家庭、择偶婚恋、男女平等、代沟”等。

在学习方式方面，不固定地将学生分组学习每个话题，上学期采取讨论、汇报的方式，下学期采取辩论方式完成话题任务。

其操作程序如下：

课前，也就是任务前。将全班学生按照不同国籍、男女等进行调配，

分成几个小组，每组 5 个人左右，各组相对紧凑地坐在教室的一角，每组设一名主持人，主持人、成员都不是固定的，每次视具体情况决定。要求学生搜集本次话题可能涉及的词语、句式等，查找相关资料，对话题背景做充分了解。

课上，亦即任务中。

第一步，交流准备的资料，汇报准备情况。

开始上课后，按照分组坐在一起，主持人主持本组活动，每个成员将自己准备的相关资料出示给组长，其他人补充，最后形成本组汇报资料。

第二步，全班交流。

各组派出一名代表汇报本组准备情况，如展示收集到的涉及话题的词语、句式、背景资料，并对其他人不理解的部分进行解释，之后回答其他组同学提出的问题。

第三步，组内自由交际、讨论。

上两个步骤完成后，教师结合话题和各组提出的讨论问题进行归纳，选择大多数学生感兴趣的问题做简单阐述，然后让各团组学生再进行讨论。教师要精心选择和安排话题，尽量使话题能引发谈兴，既要使学生对它“有话可说”，又要能“说得出来”，尽量能运用新学到的语言点与词汇，通过组内讨论达到学以致用的目的。同时还要对讨论进行引导与调控，不能是漫天胡谈、哈哈大笑了之，要特别注意发挥主持人的核心作用，使之很好地贯彻教学意图。讨论中教师穿梭于各组，间或参与讨论，引导学生表达、思考。在此情况下，学生不知不觉进入自然交际状态，或说或听，或思考，或评价，逐步自主进行表达，随着训练的增加，逐级由成段表达过渡为大段表达，乃至口头作文、即兴讲演等，并且懂得选择适当的词语、表达方式、得体的语气与语体来传达信息、交流思想。

第四步，再次交流汇报。

组内讨论结束后，各组推荐一名（或几名）有代表性的同学在全班陈述意见或介绍本组讨论情况。要指出的是，代表并非一定是说得流利的，而是要体现讨论意见的代表性、独创性，使其忘记是在进行口语训练，而只是觉得在表述自己或全组的意见。代表陈述后，别人还可以提问、补充。

教师最后进行总结或点评，可以从内容进行评价，还可以发表自己的看法，也可以从语言表达进行点评，鼓励开口，对明显的失误进行指正，以避免在同样的场合犯类似的错误。

任务后。按照讨论的内容，对有兴趣的问题鼓励学生进行调查、收集有关材料，下次课主动报告。

学习亮点：无论是课上还是课下，学生始终保持表达的自觉与兴奋，第一学期主要以讨论与发表为主，学生不仅精心准备，而且讨论热烈，最后汇报时学生都借助多媒体技术，制作了精美的课件，边说边展示，图文并茂，如讨论“什么是好广告”时，有学生收集了大量各类广告，通过课件播放出来，一边演示，一边陈述，表达得非常准确得体；第二学期的辩论学生很积极，学生根据话题提出了非常好的辩题，如“改善城市交通是应改善设施还是从严管理”“应不应该处死强奸犯”，等等。按照辩论程序，学生自己分工，除了正反方两组外，还设立主持人、裁判、点评人等，无论是辩论语言还是形式都非常符合辩论赛要求，而这些都是学生自己准备出来的，经过练习运用得非常自如。总之，通过训练，学生对每个交际任务都知道并掌握了应该如何表达，能较为完美地达到交际目标。

参考文献

范开泰（1992）论汉语交际能力的培养，《世界汉语教学》第 1 期。

田然（1997）外国学生在中高级阶段口语语段表达现象分析，《汉语学习》第 6 期。

赵金铭（2006）“说的汉语”与“看的汉语”，收入李晓琪主编《对外汉语口语教学研究》，北京：商务印书馆。

Bailey (2007) *Pratical English Language Teaching: Speaking*[M]. Beijing: Higher Education Press.

作者简介：潘先军，北京第二外国语学院汉语学院 / 汉语国际化研究中心教授，硕士研究生导师。

基于“文化中国”多元性认识的留学生文学课教学

王秀琳

摘要 “文化中国”概念具有多元意义，表现在：一是精神来源多元化，即除了儒家思想以外，佛教、基督教、道家等各种宗教思想、哲学思想都是其精神源泉。二是不同地域的华人或者对中国文化感兴趣的外国学习者、研究者想象中的“文化中国”有不同的意义，使同样的中国文化走向世界不同的地域形成了不同的状貌，呈现着与阐释者文化背景紧密联系的不同样态，这实际上是中国文化走向世界的重要标志，也是中国文化在跨文化交流与融合中获得的新的生命力所在。本文基于对“文化中国”概念多元意义的理解，反思针对留学生的文学教学，在教学的目的、教材篇目选择及阐释、教学方法与评价等各方面进一步探讨与传统文学教学的不同之处。

关键词 文化中国　留学生　文学教学　影响

一、“文化中国”的多元意义

1.1 “文化中国”阐释主体的多元性

中国政治、经济的崛起，带动了汉语国际教育事业的大发展以及中国文化走向世界的新潮流，从而引发了中国文化海外传播研究热潮的兴起和发展。

为了整合全世界传播与研究中国文化的力量，同时，为了体现中国文化作为世界华人共同的文化精神根源所具有的普遍意义，学术界开始关注“文化中国”的概念，自1990年始，此概念经由杜维明在海外大力推广，“文化中国”开始产生不可小觑的影响力。

为了明确“文化中国”的意义范围，杜维明提出“文化中国”应关注“三个意义世界”，也被称为“三个象征世界”，即以华人为居民主体的中国大陆（内地）、台湾、香港及新加坡构成“第一实体”；以海外各地侨居的华人构成第二实体；以外国学者、知识分子、自由作家、记者等构成“第三实体”。（刘梦溪，1993）

“文化中国”的三个实体说，将世界华人和对中国文化感兴趣的外国人纳入同一个文化圈，为世界各地华人或外国汉学家、文化研究者提供了平等的对话空间。这样的框架，摆脱了将“中国的文化”作为关注主体的局限，而转向中国文化对世界文化建设意义的探究，即建构、研究世界文化中的中国色彩。

“文化中国”概念下阐释的中国色彩是具有多元意义的象征世界。其多元意义不仅仅表现在精神来源的多样性，即除了儒家思想外，道教、佛教、基督教、伊斯兰教以及其他一些宗教、哲学思想共同构成了文化中国的精神内涵，另外，不同地域的华人或者对文化中国感兴趣的研究者想象中的“文化中国”有不同的含义和指涉。但在精神实质上具有相似性，源于中国文化的基本精神。

这种中国色彩一方面通过以华人为主体的第一实体国家和地区的文化影响力来证明，另一方面通过作为第二实体的世界华人在文化传播过程中与当地文化相融合而建构，同时还通过各国汉学家、研究者以及在经济、政治、文化领域与中国文化密切接触的合作者的阐释与宣传而形成，无论通过什么途径，走向世界的中国文化呈现着与建构者文化背景紧密联系的各种样态，同时也使中国文化在不同文化交流与融合中获得新的生命力。

1.2 “文化中国”展现内容的多元性

从文化建构过程角度考察，同样的中国文化走向世界不同的地方形成了不同的状貌，表明文化的发展是一个流动变化的过程，如果把“文”理解为民族文化积累的成果，是固定化的精神财富，那么“化”就是“文”对人产生的影响过程，不同的人会有不同的改变，这正是文化影响的丰富性原因，对个人如此，对一个国家或地区的人的影响也是如此。

从文化观角度考察，这个现实证明了传统的文化进化论的局限性。在以欧洲中心主义为背景的文化进化论者看来，世界文化以先进与落后为标准一分为二，文化的发展路径是落后文化向先进文化看齐的过程，这种观念在19世纪非常流行，包括中国在内的许多经济、社会生活相对落后的国家都以西方国家的发展模式为模式，进入了以西方化为目标的现代化进程，这种观点虽然具有客观的合理性，但仅就文化发展的结果而言，文化进化论忽略了文化的民族性所具有的多样性。

文化进化论在20世纪被文化多元论和文化相对论所取代。新的文化观认可了不同民族文化所独具的特色和价值，认为每一种文化的存在都需要被尊重，文化之间的关系是平等的，文化冲突的解决只能通过交流与对话。当然，文化与文化之间的先进与落后是客观存在的，落后状态只能通过文化交流和学习来改善，而不是对文化传统的丢弃与毁灭。

世界各国少数族裔文化的研究以及世界华文文学研究的兴起都源于文化多元化观念，而“文化中国”概念的提出，也正是在文化多元化的基础上，来探讨中国文化走向世界与不同地域文化相融合而形成的文化新样态的过程，为与世界其他文化进行平等对话建立平台。

1.3 “文化中国”形象塑造的多元性

文化中国是一个世界性话题。其中中国文化界和普通中国人对文化中国形象有着源于中国文化精神实质的独特的解读，而同样的问题也正在被世界各国关注。不同的认识主体对文化中国的认识显然千差万别，由此构成了文化中国形象塑造的多元性。在表现文化形象的介体中，文学无疑是最活跃的表现形式，文化领域所面临的问题在文学中都能够得到感性的、多角度的反应。当我们关注文化中国如何参与世界文化建构的时代大主题时，文化中国的形象在世界文学作品中如何被塑造就成为一个重要的观察视窗。

我国的文化学者早在20世纪初期就对中国的文化形象问题进行过全面的阐释，“五四”前后开始有一部分知识分子在西方思潮的挑战面前，提出可否根源于儒学传统做出回应，熊十力、梁漱溟、冯友兰、贺麟、张君劢等做的就是这个工作，不只是一种心愿，而且在人格上有所确立”（刘梦溪，1993）。

中国文化精神实质是什么？在世界文化的大舞台上，怎样或者如何展示其魅力？

按照张岱年的论述，中国文化的基本精神表现为“天人合一”，认为人与自然是相互依存的关系；“以人为本”，认为人是社会生活之本；“刚健自强”，认为一个人应该坚定地努力向上、积极进取；“以和为贵”，认为人与人之间应该容纳不同的意见，达到多样性的统一。（张岱年，2003）

与西方文化突出强调个人的自由和价值不同，中国文化精神的视域广及人与自然、人与社会、人与人以及人与自己等各个领域关系处理的规范，是一个有关关系认知的大系统。“天人合一”“以人为本”“刚健自强”“以和为贵”成为中国文化精神的代表性关键词，影响着中国人的行为和思想。

如果说哲学家是从哲学层面确立了中国文化形象的本质特征，那么BAV针对北京、上海、广州、成都、武汉、沈阳、南京、福州等八大城市市民的调查结果，则展现了国人对中国形象的现实评价。在所有评价结果中，中国形象在“令人愉悦”“有领导力”“充满活力”“具有魅力”“坚定不移”和“可信可靠”维度中都得了高分，可见国人的自信与自豪，也表现了国人在情感上对文化中国的高度认同。（乔舒亚·库伯·雷默，2006：22）

文化中国的精神实质在中国文学上的表现更为充分。且不说中国古典文学实际上是中国文化精神的主要载体，仅就中国现代文学而言，虽然经历了“五四”以后西方文化的洗礼，但现代文学对中国传统文化精神的继承仍然是文脉的主线，只不过在表现方法上、传播形式上借鉴或者适应了时代的新要求。特别是现代文学中对知识分子阶层刚健自强、感时忧国精神的表现，几乎成为标志性的特征，而这种精神恰恰是中国文化内核中自强不息精神的体现。

不可否认的事实是，在以东西方文化为主要分界的世界文化格局中，中国文化和中国形象在西方文化语境中常常被表现得敌对意味浓厚，其原因在雷蒙 · 阿隆看来有三个：“一是似是而非的天生的憎恨，二是具体政治冲突与争端造成的敌对，第三是伦理价值的差异造成的敌对。”（周宁，2008）

因而，在西方文学作品中的中国形象常常遭到以负面为主的、片面的表现，甚至恶意的诋毁，丑陋、阴险、狡猾、肮脏、冷漠、勤奋、麻木、残忍、野蛮等成了表现中国形象的套话，常常出现在小说、电影中。

这类文学形象的传播强化了西方国家对中国刻板印象的形成和固化，导致了针对中国人和中国国家想象的十分明显的误解。比如在 2005 年 BAV 全球调查中，英国、意大利、德国等 18 个国家对中国的认识与中国人的自我认知之间区别非常大，“他们看到了处于 2004 年或 2005 年的中国，却将其视为 1997 年或者 1947 年，甚至是 1847 年的中国。他们观察到中国发生的一些事情，却往往只能通过拿中国和其他国家进行类比才能做出解释。例如将中国与苏联、朝鲜或者 19 世纪 90 年代的德国相提并论”（乔舒亚 · 库伯 · 雷默，2006：20）。在这种观察与评价视角下，中国被认为创新能力差、可靠可信程度低就不奇怪了。

显然，这种带有浓厚意识形态色彩的形象塑造是不客观的，中国文化真正的价值及其对世界文化的积极意义完全被忽略、被抹杀。即便是在近几年比较有影响的中外合拍的大片中，中国的文化形象依然与我们所期待和倡导的形象相差甚远。

二、“文化中国”的多元性对留学生文学课教学的意义

文学课是汉语言专业本科生的专业课。也是一门重要的文化课。针对留学生的文化教学，从教学性质本身来讲，是一种文化知识的传授活动，但从中国文化的对外传播目的方面讲，教学活动本身就是文化传播的过程，需要关注传播的效果和意义。有效的文化传播能够消除已有的文化误解，同时避免产生新的文化误解与冲突。

一种跨文化传播现象可以给予我们启发，美国的肯德基进入中国后，为了满足中国消费者的需要，早餐供应米粥；在中国兴建的星巴克咖啡馆，有一些建筑外观非常中国化，黄色或绿色的琉璃瓦、和玺彩画、斗拱飞檐、大红灯笼等，很有中国风。与其说这种现象体现了中国文化对异域文化的同化，不如说是异域文化对中国文化的有效利用，或者是两种文化的融合、合作。那么，当中国文化走向世界之时，中外文化的契合点应该体现在哪里呢？

我所受到的启发是：针对留学生的中国文化教学，目的并不仅仅在于系统地传授中国文化知识，也不仅仅在于帮助留学生进一步学习和使用更高级的汉语开展交际活动，更重要的在于帮助留学生树立客观的、多元化的“文化中国”观念。

以往我们更重视的是在课堂上讲什么和怎么讲，期待留学生尽其可能接受所教授的文化知识。“文化中国”的观念告诉我们，中国文化走向海外的过程实际上是被重新阐释和理解的过程，留学生对中国文化的接受不可能像中国学生那样有高度的文化认同感，从这一实际出发，为了能够让留学生对中国文化形成自己的认识，习得中国文化，必须为其充分参与文化现象的阐释活动创造条件，其中，跨文化语境的设置、文化比较的开展都是不可缺少的过程。这样的认识势必引发对与文化教学相关的一系列问题的重新思考。下面将以留学生文学课教学情况来讨论这一问题。

2.1 对教学目的重新思考

《高等学校外国留学生汉语言专业教学大纲》对中国人文知识与专业方面相关的知识教学的内容是这样界定的：“通过对中国人文知识（包括

中国概况、中国政治、经济、文学、数学、历史、地理等）基本内容的系统讲授，使学生熟悉中国国情，了解中国社会文化，具备基本的中国人知识。”教学原则上“要注意介绍中华民族优秀文化，有助于学生了解中国；同时，要注意内外有别，不强加于人”。（国家对外汉语教学领导小组办公室编，2002）

《大纲》所要求的文化教学，是以文化知识传授为目的，而不是以文化传播为目的。如果以后者为目的，则文学课堂除了知识的讲授，还应该注意的问题是：中国文学以及所表现的中国文化应以什么样的面貌走进留学生心里？是系统完备、知识丰富、史料齐全、原汁原味的？还是可以另有一番模样？

我认为，从留学生对中国文化认知和习得的动力角度上讲，文学知识的系统性、完备性、知识性并不是最重要的，留学生关注的文化现象、感兴趣的文化领域更具有文化习得的可能。

留学生对中国文化的认知从其生活经验和学习经验角度区分，至少有这样几个层面：第一，受外国影视、媒体对中国文化传播的影响形成的印象。受冷战思维和意识形态固有观念的影响，很多国家对中国形象的宣传往往负面的东西比较多，这对留学生有先入为主的影响力。第二，留学中国以后的观感和体验获得的真实印象。这些经验对其固有印象具有一定的匡正作用。第三，通过学习获得的理性认知，这种认知能够弥补其他方式获得的感性认知的片面性。

留学生文学课教学正是上述第三种认知渠道，这种渠道具有权威性和正统性的特点，可以为留学生提供理性思考的平台，通过对中国文学作品的了解，进而思考文学作品背后的社会背景和人的思想、情感发生、发展的原因，并联系自己对中国社会的了解和观察，结合自己的文化背景与理解力，形成富有国别特色和个性特点的对中国文化的新认知，即每个人各自不同的文化习得。

从文化中国的精神传播与继承角度上讲，中国文化的精神具体、生动地体现在中国人的现实生活中，也典型地表现在中国文学作品之中，这种精神不仅仅体现在中国人身上，也体现在海外华人身上，是世界上所有华人共同的精神追求和永远的精神特质。中国人对中国文化的认知与实践已经与海外华人有很大不同，这种不同构成了“文化中国”的不同景观，而当留学生通过几年甚至留学结束以后几十年的对中国文化的学习和持续关注，他们所认知的中国文化则更是“文化中国”的独特风景，被不同国家的留学生进行不同阐释和理解的中国文化实际上已经成为世界文化不可分割的一部分，成为中国文化走向世界的重要标志。因此，我们的教学应该围绕帮助留学生了解中国现当代文学作品及其背景知识、客观评价中国文化这一目的而展开。教师在教学中关注的重点不是文学史意义的文学，甚至不是语言艺术的文学，而是文化意义上的文学，重点要突出表现中国现当代文化的代表性以及与外国文化相比较的差异性。因为这些既是留学生们渴望了解的文化内容，也是跨文化传播的核心价值。

2.2 对文学教材体例安排及教材内容的重新思考

外国留学生在学习中国文学之前，对中国文学的认知水平普遍较低，有的学生甚至一无所知，他们上这门课的动机也不是要对中国文学有系统的了解，而是通过文学作品这一媒介了解中国文化，在这种状况下，文学课程的内容设置不适宜过于体系化、学理化。在选篇问题上，既要考虑到学生的阅读兴趣，又要考虑他们的接受能力，同时还应该考虑他们对中国文化的了解愿望。

基于这些考虑因素，留学生文学课教材的体例安排不应该按照一般的文学史教材通用的组织方式进行编排，即按照中国文学发展的历史进程，以时间和文学流派为编排结构，选取代表性作家、作品进行系统介绍，比较适宜的方式是将作家包括海外华文作家统合在一起，以文学作品表达的情感特色和人生境遇为主题进行编排，比如可以分为亲情与爱情篇、人生悲喜篇、生活情趣篇、历史与现实篇、城市与乡村篇，等等，每一个主题可包括小说、戏剧、诗歌、散文等不同体裁。这样的编排方式在具体教学过程中便于灵活处理，好处表现为：将一组内容相近又各有特色的作品放在一起，避免了选取单一代表性作家带来的片面性和单薄感，可以为学习者提供更丰富的信息和更广阔的视野；另外，一组作品中，选取不同时代、不同地域代表作家的作品，可以展示同一主题内容的历史变迁过程，从而将社会文化发展进程与文学作品创作联系起来，为学习者提供全景式视角；还有，为教学时间安排和学习者学习兴趣提供选择的余地。

在教材内容的编排上，既有对作家、社会背景的简单导读，也有对作品文本的整体介绍，特别是还有对那些文学性较强、充满作家智慧和创作灵感的精彩段落的解读与分析，能够为留学生提供良好的文学语言范本，也能够让他们了解中国作家独特的表情达意方式，独特的语言修辞技巧的运用实际上是中国人思维方式的艺术性体现，表现出的是作为中国文化代表的文学精巧、细致、幽微的艺术气质，进而使他们在了解、理解的基础上，有兴趣阅读原文甚至模仿练习。

文学作为各国文化的展示窗口，是不同民族文化的鲜明标志，因此，将不同民族文化背景下表达相同内容的作品放在一起进行比较，最能够凸显不同民族文化的特色，因此，文学课教材在篇幅允许的范围内还应该选取一些与中国文学选篇在内容和形式上较为接近的世界文学名篇或者片段节选，作为课后阅读材料一并提供给学习者，以便让学习者在世界文学的框架中看待中国文学，从比较阅读中，自主发现中国文学对世界共同的文化主题的思考和表现，了解中国文学对人性复杂一面展示方式与世界名著存在的共性与特性。这既是一个语言学习的过程，又是一个文化比较的过程，学生的自主参与能够调动他们学习的积极性。

2.3 对教学方法的新思考

留学生的文学课教学属于文化类课程，该课程的教学既要体现文化类课程的体验性，又要体现辅助语言教学的目的，因此，文学课教材的练习设置应该以语言文化感受和语言表达能力实践操作为主要方向。包括以下几类：

（1）参观类：为学习者提供参观信息，包括参观文学馆、作家故居、重要人物、事件纪念馆、展览馆等。

（2）动手制作类：改编文学作品并表演；以作者或者作品中的某一角色身份，采访学习者，讨论人物命运问题或者情节安排等问题；以作品表达内容为话题，展开不同国情环境下问题解决方式的讨论。

（3）语言表达类：组织散文、诗歌朗诵表演等。安排有文字表达能力的留学生就某一问题进行深入讨论、探讨，并写出研究报告。

（4）观摩类：利用名著改编的影视资料，让留学生在有限时间内尽量多地了解中国文学作品内容和文化、生活背景。

综上所述，中国文化的跨文化传播理念对针对留学生的文学教学具有新的启发意义，当代新儒学代表学者们倡导的“文化中国”观念又从历史和经验角度为我们提供了中国文化跨文化传播意义的新认识。针对留学生的文学教学以及文化类课程教学，事实上都是中国文化跨文化传播的一个过程，教师需要以一个文化传播者的姿态关注传播的意义和效果。在这个过程中，留学生对所学内容各具特色的接受和反应，都具有中国文化新生的意味。

参考文献

国家对外汉语教学领导小组办公室编（2002）《高等学校外国留学生汉语言专业教学大纲》，北京：北京语言文化大学出版社。

刘梦溪（1993）“文化中国”与儒家传统——杜维明教授访谈录，《中国文化》第1期。

乔舒亚·库伯·雷默（2006）《中国形象——外国学者眼中的中国》，北京：社会科学文献出版社。

张岱年（2003）中国文化的基本精神，《齐鲁学刊》第5期。

周宁（2008）隐藏了欲望与恐怖的梦乡：二十世纪西方的中国形象，《华文文学》第3期。

作者简介：王秀琳 北京第二外国语学院汉语学院教授，北京第二外国语学院汉语国际化研究中心负责人，硕士研究生导师。

词组元语言意识在高级汉语中的本位教学输入

于　淼　黄兰雅

摘要　留学生进入高级汉语学习阶段时，在经过了语素训练和掌握一定的汉语词汇后，由于汉语词组在词汇和句法之间的独特地位，词组教学的地位应该同语素和语音一样，在学习者主体认知中应被提高到“元语言意识”的地位，同时教师在高级汉语教学中应该在一定教学阶段确立“词组本位教学”的观念。本文基于以上两个前提条件，针对汉语词组的语义生成、逻辑分析和句法特点，结合高级汉语教学实践探讨了几种针对词组的重要的教学输入训练，从而强化词组作为元语言意识培养的本位教学观念。

关键词　词组元语言意识　词组本位教学　训练输入

一、高级汉语教学中词组输入训练的定位

1.1 词组本位教学观念的确立

汉语教学中的“本位”(basic unit)观念是在语法本位观念的基础上形成的，施春宏(2012)对汉语教学中的各个本位问题进行了详尽地讨论，认为只要是在某一个层面能揭示汉语语法本质的内容都可以作为本位观念，词组是不是汉语语法的本位之一这个问题虽然争议较大，但是在一定的学习阶段作为教学重点进行突破性或专门性地学习与教学，即作为一种本位教学观念而言是无须争辩的。早在二十世纪八九十年代，学者们对汉语词组的重要性和各个层面进行了深入剖析，朱德熙(1982，1985)提倡要建立以词组为基点的语法体系，提出词组和汉语句子的构造原则是一致的观点；马庆株(1997)在肯定朱先生词组本位的基础上，对词组的研究角度和范围进行了进一步梳理，并对词组的“转化”和“包含”做了一定的研究；一直到近十年间，经过中小学语文教学的实践研究和对外汉语教学中的书面语阅读和写作的多方研究，普遍认为词组作为一种教学本位观是不能缺失的。

高级汉语教学的着力点有很多，用语素来解决词汇学习的问题已经是毋庸置疑的，但是用词组来解决句法问题的定位似乎还不是很明确，特别对于高级汉语教学而言，留学生的汉语词组的干预训练在有些教材中体现还不是很充分，在高级阶段的一些教材中词组的训练并不是很明显，有的只是要求熟读或填空，并没有进行扩展训练，如《发展汉语·高级综合》教材更是跨越了词组的练习直接去突破书面语体的语段，相比之下,《桥梁》中级就开始对词组搭配进行了明晰突出的训练，虽然突出了词组的教学本位观念，但是学生接受起来有一定难度，在中级阶段为时尚早。

1.2 词组意识也可以是汉语的一种元语言意识

美国学者的元语言意识(metalinguistic awareness)的分析虽然主要指学习者对英语的语音、语素和正字等方面所具备的意识，但是对于汉语而言，也可以借助这个概念，施春宏(2012)提出对各种类型的元语言意识

展开深入研究的同时，也提出元语言意识形成和发展的方式是多样的，有的会独立发生，有的会伴随或互动发生。汉语的词组意识如果可以看成一种元语言意识，那也要从两个角度来判断，一个是母语为汉语者是否应该具有词组的元语言意识，如果这种元语言意识缺失是否导致该母语者整体的汉语水平在高级表达上的缺陷；同时，从学习者和教师角度看，确立词组元语言意识的目的是使汉语为目的语的学习者也相应地在高级汉语学习阶段增强这个意识。我们如果承认这种词组元语言意识的存在，就是要回答这样的问题：是了解了汉语语法规则后才能更好地掌握词组，还是掌握了词组对理解汉语语法有帮助？两者应该是互补的，尤其在高级阶段的汉语学习者，更会深刻理解词组的构成与生成能力是在汉语语法的内在逻辑中产生的。

从以词组为中心本位教学的角度看，向上是语法和句法位置的灵活表达，向下则可以解释汉语语素如何构词，词组不但联结了汉语的字本位和句法本位，更体现了一种语言整体和部分之间的辨析关系以及组合规则，这个特点符合元语言意识的基本内核。近些年，结合对元语言意识研究的加深，我们应该认识到，既然词组的重要地位体现了汉语语法的逻辑内涵，那么就应该给予词组在语言认知上的元语言意识地位。所以在教学层面上讨论词组就会自然地有两个问题要面对，一是词组如此重要，理应要作为一个阶段的本位教学来对待；另一个问题是，词组在语言认知上要不要作为一种元语言意识去培养。既然我们承认词组本位教学是一个阶段的重要指标，那我们就要努力培养学生除汉字、语音和语素以外的词组元语言意识，这两个方面又是相辅相成的。

1.3　词组输入训练的定位是用本位教学去培养元语言意识

在讨论了本位教学观念和元语言意识后，教师在教学中一方面要把词组作为一种或一个重要阶段的“教学本位”，而另一方面，在汉语本体认知中又要把词组作为一种元语言意识来分析，这样两者之间就会产生联系。高级汉语的教学不同于初中级汉语教学，过早地提出语素本位或词组本位教学在初中级阶段都是无法实现的。正因为如此，高级汉语教学可以激发起学生更高的学习动机，在掌握一定量的汉字和词汇后，进而利用词组的输入训练，对汉语学习者所欠缺的诸多语言技能进行有效补偿，所以，本位教学观念、元语言意识和高级汉语的词组输入训练这三者之间就又形成了教学上的内在联结，如果没有教学中的词组输入训练，本位教学和元语言意识之间的联结关系在教师主体层面上就不会实现，所以，高级汉语教学中的词组输入训练的定位就是对外汉语教师的教学理念和学生的语言意识强化之间的联结，换言之，这个输入训练的定位就是以词组为本位教学观念对学生的汉语元语言意识进行培养，从而使其顺利完成中级汉语向高级汉语的过渡，更是学生完成汉语书面语学习要求和高语域表达的重要教学环节。

二、如何用本位教学观念培养词组的元语言意识

2.1 用词组在语用上更好地诠释词义

在中级汉语向高级汉语过渡的阶段当中，教师要用词组输入使学生认识到词的使用不仅仅是依靠其字典当中的逻辑语义，不能简单地在造句中根据逻辑语义去使用该词，更多的实际语用情况是该词常常跟着它所能结合的词构成词组在“运动”。学生从中级汉语过渡到高级汉语时，面对大量出现的新词，如果一味地靠母语的翻译词典翻译汉语词，在语用中往往就是生硬或错误的，如《发展汉语・高级综合（I）》的第一课《享受旅行》中出现了“喜悦”和“变幻”两个词。“喜悦”一词，并不是跟英文词典的joyful一词对等的，学生如果不熟悉汉语的词组组合，就无法在语用上把该词同“高兴”“愉快”等词进行有效区分，更意识不到其具有的书面语文学色彩。教师如果不进行词组输入训练，学生造句就会出现“我今天很喜悦”的语用错误。在高级阶段的教学中必须把“充满喜悦与期待”“成功带来的喜悦”“令人喜悦”“脸上带着青春的喜悦”等词组输入给学生；同理，“变幻”一词教材中解释为“不规则的变化”，根据这个解释，学生是不能掌握该词语用的，但是教师如果把该词语结合成词组以后，再结合语素，便能解释“变化”“变换”和“变幻”的区别，词组“风云变幻”和“世事变幻”

可以帮助学生对这三个词进行有效辨析。

词组输入直接体现了词语的语用阐述，使学生不再依赖词典所解释的逻辑意义，能够把学生从母语和目的语之间的对译中解放出来，有效地训练了学生在语用中体会汉语的思维与词汇组合的能力。词组使学生深化理解了单个词的意义，或者说，不会用词构成词组，就等于没有在语用上掌握这个词。

2.2 注重培养学生主动生成词组与解析词组的能力

2.2.1 用实例分析汉语词组思维的生成

有一留学生在交流中信口说出了“俄罗斯的外策”，虽然“外策”这个词并不存在，但是也说明其想把“外交政策”简化为双音节词，这种情况不能简单地否定，应该加以鼓励，这是其根据词组的语感去创造性地运用语素犯下的元语言意识的错误，这种音节上的“四变二”恰巧从另一角度说明了学生已经具备了一定的词组意识。再如，一个留学生说自己最近倒霉，很多事情不顺利，突然灵机一动地说“我过的是倒霉人生”，然后问这么说是否正确。虽然“倒霉人生”这个词组很多中国人不会这样去说，听起来更像是诗意化的电影或小说的名字，但是这个句子整体上的语言效果是非常生动而且具有表现力的，这种自造词组的灵动的搭配能力也正是汉语思维进步的一个重要标志，说明其汉语的词组思维正在形成，应该予以鼓励。

词组的生成能力就是学生能够进行“语块”存储并输出的基本条件，这种尝试性地建构词组的能力说明学生意识到了语块的移动性和灵动性，教师应该抓住这样的契机鼓励学生，使其能从基本稳定的语块基础上建构出交际价值更高的更有表达力的新语块。教师要强调词组更是搭配，是表达者根据临时需要进行语义思维的组合，这种组合的能力是难能可贵的，也是培养学生词组元语言意识的基础。

2.2.2 词组辨析与偏正词组的再认识

词组生成后的解析就是建立在学生以往的汉语句法的基本构成上，用S+P+O的构式可以顺利讲解出主要的词组类型。教学实践证明，把词组用

“偏正”“主谓”和“动宾”的概念名称教授给学生，并在作业中用这些名称让学生进行词组分类和辨析是没有问题的，有些老师认为不必让学生记住词组的概念名称，这种担心是不必要的，因为学生用这种概念可以强化汉语句法的逻辑意识。在教学中，即使针对简单的偏正词组也要揭示出内在的逻辑关系，甚至可以在偏正词组内部用“定语 + 中心词”和“状语 + 中心词”，用更细化的内部解析让学生去辨析不同的偏正词组。

高级阶段的汉语教学要对偏正词组重新加以辨析，其中最大的难点就是“名词 + 动词”(主谓词组除外)的偏正词组。刘慧清（2005）指出，“名词 + 动词”构成名词性词组是汉语的一种欧化现象，还对词组中名词和动词的语义关系进行了考察，认为名词和动词之间除了具有对象与动作的语义关系外，还有工具与动作、处所与动作、原因与动作、施事与动作等关系，她的很多例句可以用在课堂中去讲解，如：

产品报价太高了。

我们正在进行西部开发。

心理测试做完了。

从句法层面去解读，其实就是帮助学生如何认清名词做状语的语义逻辑，学生理解“连接网络”和“摄取食物”这类动宾词组没有问题，但是“网络连接”和“食物摄取”这类偏正词组对留学生而言就有了难度。至于两个词位置对调后关系发生改变的问题在下文中还会有讨论，这里要说明的是学生在辨析过程中会自然而然地采取调换两个词位置的办法来进行分析。调换词序是显性的，而词和词之间的潜在的逻辑关系是隐蔽的，田文清（1997）对俄语在翻译汉语偏正词组时造成的大量语义理解错误进行了归类和分析。在实际教学中，我们也发现了俄语圈学生和韩国学生对偏正词组的理解有困难，我们对这种词组之间潜在逻辑关系的揭示和母语造成的思维理解上的负迁移的研究还不够。

至于词组的多义现象和所引发的歧义，教师可以适当指出，比如“三个工厂的工人”“打败敌人的军队”，在逻辑重音的语义切分和具体语境下是可以避免歧义的。

2.3 词组的扩展训练

对词组的生成和辨析只是培养词组在语法逻辑认识上的第一步，也只是培养词组元语言意识的起步，更重要的是指导学生对词组进行扩展，因为真实的语用表达是非常复杂的，不是一层逻辑关系的两个词组成的词组能完成的，所以按照实际语用和表达需要，词组不可避免地要进行语义和形式上的扩展。国内在英语教学上对词组扩展做了大量的研究，但是对汉语词组的扩展或扩充的研究并不充分，似乎认为研究汉语离合词的扩展在本质上可以解决词组扩展的问题，张敬源（2009，2013）从句法角度用加的夫语法系统的树状结构图去分析汉语名词性词组可扩展的理论内涵，而在实际教学中对学生进行词组扩展训练并不需要那么复杂，如对动宾词组和偏正词组分别进行扩展：

满足需要（基本动宾词组）

满足合理的需要（宾语部分加定语变成偏正词组）

尽量满足基本的合理需要（动词前加修饰状语，宾语加第二层定语）

尽量满足使用者的最基本的合理需要

（宾语再加复杂定语，但是未改变性质）

手机支付（偏正词组）

手机支付平台（扩展为大的偏正词组）

搭建手机支付平台（大关系变成动宾词组，性质发生变化）

智能手机支付平台搭建的安全保障

（复杂的偏正词组，修饰和限定更复杂）

词组扩展训练是培养学生词组元语言意识的不可或缺的教学训练环节，对后面训练词组做句子成分有直接的影响。

2.4 把词组放在句法成分位置上做深入练习

词组不断扩展，在一定程度上接近句子，但是如果不在句子中以小句做成分，学生的词组意识还是孤立的，设计练习让学生敢于去尝试用词组甚至扩展的词组做句子成分，才能在高级阅读与写作中有所突破，进而最终体现学生具有词组元语言意识的完整意义。以下仅对两种情况做训练说明，不包含动补词组和联合词组的讨论，也不再对主谓词组做谓语的句子进行说明。

2.4.1 对词组做主语、宾语的练习

学生在汉语初、中级阶段习惯于一种具体名词或代词做主语，因此在高级阶段，教师应指导学生的思维在主语、宾语位置上进行一种抽象判断或描述是非常重要的，因为这就不得不使用名词和代词以外的词组。做主语的形容词和动词有没有名词化并不是教学的主要内容，而是需要学生对某个行为或情状进行说明或描述，逐步过渡到把主谓词组、动宾词组和偏正词组当作主语。

对外汉语教学中学生对主谓词组等做句子成分没有信心，虽然大量的报刊书面语阅读呈现出词组做句子成分，可是留学生在利用语感输出时却很少使用。长主语或长宾语，这种概念链条是词组的整块作用，对教师而言难以进行详细的分解，我们的教学语法顺序和学生的学习语法顺序这个时候会出现错位。比如，“继续调整和完善企业结构，进一步提高其产能和质量，是目前大型企业改革的重大任务”这类句子会很多，进行语法分析时很简单，谓语是“是”，前面是两个大的动宾词组做主语，可是学生在学习和阅读时对这种句子感到困难，而在初级阶段的教学语法中，我们不能讲解这种复杂的主语，但是中国人又认为这种句子结构分析起来是简单明了的。

中级汉语的学生一般造不出词组做主语的句子，但是却可以读懂。这样的四组教学练习可以提供一些引导步骤：

第一组：

她很漂亮，可是不幸福。（学生的句子，代词做主语，没有进行一种描述或总结）

漂亮并不就是人生的幸运。（教师引导后的句子，形容词做主语）

过于漂亮也许会给人生带来一定的麻烦。（教师继续引导，偏正词组做主语）

第二组：

我想学习一种新语言是很难的。（学生的句子）

学习新语言是很难的。（教师引导的句子，动宾词组做主语）

最有意思的游戏是学习一种新语言。（学生模仿的句子，动宾词组做宾语）

第三组：

他是法官，他很公正。（学生的句子）

法官公正不只是个人道德问题。（教师引导的句子，主谓词组做主语，宾语部分有了偏正词组）

第四组：

他很能跑，他觉得跑的时候很快乐。（学生的句子）

奔跑是一种快乐。（教师引导的句子，动词名词化做主语）

快乐地奔跑是孩子们的天赋。（教师引导的句子，状中结构的偏正词组做主语）

成年人好像很少享受快乐地奔跑。（学生的句子，偏正词组做宾语）

以上例句的逐步训练可以看出学生的词组做主语和宾语的意识在教师引导后逐步加强。

2.4.2 关于词组做复杂定语和状语

在句法层面，状语和定语本来就属于谓语部分和主、宾语部分，这里不做赘述，但是在高级阶段的教学中要培养学生有意识地丰富定语和状语，根据表达的需要可以把词组或较长的表达做定语或状语叫作“复杂定语或状语”，以区别中级汉语的语言能力。高级阶段出现了大量的成语等四字格结构做状语，如“恋恋不舍地挥手告别”“迫不及待地问”“毫不紧张地坐在那儿”等结构。本身就是状中结构的偏正词组做谓语后，其状语部分学生很容易辨别，至于小句状语后加“地”的情况极其复杂，不是本文讨论的内容，但是把词组作为元语言意识进行培养，在练习上要以词组能做句子成分为最终教学任务，才算是整个词组训练的完成。

2.5 以词组为元语言意识的其他教学训练

以上的词组输入训练是顺次成系统地按部就班地进行，以下一些训练则是强化学生对词组内部的潜在逻辑的认识。

2.5.1 用对调两个词位置的方法去辩证地分析词组性质

有一种词组的练习非常重要，也会引起学生的分析兴趣，即含有两个词的词组如果对调位置，会成为另外一个关系，如主谓词组变成偏正词组，“历史悠久”与“悠久历史”，“观点正确”与“正确观点”。但是主谓词组也可以变成动宾词组，这取决于主谓词组的后一个词是动词还是形容词，如果这个词既可以是形容词，也可以是动词，那么调换顺序后应该取其动词意，如“市场繁荣”和“繁荣市场”，“精神振奋”和“振奋精神”，如果取其形容词意，加“的”字即可，变成偏正词组“繁荣的市场”和“振奋的精神”。

在词组的位置调换后，学生固然知道内部结构的构成关系也发生变化，但是有一点应该说明，这种变化的结构关系在句子里却不太改变句子意思，对其所在的外部语义功能影响并不是很大，这一点应该给学生指出。比如：

高级汉语学习是一个值得重视的问题。学习高级汉语是应该受到重视的。

分析作品不是简单的事情。　　　　作品分析不是简单的事情。

左边和右边句子的主语虽然是位置互换的词组，但是意义几乎相同，这跟刘慧清（2005）指出的相同，即词组语义关系的确定只能依靠语义分析，句法分析是解决不了问题的。

2.5.2 借助形式动词和介词的方法

在词组训练中引入形式动词“进行”“加以”和“给予”，也会从另一角度阐释词组的功能和作用。如：

方言调查　　　　对方言进行调查

词语分类　　　　对词语加以分类

加入形式动词后会用介词“对”引入对象宾语。高级阶段的书面语语料会出现大量使用形式动词的现象，如果结合动宾词组和“名词＋动词”的偏正词组的训练，教学成效会更佳。再如，介词“随着”后会有名词化的动词或形容词出现，从词组意识上讲是后接一个带“的”的偏正词组，中心词即这个名词化的动词或形容词，借此引导学生在书面语表达中使用这样的语块。如：

深入了解　了解的深入　　随着了解的深入

增加数量　数量的增加　　随着数量的增加

加深友谊　友谊的加深　　随着友谊的加深

学生在经过这样的练习训练后，不但会在意识上了解了“随着”和其名词性词组作为介词结构，充当了一个句子的状语，更会在词组功能和内部变化上有深入体验。

2.5.3　两类词组的读法和逻辑重音的训练

关于词组的读法，李开（2001）指出，偏正词组“居后位的名词负载主要信息量，语流中应读升调，为重语调所在，至少也得与前半部分读音并重”[①]。但是在实际教学中我们发现，虽然没有经过科学的语音学实验测量，仅从语法逻辑意义上去理解，显然这些说法是正确的，但是其实在语流中，偏正词组“正”的部分的中心语应该是降调，在逻辑重音的感觉上应该是前重后轻；而动宾词组也是同理，看似动词应该重要，而实际的语流感觉上是宾语有突出的感觉。课堂上我们用“学习方法”做实验，到底重音在哪里才能区别偏正词组与动宾词组的歧义。其实这也可以解释得通，就是我们已经知道偏正词组的中心词在哪里了，在听力的注意力上我们更关心修饰和限定的成分是什么，于是就出现了偏正词组虽然在逻辑意义是“正”的部分重要，但是在语流中我们则更关心“偏”的部分是什么，于是有了“前重后轻”的感觉；动宾词组也是如此，我们了解动词后更想“倾听”宾语是什么，于是有了“前轻后重”的感觉。而在复杂的扩展词组中，如果动宾词组的宾语是一个偏正词组，如“保护儿童的安全”“改变企业结构”“学习高级汉语”，等等，这种内部的逻辑重音可能更曲折，但是这就是为什么没有经过训练的学生读出词组后，即使发音正确，我们也听不出语义的原因，颇有“言不由衷”的感觉。所以教师应该引导学生大声地朗读词组，直到学生的逻辑重音和语义相和谐，这也是培养词组语感的基本训练。

在高级汉语的教学中几乎很少能出现完全摆脱以词组为中心的语言点

① 李开（2001）汉语体词性词组的语义类型、功能及其在对外汉语教学中的应用，《东南大学学报》第 8 期。

和结构训练，以上三点只是在总体词组输入训练基础上的一些补充。

三、如何进行词组复现和教学检测

在教学中，排除嵌偶词或离合词和音节的干扰，以上词组输入的训练应该顺次进行，先排除歧义，辨析了词组的内在逻辑后，再利用语义明晰的词组进行扩展练习，最后再进行词组句法位置训练。可是任何教学训练都不能脱离教学成效的检测，要想使学生树立词组元语言意识，还要强化以下三点的词组本位教学：

3.1 摆脱日常交际的语言化石化

首先，避免中级阶段由于日常交际顺利而产生的语言化石化现象。很多学生在高级阶段出现动力不足就是因为在生活交际中无法复现词组，有挫败感。教师要不断明确并强化学生使用词组的目标意识，日常生活对话和书面正式语体是留学生使用词汇的两个不同语用范畴，日常生活的交际顺利并不一定是完成了汉语的学习，反而会在中级汉语阶段形成学习者的汉语化石化现象，在高语域的表达和话题语篇的输出中就会大量使用词组。即使是看电影和电视剧也不一定重现高级词汇的目标词，要指出，传记纪录片或《舌尖上的中国》等语言解说才会出现丰富的抒情和议论语段，访谈类节目会随着话题的深入而使各种复杂层面的语用也浮现出来，学生在这样的语料中才能找到学习的成就感，从而强化词组的元语言认知意识。

3.2 保持高语域训练

其次，在课堂训练中，要保持高级汉语的语域不能降低，课堂模拟一些电视访谈，运用汉语演讲甚至模拟汉语辩论赛，学生会体验到简单的汉语表达不了复杂事物及情感的感受，这些教学手段可以有效促使学生增强学习动力，意识到词组在汉语表达中有着至关重要的地位。有条件的教学环境可以带动学生做科研训练和课题项目，使学生从丰富的文艺语体表达向学术思维靠近，使其认识到词组在汉语中的本位地位。这不仅仅是跨越一道学习难关，更是一个必须完成的学习任务，掌握了词组，才算是真正进入了汉语的世界。

3.3 写作要充分体现高级阶段的词组输入

在高级汉语的写作中要尤其注重词组的训练，学生的写作语料最能体现词组输入的成效。

新的学期开始了，我感到很兴奋，也觉得紧张。这个学期我要努力，因为留学可以让我们遇到很多新鲜的事，我要让我的生活在这个学期更有意义。

这个语段是学生没有词组意识时写的，虽无语病，但语域过低，表达也不丰富，更没有词组。经过教师目标词和词组输入训练后，大部分学生会有意识地模仿出这样的语段：

新的学期开始了，我充满了喜悦与期待，留学生活令我紧张而兴奋，我可以欣赏异国的校园风景，会见各种各样的新朋友，观赏不断变幻的文化生活，这是令人向往的生活方式。

实践证明，学生经过词组输入训练后，在改写后的语段中达到了以词组为中心的高级汉语的输出标准，出现了至少 7 个扩展的动宾词组和复杂的偏正词组，学生在这样的进步中享受到前所未有的学习成就。

对于学生写作语料的整理，在句法结构的调整中可以引导学生用词组做句子成分，从而改善原有句子。如：

这些结构会发生变化，然后数量上也会因为结构变化而增加。

（学生语料）

结构的变化也会导致数量的增加。

（教师引导后，偏正词组做主语、宾语）

我发现我的学习兴趣增加了，这成了我学习的最基本的动力。

（学生语料）

学习兴趣的增加就是推动我学习的最大动力。

（教师引导后，偏正词组做主语）

这两个句子都是用词组做句子主语后把两个小句合并成一个句子，在书面语层面上更得体，充分体现了词组的语用功能。

四、结语

学生的主体认知与元语言意识在语言学习的高级阶段起到导向的作用，能否顺利从中级阶段过渡到高级阶段有多种操作层面，但是在整体的教学体系中，在进入高级汉语学习的相当长的一段时期，以词组为本位教学，帮助学生树立词组的元语言意识，实践证明是非常有效的教学操作。这些词组输入训练是根据汉语词组教学在高级汉语中呈现的特点和难点顺次进行的，无论在书面语阅读还是听力辨析和高级写作方面，这些词组输入训练在教师和学生之间，在教学和习得之间，最终都强化了词组的元语言意识，对汉语语素构词、语体风格甚至语篇表达都将发挥积极影响。

参考文献

常云、吴金华（2013）元语言意识对第二语言读写能力的作用，《内蒙古师范大学学报》（教育科学版）第4期。

李开（2001）汉语体词性词组的语义类型、功能及其在对外汉语教学中的应用，《东南大学学报》第8期。

梁利娟、陈宝国（2013）元语言意识对第二语言习得的影响及其与其他因素的交互作用，《外语教学理论与实践》第2期。

马庆株（1997）词组的研究，《语言教学与研究》第4期。

施春宏（2012）对外汉语教学本位观的理论蕴涵及其现实问题，《世界汉语教学》第3期。

田文清（1997）汉语偏正词组中的潜在逻辑关系及其俄译的表达形式和手段，《外语学刊》第87期。

张敬源、顾颖（2009）加的夫语法对悉尼语法词组单位的扩展，《外语教学》第2期。

张敬源、段耀华（2013）汉语性质词组的句法功能研究，《北京第二外国语学院学报》第6期。

朱德熙（1982）语法分析和语法体系，《中国语文》第1期。

朱德熙（1985）《语法答问》，北京：商务印书馆。

作者简介：于淼，北京第二外国语学院汉语学院副教授，硕士研究生导师。黄兰雅，韩国启明大学韩语学堂对外韩语教师。

日本留学生汉语能愿动词习得偏误分析

——以“会”和“能”为例

刘联恢

摘要 汉语作为第二语言习得中的能愿动词学习，由于受到学生母语负迁移等各种原因影响，一直也是教学中的难点所在。如何有针对性地做好能愿动词的教学工作，前人已经做了大量研究。本文意图以前人的研究为基础，缩小范围，具体从日本留学生在习得汉语能愿动词“能”和“会”时常出现的偏误入手，总结出偏误形成原因，并对教学策略加以探讨。

关键词 能愿动词 偏误 母语负迁移 “会” “能”

一、汉语中的能愿动词“会”与“能”

1.1 “会”的义项

结合《现代汉语八百词》《实用现代汉语语法》等前人著作中对能愿动词的义项划分，周小兵（1996）、郑天刚（2002）、赖鹏（2006）等认为，能愿动词“会”的核心意义为“可能性”，并将“会”的义项总结为如下几条：

会$_v$：表能力，指有完成某事的可能性，属于实义动词。例：她会弹钢琴。

会$_1$：表意愿/许诺，意为某事有确定发生的可能性。例：你放心，我会好好地看着他的。

会$_2$：表推测，经推断某事有发生的可能性或按惯常某事有发生的可能性。例：看样子会有大雨。/一到阴天他的膝盖就会痛。

1.2 “能”的义项

“能”的核心意义为“具备成事条件”，义项细分为以下五项。

能$_1$：表示能力，具备内在成事条件。例：他一百米能跑进12秒。

能$_2$：表条件或者用途，具备外在成事条件。例：工作很忙，到晚上8、9点才能下班。

能$_3$：表许可或允许，具备情理成事条件。例：你不能只想着自己。

能$_4$：表示推测及可能性，具备事理或者逻辑成事条件。例：温度这么高，哪能结冰？

能$_5$：表意愿，具备意愿成事条件。例：你要能来，我太高兴了！

1.3 “会”与“能”的功能对照

由“会”和“能”的义项与意义功能对比可以看出，同一能愿动词可以表示不同意义，而不同的能愿动词也有相同的义项。

表1–1 能愿动词“会”与“能”的形式与功能对照表

	内在施为功能		外在施为功能			推测功能	
	能力	意愿	条件/用途	许可	义务	推断	估计
会	会$_v$	会$_1$				会$_2$	
能	能$_1$	能$_5$	能$_2$	能$_3$		能$_4$	

由上表可知，“会$_v$”和“能$_1$”都具有内在施为功能的含义，可以表示施为者的能力；“会$_1$”与“能$_5$”都可以表示意愿；而“会$_2$”和“能$_4$”则都表示推测功能，更是让学习者难以区分清楚。

二、日本学生在习得过程中容易出现的偏误

日本留学生学习汉语有着汉字方面的优势，因此往往在心理上忽视了对于目的语难度的预估，所以更容易出现母语负迁移导致的偏误。

从标准数学范畴入手，可以将偏误形式与正确形式进行对比，概括出两者的区别。Carl James（1998）把偏误分成五类，分别为误加（addition error）、遗漏（omission error）、错序（sequential error，也可称为“错位”）、误代（substitution）以及杂糅（mix-up error）。能愿动词的偏误则主要呈现为误加、遗漏、错序和误代四类。

本文所分析的偏误部分来自北京语言大学的HSK动态语料库，部分来自《外国人学汉语语法偏误分析》，部分来自《汉语病句辨析九百例》，还有部分来自北京第二外国语学院汉语学院留学生作文语料中的自发偏误。

2.1 误加偏误

（1）*她个性很开朗活泼，【能】会说中文、日文和英文。

（2）*代沟问题越来越严重，可是我们【会】能解决。

上述两个误句同时使用了“会”和“能”，分析句子意义可知，第一句的含义在于主语“她”后天习得的语言能力，虽然与“能$_1$”同样属于内在施为功能，但是“能”的含义更倾向于先天具有的能力，因此保留“会”，删去“能”；第二句整句的意思在于强调有能力解决代沟问题，然而“会”意为“将要”，因此根据语感保留“能”，去掉“会”。

2.2 遗漏偏误

（3）*以后你汉语【 】说得很好。

（4）*我们先进国家的人应该考虑我国【 】为那些国家提供哪些帮助。

（5）* 如果父母的判断有问题，和孩子的性格不合适，以后【 】出问题。

（6）* 我还【 】努力地学习下去的。

（7）* 我认为在这样的环境下，人们【 】不知不觉感到心里不安。

（8）* 我认为世上的万事万物，并不都【 】完全判断其是非。

在例句（3）中，跟“以后”搭配，肯定将来能够实现某事，要在动词“说”的前边加上“会”来表示推测。例句（4）中的“为那些国家提供哪些帮助”意义侧重于能力，因此需要加上“能”；例句（5）是在描述将来可能出现的结果，因此可以加上“会”表示对将来的可能性的一种推测；句（6）“努力地学习下去”是施为者的承诺和保证，因此需要加上“会”。例句（7）和例句（8），根据鲁晓雁（2007）的研究，含有非自主觉得类心理动词“认为”，但心理动词都没有对结果进行认定，结果尚属于未然状态。这种情况需要同时配合使用表示推测的“会”和“能”，因此可改为：

人们会不知不觉感到心里不安 / 并不都能完全判断其是非。

在与某些特定副词进行搭配时，日本留学生也常常出现遗漏的偏误。例如：

（9）* 我觉得女生的这种态度一定【 】带给男生好的影响。

例句（9）是假设了“女生的这种态度”可能会给男生带来的影响，是对将来的可能性的一种推测，“一定”起到的是修饰加强“会”的语气的作用。

在一句话中，如果需要能愿动词连续出现，学生也会产生偏误：

（10）* 每个人都能考虑别人，都【 】考虑自己的行为对不对，这样的话这个社会肯定会发展的。

同一句式“每个人都能考虑……，都能考虑……，这样的话……”的反复可以起到加强语气的作用，是表达上的需要，因此这两个分句中的“能”都不可省略。

2.3 错序偏误

（11）* 你把你的学习方法【能不能】给我们介绍一下儿。

由于日语表示请求许可的“能不能”通常表现为动词词形的变化，因此它在中文句子里的位置对于日本学生来说很难把握。按照“把”字句的句型要求，例句（11）的句子应改为“你能不能把你的学习方法给我们介绍一下儿。”

2.4 误用偏误

能愿动词“能”和“会”由于在三个功能义项上都有重叠，因此互相混淆的情况也特别容易出现。

（12）* 只有有才能的人，才【会】当大使。

（13）* 老师对不起，明天学校的活动我不【会】参加。

（14）* 他病好了，【会】走路了。

例句（12）是由“只有”引领的条件句，前一个分句表示的是条件，适用“能$_2$”，不适用表示可能的“会”。所以应改为“只有有才能的人，才能当大使”。

例句（13）的情况在日本学生的作文中尤为常见，根据句子的意思可以知道，“不会参加”并非表达不愿意参加的意愿，而是表示没有参加的可能。因此应改为“不能参加”。

例句（14）中的“走路”是人类在幼儿时期通过习得而具备的能力，作为技能即使生病也不会失去，而只是限于外在条件不可能了，因此只能用“能”来表达这个意思。

2.5 其他偏误

在日本学生的作文中，还有一个突出的现象就是不善于使用可能补语。由于日语动词的变化具有“可能态”，即只由动词词尾进行变化就可以表达内在施为功能和外在施为功能等多种可能性，因此在造句和写作中，日本留学生会倾向于用“能”或者“会”来表达可能。例如：

（15）* 那套房子太贵了，我们家【不能买】。

（16）* 菜虽然比较多，但我们【能吃】。

（17）* 可是山太高了，我们【不能爬】。

（18）* 不管木头多硬，老鼠都【会啃】。

（19）* 儿子说他【不会记住】，所以妈妈留了一张纸条给他。

对于因为贫穷而无法过上的生活或者无法做到的事，汉语一般会用可能补语“verb+ 不起”来表达，补语的句型可以认为具有比较突出结果的作用。因此第（15）句中，太贵的东西没钱买，应该说“买不起”；例句（16）的前一句话说了“比较多”，按照汉语的语感，后边应该接用可能补语“吃得了”，才表示有能力吃完。

例句（17），前边有明确的条件“山太高了”，后边应该换成“爬不上去”；老鼠对于“不管多硬”的木头，应该是“啃得动”。

例句（18），“不会记住”中的“记住”因为明确提示了结果，因此这样的句子应该用可能补语“记不住”作为正确表达。

由此可见，汉语在表达“客观条件不具备”或者是“限于客观条件”而不可能做这样的否定意思时，一般多用可能补语而不会用“能”或者“会”。

研究者通常认为，汉语的补语系统非常发达，而日语却没有“补语”的概念。所有汉语的可能补语形式，翻译成日语都是用相应的可能动词来表达，这也是造成日本学生使用能愿动词时出错的一个重要原因。

三、产生偏误的原因分析

产生偏误的原因按照一般情况主要分为以下几种：1. 母语的负迁移；2. 目的语规则泛化；3. 教学误导；4. 交际策略的运用。在日本留学生习得汉语能愿动词的过程中，导致偏误的主要因素就是母语的负迁移。

3.1　母语负迁移

在上一节中，本文分析了日本学生不善用可能补语来表达否定可能性的情况。朱俊华（2010）在对比了日本留学生翻译的汉语句子和日文原文之后提出，由于日语中没有可能补语的概念，因此学生即使到了中高级阶段，也有使用能愿动词“能”和“会”来代替可能补语的情况发生。另外，也是因为日语中有相当数量的“当用汉字”和“汉语”词语，造成他们对于汉语作为外语的认知不够深刻，在学习汉语的时候没有像学习其他欧美国家的语言那样重视起来，误认为汉语的语法也跟日语接近。

3.2 认知偏误

认知偏误指的是人的认知能力跟语言的语法规则没有达成一致而产生的偏误。能愿动词在汉语作为第二语言习得教学中是一个难点，这突出表现在汉语能愿动词意义和功能分布比较“散”的特点上，同一语言形式可以表达不同的语法意义；而不同语言形式却又可以表达相同的意义（参见表1—1）。在其他语言中，能力、意愿等情态表达相对来说较为固定，因此作为外国人，对于意义交叉重叠的能愿动词感到难以掌握也就不奇怪了。

3.3 语言学习的回避策略

第二语言学习者在交流中遇到困难,而他们的语言能力不能解决问题时，往往会采用语言的或非语言的手段，即交际策略，使交际得以继续进行。回避策略是学生在社会交往及学习过程中使用较多的一种交际策略，具体表现是学生在运用目的语的过程中，语言能力不足以自如地表达意思时，对语言表达的内容、形式做出避难就易、避繁就简的选择，以求跨越语言运用的障碍,达到表达思想的目的。

在初级阶段，留学生因为对新导入的“能”与“会”的规则还不熟悉，因此避免使用，直接用动词来表达意思；到了中高级，由于母语系统中缺少相应的语法规则，因此为了不出错，回避使用可能补语而用了能愿动词来表达可能，都体现了回避策略在交际中的运用。

四、对日本留学生的“会”与“能”教学策略分析

心理学家Anderson（1980）提出了言语产出三阶段模型：构造阶段——依照目的来确定要表达的思想；转换阶段——应用句法规则将思想转换成言语的形式；执行阶段——将言语形式说出或写出来。因此，从认知心理学的角度分析，学生在学习语言的阶段出现表达错误，并非他们在语言的构造阶段出现了错误，而是转换阶段缺乏足够的手段来表达自己的思想。

在能愿动词教学当中，学生的难点并不在于母语与目的语汉语相似的

地方，而在于两者之间存在的差异上。因此，作为对外汉语教师，我们要注意在课堂中把重点放在汉日两种语言的不同之处上，尽可能准确地指出关键所在，提示学生注意。并且除了课上的练习以外，也要在课下布置有针对性的练习，力求让学生全面掌握能愿动词的用法，避免偏误的出现。

中高级阶段的日本留学生，由于本身汉字和汉语词就有基础，可以说掌握了相当数量的汉语词汇和语法规则。这个阶段的学生在学习上倾向于依赖句法结构，这时，我们就可以根据他们已经掌握的词汇和语法知识，多做一些理论解释。比如"会""能"有哪些基本义项，这两个词在句子中互换的情况，以及相同的义项在什么时候不能互换的具体情况等。

另外，课堂上也可以进行一些师生间的互动，这一阶段的学生已经达到了主动学习研究的能力，能够提出一些比较有价值的问题，例如，涉及具体词在句中的功能、位置等都有比较清楚的认识，因此引导他们主动学习、激发学生研究语法问题的能动性，也是我们今后要探讨的问题。

参考文献

程美珍、李珠（1998）《汉语病句辨析九百例》，北京：华语教学出版社。

房玉清（1994）《实用汉语语法》，北京：北京语言学院出版社。

黄伯荣、廖序东（2002）《现代汉语》（第三版），北京：高等教育出版社。

李大忠（1996）《外国人学汉语语法偏误分析》，北京：北京语言大学出版社。

鲁晓雁（2001）日本学生汉语能愿动词偏误研究，黑龙江大学硕士学位论文。

吕叔湘（1981）《现代汉语八百词》，北京：商务印书馆。

周小兵、朱其智、邓小宁等（2007）《外国人学汉语语法偏误研究》，北京：北京语言大学出版社。

周晓霞（2009）外国学生能愿动词的习得研究，南京师范大学硕士学位论文。

朱俊华（2011）日本留学生汉译日语可能动词句问题探析，《辽宁教育行政学院学报》第2期。

朱万清（1992）《新日本语语法》，北京：外语教学与研究出版社。

寺村秀夫（1991）《日本語のシンタクスと意味》，くろしお出版。

作者简介：刘联恢，北京第二外国语学院汉语学院讲师。

形声字的声旁教学

宋　飞

摘要　在对外汉字教学中，一直都有重形旁、轻声旁的传统，汉字教材中大都利用形旁为线索整理汉字，在课堂教学中大多数老师也都注意到对形旁的意义进行分析以及利用形旁进行系联。结合认知语言学的研究成果，我们发现声旁在汉字学习中占据重要地位，应该重视声旁的教学。

关键词　形声字　声旁　汉字教学

一、形声字声旁的计量描写

1.1 声旁表音状况

李燕、康加深（1993）曾经对现代汉语7000个通用字中的形声结构进行考察，确定了5631个形声结构，加上多音479个，总计6110个，将声旁与形声字声、韵、调的关系分为八种情况，其中声韵调完全相同的占37.51%，完全不同的占12.70%。现行汉字中声旁与形声字的读音关系有如下八种：

声旁和形声字读音关系	比例%	例字
声、韵、调和组成的形声字完全相同	37.51	式 shì—试 shì
声、韵同，调不同	18.17	分 fēn—份 fèn
声、调同，韵不同	3.88	瓜 guā—孤 gū
韵、调同，声不同	5.61	出 chū—屈 qū
韵母同，声、调不同	10.56	及 jí—吸 xī
声母同，韵、调不同	4.35	令 lìng—邻 lín
调相同，声、韵不同	7.22	且 qiě—组 zǔ
声、韵、调完全不同	12.70	者 zhě—都 dōu

声旁和形声字读音的复杂性原因在于，在造字之初形声字的读音和声旁字的读音就可能存在音同或者音近两种情况。造字的时候要选择声旁，因为没有恰当的同音字可以选择，有时也会选择一些音近的字。到了现代，形声字和声旁字读音不一致的原因主要是由于书面符号与口语语音的不同步发展造成的，这一点我们可以从一些字的方言读音中找到答案，有些方言中保留了古音，这些古音与形声字声旁读音是一致的。所以，就现代汉语普通话而言，有一些声旁与形声字读音一致，还能精确地标读字音，有一些声旁已经不能精确地提示字音了。但是根据上文的统计，我们看到至少有一半以上的声符（声韵调全同及声韵同）是可以准确或者基本准确地表音的，我们还是可以利用形声字声旁的这一特点来识读汉字。

1.2 形声字声旁的构字情况

据李燕等的调查，声旁共有1326个，其中成字声旁1119个，不成字声旁 206 个。然而大多数声旁的构字数量都比较少，有 434 个声旁仅能构一个字，构字数量 10 个以上的声旁只有 115 个。可见虽然形声字中声旁的系统非常庞大，但是构字功能比较低，使用不经济。声旁的这种情况是历史的遗留问题，早在《广韵声系》中，就已经形成了声旁系统庞大的局面。

二、培养外国学生声旁意识

形声字声旁众多，构字能力较弱，这不利于教学过程中的复现，也就不利于学生的识记、保持和提取。但是通过考察对外汉语教学用 2905 字中形声字的声旁分布特征发现，“从构字能力来讲，声旁的等级越低、越常见，其构字能力越强”[①]。也就是说，学习者掌握了基本的常用声旁（构字能力强的声旁）就能够满足识别大部分形声字读音的需要。所以在初级阶段形声字教学中我们可以把重点放在这些基本声旁字上，比如“各、非、古、令、肖、干、乍、者、圭、青”等，这些声旁构字能力强，用这些声旁字能够系联出更多的形声字。我们发现，经过一段时间学习之后，学生虽然有形旁、声旁意识，但是在实际中却不能很好地运用这些知识分析汉字，加之目前的大多教材都是以形旁为纲整理汉字，学生对于声旁的系联作用缺乏认识，我们甚至也找不到一本有关声旁和形声字读音关系的工具书。那么我们可以在学生积累了一定的形声字字量以后，引导他们自己动手，以声旁为线索将所学形声字进行归纳，老师可以举出一些分属不同类型的形声字，引导学生自己从声、韵、调三个方面对声旁和形声字读音的关系进行分析，归纳出形声字声旁的表音特点。根据我们的课堂教学观察，这样的参与性教学活动能够大大地调动学生的积极性。

① 冯丽萍（1998）对外汉语教学用 2905 汉字的语音状况分析，《北京师范大学学报》（社会科学版）第 6 期。

形声字的声旁状况

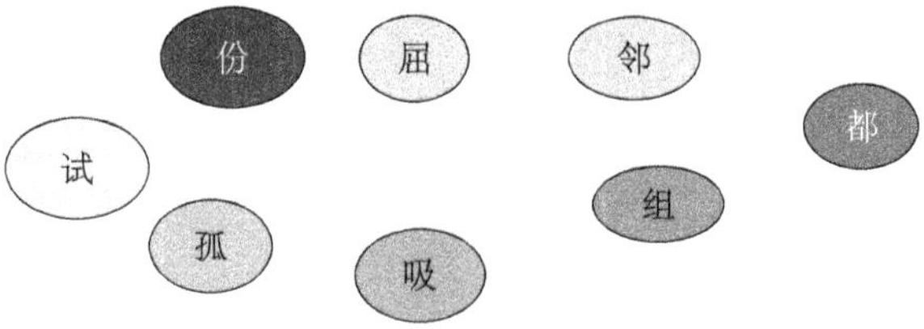

声、韵、调关系

形声字	声旁	声	韵	调
• 试 shì	式 shì	√	√	√
• 份 fèn	分 fēn	√	√	×
• 孤 gǔ	瓜 guā	√	×	√
• 屈 qū	出 chū	×	√	√
• 吸 xī	及 jí	×	√	×
• 邻 lín	令 lìng	√	×	×
• 组 zǔ	且 qiě	×	×	√
• 都 dǒu	者 zhě	×	×	×

学界关于外国学生形声字读音识别的实验研究主要有：陈慧等（2001）"不同等级的汉字在被识别时存在差异""识别声旁表音的形声字比识别声旁部分表音、声旁不表音的形声字成绩好"。江新（2001）"留学生对汉字形声字的读音明显受到声符表音特点的影响，而且留学生对形声字声符表音作用的意识随年级升高而增强，对声符表音线索的利用随年级升高而增多"。冯丽萍（2002）"中级汉语水平学生已经能够利用声旁提供的语音线索来帮助形声字的识别。声旁熟悉度高、声旁为整字提供的语音线索多、声旁构字能力强的形声字容易识别"，"在同样都能提供语音线索的情况下，声旁成字的、结构类型易于加工的形声字识别效果最好"。这些实验研究表明，外国学生大都知道形声字的概念，声旁的规则性和一致性是影响留学生语音学习的重要因素。能够自觉地利用声旁提供的信息是外国学生的汉语水平提高、形声字意识增强的重要标志。虽然外国学生学习汉字时都希望能够"见字知音"，但是由于汉字字形和字义联系紧密，对外国学生来说，汉字突出的特点是表意，对于字义的探求以及对于形旁表意功能的认

知致使汉字的表音功能被忽视。而且语言的正字法深度会影响读者提取单词语义的方式：如果语言的正字法浅，那么读者倾向于采用依赖音码的策略；如果语言的正字法深，那么读者容易采取依赖形码的策略。汉字是正字法很深的文字，已有研究表明，外国学生对声旁表音作用的认识、对声旁线索的利用是不够的。石定果、万业馨（1997）经过调查发现，外国学生对声旁的判断能力明显低于对形旁的判断能力。高立群（2001）对外国学生形声字的加工过程进行实验发现，外国学生主要依赖字形的信息，缺乏依赖语音的阶段。肖奚强（2002）通过对外国学生字形的偏误进行分析，发现学生对形旁的判断推导具有很强的系统性，而对声符的利用则比较少。张熙昌（2007）直接指出，外国学生对形旁的认识和对声旁的认识是不均衡的：对形旁的了解多于对声旁的了解，对形旁作用的重视程度高于对声旁作用的重视程度。而且外国学生在认读和记忆某些汉字时可能根本就没有意识到声旁的存在。

而心理学家通过研究声旁、形旁在汉字语音、语义中的提取，发现对声旁的加工需要更多的注意资源，声旁能够在更大程度上影响汉字的加工。张积家（2014）指出，在汉字的语音提取和语义提取中，声符比义符在注意加工方面占有优势，这种优势在语音提取任务中更加明显；声符无需依赖义符的信息便可以相对独立地激活整字的语音，但声符需要与义符的配合才能够完成整字的语义通达。他通过实验证明了学习者（母语为汉语的大学生）在有了较强的形声字意识后，倾向于将更多的注意资源分配给声符。这一结果和我们的教学现状似乎有些矛盾，声旁在汉字加工过程中的重要性和在教学过程中的被忽视成为矛盾。事实上，很多学者已经提出应该在教学中要有意识地培养外国学生的声旁意识，引导他们积极利用声旁提供的语音信息去学习和掌握汉字，在汉字特别是形声字教学中充分发挥声旁的重要作用。江新（2001）指出，"重视形声字声符表音作用，并且重视教学生利用形声字的声符线索学习汉字，这似乎没有成为绝大部分教材或者教师系统采用的汉字教学策略之一"。为此她提出对外汉字教学，无论采用随文识字还是独立设课的方法，教材编写者和教师都应该重视形声字的教学，重视教学生认识声符的表音作用。

根据已知研究，我们判断外国学生声旁意识和形旁意识发展可能不同步，针对外国学生声旁意识发展滞后的情况，我们可以在课堂教学中进行声旁意识的培养，而且通过我们的教学实践已经证明了教学手段可以引导外国学生发现声旁的表音功能，并积极加以利用。通过声旁相关的学习策略的培训，外国学生就能够意识到声旁的表音作用，并主动利用声旁提供的语音信息来学习和记忆汉字。

三、声旁教学探讨

在实际操作过程中，声旁和形声字整字之间的多种因素影响了学生对形声字的识读，我们主要对两个方面进行讨论，一是声旁和整字的常用程度，根据《汉语水平词汇与汉字等级大纲》的分类，声旁和整字的关系可分为三类：同级、声旁高于整字、声旁低于整字。虽然形声字的声旁中常用字占有很大比重，但是也经常出现整字是熟悉字但声旁是生僻字的情况，据万业馨（2002）的统计，声旁字等级低于整字的形声字占了 41.48%。另外还有 31.83% 的超纲声旁字。我们现行的教材多以培养学生的交际能力为首要前提，在汉字的出现顺序上很难兼顾科学性、规律性，以《汉语教程》为例，第一册出现的形声字中就有一半以上的形声字先于声旁出现。在这种情况下，我们利用声旁去识读形声字时就会受阻，针对这个问题，江新（2001）依照“熟悉字带非熟悉字”或者“高频字带低频字”的原则，提出了形声字学习的三种方法：1. 声旁带形声字，例如，由“息”带“熄、媳”；2. 形声字带形声字，例如，由“堵”带“赌、睹”；3. 形声字带声旁，例如，由“饭”到“反”。

以形声字带形声字，指导学生在识别形声字读音时不仅要利用声旁线索，也要充分利用同声旁邻近字线索，这也有一定的认知根据。舒华等（1987）对成年熟练读者的汉字读音过程进行了分析，发现了三种加工方式：一是直接从心理词典中提取，这种方法适合一些高频字；二是规则法，这种方法适合对声旁与形声字读音相同的字，声旁字可以直接标出形声字的读音；三是类推法，也就是用声旁字类推某个形声字的读音。这三种加工方式并存，并且在读不同字频、不同字形的字时，是互为补充应用的。这三种加工方式也反映了汉字认读时的三个策略，也可以作为指导学生学习形声字的依据。彭聃龄（1997）也通过实验证明，汉字形声字的读音是由两种因素共同决定的，一个是声旁的读音，它提供了字下水平的语音线索；另一个是邻近字的读音，它提供了字水平的读音线索。所以要想了解一个形声字的读音，有时参照同声旁形声字的读音也是一个好办法，比如“组、租、祖、组、诅/抢、枪、呛、跄、戗”，这些同声旁形声字的读音非常相似，同声旁字的读音示范作用远远大于声旁字。下列这组字“峰、逢、锋、蜂/场、肠、畅/倍、培、陪、赔/幅、副、福/栾、孪、挛”，声旁（“夆”“昜”“咅”“畐”“亦”）不独立成字，也就是说，声旁在现代汉语中不代表任何实际的音节，但是这些非字声旁构成的一类字发音都很类似，这时候也可以使用类推的策略。

第二个问题是声旁和整字的读音关系。我们知道声旁和整字的关系有八种，这么复杂的关系在很大程度上影响了学生根据声旁推断字音。尽可能弄清楚声旁字在整个系统中的表音功能对于我们的教学是有利的。据统计，在对外汉语教学用2905个字中，声旁与整字读音完全相同的为37.2%，这是我们教学中有利的一面。常见的与其组成的形声字声韵调全同的声旁字有“代、段、府、奂、竟、具、康、容、唐、备、尝、董、哥、贯、老、农、然、式、史、亭、务、希、新、鱼、之”等。这些容易掌握，课堂上教师稍进行一下总结，让学生把握其示音规律即可。但是也还有42.5%的不规则字存在，甚至有一些声旁字与其构成的形声字都不同音，比如“寿—筹、踌、畴、涛、焘、铸/失—秩、佚、跌、迭、铁/寺—诗、侍、恃、持、特、待”等，这些不规则字读音规律不容易描述，是教学的难点。

根据杨华（2003）对中国大学生的调查，声旁造成的误读也是误读的一个主要类型，仅次于多音误读。事实上，外国学生在学习了一段时间汉字以后，也能够意识到形声字声旁表音的不确定性。那么怎样合理地利用声旁表音的线索进行教学就是我们必须要面对的问题，解决声旁线索存在的不利因素是我们形声字教学中的重点。在具体的教学方法上，在遇到一个新的形声字时，不仅要教这个字的读音，也要向学生指出这个字声旁的读音，并提示声旁和整字的读音关系。对于声旁不能有效表音或者同声旁字不同音的情况，可以进行一些语音演变和转化规律的讲解。我们常见的是，在声母的转化中，发音部位相同、发音方法不同的声母相互转化的情况比较多，其中以 j/q 和 b/p 的转化最多，如：

b → p 半—胖、判、叛、泮 / 包—跑、泡、炮、刨、袍、咆、庖

P → b 旁—傍、谤、镑 / 皮—彼、玻、波、被

j → q 兼—谦、歉 / 君—裙、群

q → j 青—静、精、睛 / 乔—骄、娇、矫

我们可以在课堂上将这些声旁加以归类，因为规律难寻，归纳法是向学生解释声旁及形声字读音关系最合适的方法。如：

利用声旁的表音信息，并且辅助一些语音的知识，可以降低识字的难度。学生认识了形声结构的特点，学会利用声旁去学习和掌握汉字的字音，就能够提高汉字学习的效率，促进汉字学习。

佥 qiān
- j 捡、检、俭、脸、剑
- q 签
- x 险
- l 脸、敛
- y 验

参考文献

陈慧（2001）外国学生识别形声字错误类型小析，《语言教学与研究》第 1 期。

冯丽萍（1998）对外汉语教学用 2905 汉字的语音状况分析，《北京师范大学学报》（社会科学版）第 6 期。

冯丽萍（2002）外国留学生汉字读音的识别规律与汉字教学原则，《唐山师范学院学报》第 7 期。

高立群（2001）外国留学生规则字偏误分析——基于中介语语料库的研究，《语言教学与研究》第 5 期。

江新（2001）初级阶段外国留学生汉字学习策略的调查研究，《语言教学与研究》第4期。
江新、赵果（2002）什么样的汉字学习策略最有效？——对基础阶段留学生的一次调查研究，《语言文字应用》第2期。
李燕、康加深、魏励、张书岩（1992）现代汉语形声字研究，《语言文字应用》第1期。
彭聃龄（1997）《汉语认知研究》，山东：山东教育出版社。
石定果、万业馨（1998）关于对外汉字教学的调查报告，《语言教学与研究》第1期。
舒华（1987）成年熟练读者的汉字读音加工过程，《心理学报》第3期。
万业馨（2000）略论形声字声旁与对外汉字教学，《世界汉语教学》第1期。
肖奚强（2001）外国学生汉字偏误分析，《世界汉语教学》第2期。
杨华（2003）多音误读与语用频率的关系，《语言文字应用》第2期。
张积家、王娟、印丛（2014）声符和义符在形声字语音、语义提取中的作用——来自部件知觉眼动研究的证据，《心理学报》第7期。
张熙昌（2007）论形声字声旁在汉字教学中的作用，《语言教学与研究》第2期。

作者简介：宋飞，北京第二外国语学院汉语学院讲师。

网络辅助对外汉语写作教学的高效互动反馈模式探索①

——基于微信平台的汉语写作教学构想与实践

李志杰

摘要 在多媒体教学的发展趋势下，对外汉语写作课程越来越注重互动式教学理念与课堂的结合。微信作为互联网背景下一种新型的交流方式和互动平台，为后教学法时代汉语写作教学的网络化发展提供了新的方向。本文尝试通过微信平台对汉语写作课程全面推行互动反馈模式进行构想与实践研究。

关键词 微信 对外汉语写作教学 互动反馈教学模式

① 本文为北京第二外国语学院 2016 年校级教改立项一般项目《互联网辅助对外汉语写作教学模式研究》课题阶段性成果。

以移动互联网为媒介的社交软件发展迅速，给传统的国际汉语教育带来极大的冲击和变革。这尤其体现在教学方式从按部就班的课程体系到个性化的自主学习，伴随教学全程的高效率的数字化与互动化。在全球社交化协同学习背景下，学习过程从基于传统的教师对学生评价到基于大数据分析，学习者的积极性也正在大大提升。

微信是腾讯公司2011年推出的一款快速发送文字、图片，支持多人语音对讲的手机聊天软件。用户可以通过手机或网络平台快速发送信息。微信提供公众平台、朋友圈、消息推送功能，用户可通过“摇一摇”“搜索号码”“附近的人”、扫二维码等方式添加好友和关注公众平台，同时将内容分享给好友，并将看到的精彩内容分享到朋友圈。截至2013年11月，微信注册用户突破6亿，是目前亚洲地区最大的即时通信软件。[①]随着在国外的普及度日益提升，微信也成为移动互联网环境下一个新的学习平台。庞大的用户群体和方便的传播平台为移动学习者提供了更多的学习选择和更加丰富的交流方法。如何充分挖掘其丰富的支持功能，体现其在国际汉语教育领域的价值，并有效地设计基于微信平台的汉语写作教学互动反馈模式，是本文尝试探讨的问题。

一、基于微信平台的汉语写作教学互动反馈模式的理论基础

运用微信平台进行的对外汉语写作教学是在现代科学技术、语言学、教育学、认知科学发展中的新兴产物。研究基于微信平台的对外汉语写作教学，首先应当在语言学及应用语言学的理论基础之上，结合相关学科的理论展开。

1.1 微型学习理论

奥地利学习研究专家林德纳提出的微型学习的理论是设计基于微信的

① 百度“微信”词条。

教学互动反馈模式的基础之一。微型学习理论是基于在新媒体系统上，微型内容和微型媒体的新型学习形式。互联网时代，信息量和信息更新速度都超过了以往的时代。信息爆炸式增长，超速度的更迭使得人们对信息的需求有了新的转变，即转为不受时空限制、不受内容限制、不受教学限制的随时随地自主学习模式。微型学习正是在互联网学习的前提下，进行的微小的、碎片化学习的模式。基于微信平台的写作教学模式正具有这些特点。这种新兴微型学习模式也为微信平台上设计的写作移动课堂的实现提供了可能。

1.2 建构主义理论

建构主义理论最早由皮亚杰提出。知识不是通过教师传授得到的，而是学习者在一定的情境即社会文化背景下，借助其他人的帮助、利用必要的学习资料、通过意义建构的方式获得。因此建构主义学习理论认为“情境”“协作”“会话”和“意义建构”是学习环境中的四大要素。微信平台这一移动课堂正拥有这些特征，有利于实现包含四大属性的建构主义学习环境。通过写作公众号发布的知识信息、定期推送的新知识、在线学习公开课等最终通过意义构建提高写作水平。

二、基于微信平台的汉语写作教学互动反馈模式的设计构想

2.1 设计原则

教学模式是指按照特定教育思想、教学理念和学习理论组织教学活动的进程。[①]对外汉语写作教学的关键环节离不开教学的设计。从学习者的需求和特点出发，充分地考虑技术与汉语写作教学的整合，基于微信平台的汉语写作教学互动反馈模式的设计应注意以下原则：

① 王伟（2011）应用博客提高中学生写作能力浅谈，河北师范大学硕士论文。

第一，技术为教学服务原则。网络技术的飞速发展、媒介融合的现象和现代信息科学技术的应用，都为教学者带来了多种技术的选择，无论是对外汉语教学的网站，还是支持教学活动的网络工具、应用软件，在进行选择和应用的时候，都应当考虑这些技术产品与教学的目的和学习者的特点之间的关系和适用性。

第二，注重交互体验和信息反馈原则。对于运用微信平台进行的汉语写作教学来说，其以语言形式进行的人—人、人—机的交互和反馈的目的是为学习者提供更多的语言交互和使用的机会，也是学习者在网络技术和新媒体环境中自主学习的核心体现。反馈是运用微信公众平台进行汉语写作教学的重要环节，是联系交互教学者和学习者的纽带。

第三，师生平等原则。在网络技术不断发展和新媒体环境下，每个学习者直接面对的是交流的信息。在微信平台的汉语写作教学过程中，教学者更多地充当的是平台的管理者和维护者。教学者和学习者在教学过程中的地位必然要趋于平等化。

第四，加强评估原则。基于微信平台进行的对外汉语写作教学的评价与估算，可以通过网络和媒介载体，针对学习者提交的文字、句法等反馈进行持续性的评估。在教与学的过程中，采用持续性的评估方法，给学习者经常性的肯定和鼓励可以提高学习者的学习热情，帮助他们调动主观能动性，进行持续性的学习。

第五，提供海量素材和资源原则。基于网络技术和新媒体环境的及时性、丰富性，运用微信平台进行汉语写作教学应当充分发挥网络的优势，提供丰富的资源，不仅要有汉语写作技能的训练，还要有文化知识的介绍和讲解，综合使用文字、图片、音视频和超链接等多媒体手段教学。

2.2 设计构想

当前对外汉语写作教学的主要问题是课堂上缺乏互动、反馈以及平常对学生写作活动的具体指导普遍疏忽。另外，写作教学以传授性或接受性学习占据了太多的分量，而学生缺少时间、空间，也没有精力去体会有意义的语言活动，导致学生的学习主体地位成为一句空话。为此，以学生为本的以微信为平台的互动反馈的创新性教学模式体现了符号与人的和谐关系，有利于形成个性化的学习，保证学生自主学习的时间和空间，有利于提高课堂有效教学质量和效率。因此，改革对外汉语写作教学方法至关重要，以微信为平台的互动反馈教学模式必将引发线上与线下互动反馈模式的新浪潮。

因此，研究者选择“中级汉语写作”这门课程作为以微信为平台的汉语写作教学互动反馈模式研究的对象。尝试利用微信平台实现对外汉语写作教学的目标和理论需要，构建一个自评、互评、教师评改相结合的反馈模式，提高汉语写作教学的效果。基于微信软件通信、社交、平台三大功能，提取出即时消息、微信群、朋友圈、公众平台这四种适合移动学习的服务插件。利用不同插件的具体操作功能，以及“中级汉语写作”的课程规律、课程特点，设计出该课程在微信平台上的六大功能模块。详见图1：

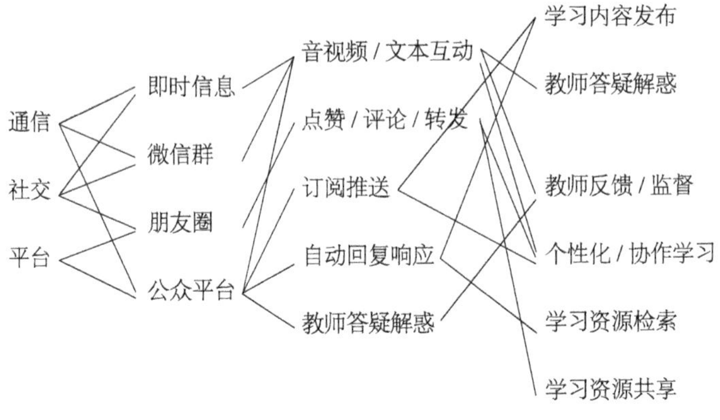

图1　基于微信平台的互动反馈模式应用于“中级汉语写作”课程设计构想

三、微信平台下的汉语写作教学互动反馈模式的应用实践

3.1 前期准备

研究者在课堂上向学习者介绍微信移动学习的基本方式，公布微信订阅号“沙发中文写作”的二维码，确保每一位学习者被添加进来。同时，指导全体学习者利用“面对面建群”功能共同输入四位数字，迅速建立微信群。学习者可继续添加彼此为朋友，开通朋友圈。

研究者在电脑端“沙发中文写作”微信公众平台将学习者及关注者按照学习程度、国别、性别等属性分组。（见图 2）

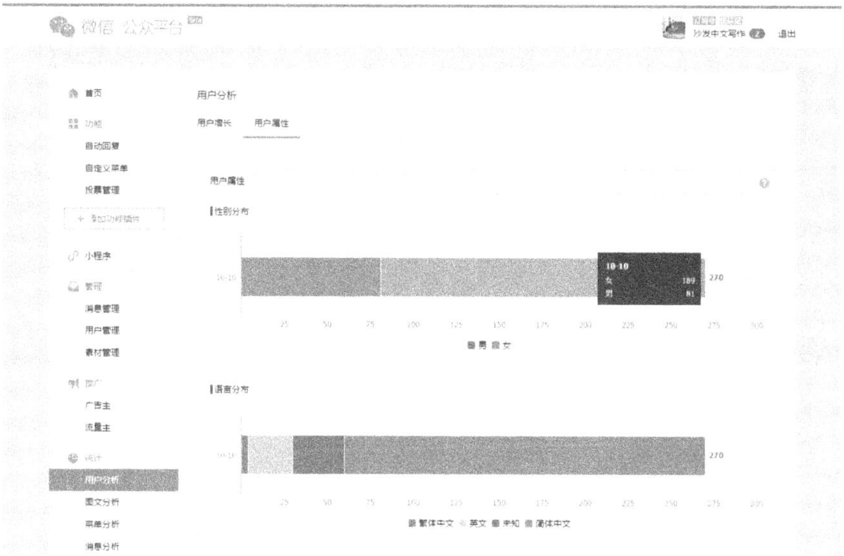

图 2　微信公众平台给出的“沙发中文写作”的用户属性分析

3.2 实施过程

研究者通过学习者班级群及公众平台公布学习内容，布置写作任务，以及提供文字、图片、视频等写作素材，即“微课程”。同时告知学习者阅读及准备的规定时间。截止时间过后，教师使用“统计”插件中“图文分析”选项查询送达人数、图文页阅读人数，以监督学习者是否学习了全部课程。对于难以理解的部分，学习者可以在微群中与教师及其他学习者互

动，也可以选择与教师一对一即时沟通。答疑所采取的形式有文本、“实时对讲机”、视频聊天等。 互动阶段结束后，学习者通过文本输入、语音解答或是手写拍照回复订阅号，解答微课程考查测试的问题，教师进行检查。在习作练习阶段，教师在班级群或公众平台布置作文题目，然后通过微群谈论写作主题、语言表达、篇章布局等。学习者明确审题并了解文章写作意图、体裁和结构后，开始写作过程。（见图 3）

图 3　在微信班级群布置写作任务，提供写作素材

3.3　学习评价

研究者利用微信群和公众号平台优势，对习作开展形成性评价的模式。第一步，学习者按要求在微信群发布自己的习作初稿，学习者按照要求进行自评与互评；第二步，学习者根据同学互评的结果对习作进行修改，再次发送的修改后的第二稿由教师在电脑上批改后，使用微信网页版将第二版修改稿反馈给学生，师生此时可针对较为深层的复杂问题通过文字或语音形式进行思想交流；第三步，学习者修改习作至第三稿，教师给出最后评价；第四步，教师挑选优秀习作发表在公众平台“沙发中文写作”，并分享至“朋友圈”，作为范文供其他学习者欣赏之余，进一步扩大评价者范围至全部该公众号关注者。（见图 4）

图 4 师生在评价阶段互动及反馈情况

三、结语及反思

即时通信的迅猛发展给网络化国际汉语教育带来了新的广阔的教学前

景，将微信这个现代化的交流平台作为一种学习工具，促进了第二语言弹性教学，有利于汉语写作自主学习和协作学习氛围的形成，在发挥学生的主观能动性方面充分体现了其独特性和优越性。

以微信为平台建立的互动反馈写作教学模式打破了传统写作教学模式的固有形态，将其转变为建立在同学之间互动、师生之间互动，甚至与网友间互动基础上的一种真正的体验性写作。这种写作教学模式对提高学生的整体语言素质、培养其写作能力都会有比较明显的效果。

移动互联网蓬勃发展的新形势下，不管是对外汉语写作教师，还是学习者，都应该转变传统教学观念和学习观念，思考如何改革传统教育模式，把握移动教育大趋势。教师在写作课堂中改进教学方法，尝试使用微信平台等网络手段，这是对外汉语写作课程利用互联网思维创新课堂的积极探索。

参考文献

李微、姜国栋、黎明霞、苏毓慧（2014）网络时代大学生写作能力有效培养探究——以博客、微博、微信写作为例，《价值工程》2 月下旬刊。

罗勇（2013）微信学习，找回流逝在指尖的光阴，《中国远程教育》第 12 期。

聂敏（2015）互联网思维下写作移动课堂模式初探——以锦城学院为例，《写作教学》第 5 期。

翟芳、武永平（2015）基于微信技术的移动学习设计与实现——以“英语写作”课程为例，《中国教育信息化》第 8 期。

Martin Lindner, Peter A. Bruck. *Micromedia and Corporate Learning: Proceedings of the 3rd International Microlearning* 2007 *Conference* [M]. Innsbruck University Press, 2007, 8.

Piagit. J. To *Understand Is to Invent: The Future of Education*. New York: International Universities Press, 1996.

作者简介：李志杰，北京第二外国语学院汉语学院讲师。

四、教师与教学管理研究

后现代教学理念与国际汉语教师个体专业发展

张笑难

摘要　后现代教学理念重新审视和认识了教育现象及教师个体，给我们提供了一种新的思维方法。本文尝试在对后现代教学理念的认识下，借鉴后现代教学理念中的合理因素，对国际汉语教师个体专业发展进行探讨分析。

关键词　后现代教学理念　教师个体专业发展　国际汉语教师

一、引言

教师专业发展包括教师职业专业发展和教师个体专业发展两个方面。本文探讨的是国际汉语教师个体专业发展。它表现为纵向发展上的专业提升，从新手到合格教师，再到研究型、专家型教师的过程；还表现为横向素质的全面提升，即教学知识、技能、观念、态度等各个方面改进和积累的过程（郭睿，2010：63）。在这个过程中，教学理念是教师个体专业发展的根本动因。只有转变教学理念和态度，提高教学反思能力，教师才可能获得个体专业的良好发展。

后现代主义产生于全球化的时代背景下，是 20 世纪后半期西方社会广为流行的哲学、文化思潮。20 世纪 70 年代以来，后现代主义对教育的影响日益扩大，在西方教育哲学领域内出现了后现代主义教育思潮。后现代主义是一种“反”的思想，对“现代性”进行反思，是后现代主义哲学文化思潮中一个共同的方向（靳玉乐、于泽元，2005：5）。

后现代教学理念以一种发展的视角看待教学，带给我们不少有意义的启示。其中也存在着过于偏激的问题，存在着理想化、绝对化、不成熟的一面，有一定的局限性。我们应当批判地吸收和借鉴后现代教学理念中的合理成分和有益成分。

当前，国际汉语教育事业蓬勃发展，国际汉语教师队伍迅速扩大，国际汉语教学形势也发生了新的变化。国际汉语教育事业发展的关键在于高素质、高水平的国际汉语教师队伍，对国际汉语教师的教学能力及各方面素养都提出了更高的要求。本文尝试借鉴后现代教学理念中的合理因素，对国际汉语教师个体专业发展进行探讨分析。

二、后现代教学理念

教学理念或者说教育理念是教师在对教育工作本质理解基础上形成的，关于教育教学的观念和理性信念，对教师工作具有基础性价值。“是否具有科学的教育观念是区分‘经验型’教师与‘专家型’教师的重要标志；而是否具有现代教育观念则是区分‘传统型’教师与‘现代型’教师的标志。

教师是教育活动的组织者和引导者，教师持有什么样的教育观念，不仅直接关系着教师的教育行为，而且还间接地影响着未来教育的性质与发展。”（金祥林、廖祥红，1999）正确的教育理念是提高专业素质、实现教师专业化成长的动力基础。

鉴于后现代主义教育理论家并没有对其教学理念进行过专门的、系统的阐述，本文参考相关文献材料，认为后现代教学理念主要体现在教学目标、对课程与教学的认识以及对师生关系的处理上。

2.1 后现代教学目标观

由单纯显性知识的获得转向对学生的生存与发展的关注，从掌握知识的单一目标转向知识、技能、情感态度、价值观等多维目标。多尔在《后现代主义课程观》一书中指出：传统的课程目标是预先设定的，它往往被提升而超越于或外在于教育过程本身，从而使得课程目标与学习经验脱节。由于其评价涉及的仅仅是课程实施成功与否，而不是涉及目标的适应性问题，使得课程目标与实施和评价方法脱离开来（多尔，2000：223）。后现代的教学目标反对预设的终极目标，质疑传统的以行为目标和实证性作为课程发展的唯一方法，强调课程发展必须反映文化多元论和个人独特性，以人文主义的方式来重新定义。

2.2 后现代课程与教学观

课程与教学是同一个过程中的两个方面，是统一不可分的。在教学过程中，要将课程与教学很好地融合在一体。

多尔指出，封闭性、简单性和累积性是现代主义课程的主要特征。而后现代课程则强调开放性、复杂性和变革性。他提出了“4R 标准”：（1）丰富性（Richness）。指课程的深度、意义的层次、多种可能性或多重解释。对课程而言，怎样才能达到既激发创造性，同时又不会失去形式或形态的适量，这是无法事先确定的，需要不断在学生、教师和文本之间予以协调。（2）回归性（Recursion）。是一个人通过环境与他人、与文化的反思性相互作用形成自我感的方式。回归不是简单地重复，其框架是开放性的，反思在其中发挥积极作用。如果没有反思，回归就变成消极、肤浅的重复。（3）关联性（Relations）。包括教育联系及文化联系两个方面。教育联系指课程中的文本、教师、学生、媒体等诸多因素互动而形成的网络，文化联系指课程之外的文化或宇宙观联系。这两种关系都是重要的，且相互补充。（4）严密性（Rigor）。现代主义的严密性概念是指逻辑、科学观察和数学的精确性，是可观察、可测量及可操作的。后现代主义的严密性概念是解释性的，意味着在处理不确定性时，有目的地寻找不同的选择方案、关系和联系（多尔，2000：251—261）。

从教学过程来看，传统教学理念认为，教学过程是教师主导与学生主体相统一的活动过程。后现代教学理念认为，教学过程主要是学生主动学习和建构的过程，是学生通过自主活动对知识意义的主动建构过程。教学的主要任务不是特定信息的传输，而是意义的创建。因此，教学过程应由“传授—接受”转变为“阐释—理解—建构”。因此，建构主义也是一种后现代主义（莱斯利·斯特弗，2002：307—308）。

在教学方法上，后现代教学理念对现代教学上的二元对立进行“解构”，主张从实际出发，“教无定法”，灵活多样地进行教学。反对教学活动规则化和刻板地运用精确的模式。“对话”和“反思”是后现代主义基本的教学方法。“对话”是教师与学生通过不断对话而探索未知领域的过程，建立在教师、学生双主体平等、自由互动的基础上，以沟通、理解、意义建构为目的。“反思”是教学过程中不可缺少的思维活动，对教学的各个环节都会产生重要影响。教师越能反思，越是好的教师。

2.3 后现代师生观

从师生关系来看，后现代教学理念强调“去中心”，既反对以教师的教学行为为中心，不主张教师的权威和教学控制。教师与学生在人格上是平等的关系，不是有知识的教师教导无知的学生，而是一群平等的个体在共同探讨有关问题过程中的相互影响。教师要乐于面对学生提出的质疑，并与学生一起反思，达到心照不宣的理解。教师在教学中的地位是“平等中的首席”，教师的权威转入情景之中，教师不是外在的专制者，而是情景的领导者（谢登斌，2001：57）。在教学对话互动过程中，教师的身份持续发生变化，时而是一名教师，时而是一名与学生一样的求知者。学生也是如此。他们共同对求知过程负责。（Paulo Freire,1970：67）

三、国际汉语教师个体专业发展

这里的“专业”不是指教师所教的“学科专业”，而是把教师的教育行为与教育活动视为其专业表现的领域。是指“教师个体专业水平提高的过程以及教师群体为争取教师职业的专业地位而进行努力的过程，前者是指教师个体专业化，后者是指教师职业专业化”（刘捷，2002：80）。传统的教师专业发展更多关注职业培训在教师发展中的作用，是一种“自上而下”的培训模式，相对忽视了教师个体在自我成长中的主体意识与主观能动性。

后现代教学理念认为教师发展的根本动力是作为发展主体的教师自身的实践活动。强调“教师发展不是被动、被迫、被卷入的，而是自觉主动地改造、构建自我与世界、他人、自身内部的精神世界的过程”（姜勇，2005）。虽然教师个体专业化发展离不开某种形式的教育、培训，但更重要的是教师的自主性、个性化，以及教师的自主学习及自我提高。

国际汉语教师个体专业发展要结合汉语教学的特点。作为涉外的特殊教师行业，在教学中常常会遇到文化的冲突与矛盾，在专业知识、专业技能和专业道德上有着与其他教师不同的内容，因而其专业发展也体现出一定的独特性。

国际汉语教学系统与其他教学系统存在着较大的差异，是一种特别的开放系统，这个教学系统要面对学生来源、数量、构成国的不稳定，面对学习目的和要求的不统一，必须以灵活多样的教学类型、教学原则和教学途径来适应这些不稳定、不统一的教学需求（李琳，2011）。

国际汉语教师个体专业发展表现为专业技能和综合素质的全面提升。《国际汉语教师标准》提出了五个标准：汉语教学基础；汉语教学方法；教学组织与课堂管理；中华文化与跨文化交际；职业道德与专业发展。其中职业道德与专业发展包括三个次标准：具备教师职业道德；具备良好的心理素质；具备教育研究能力和专业发展意识。其中专业发展意识包括：能进行教育研究，具有教学反思能力；努力寻求专业发展机会（国家汉语国际推广领导小组办公室，2012）。可以看出，国际汉语教师标准非常关注教师的自身学习，强调国际汉语教师自身的反思意识，将反思意识视为国际汉语教师综合素质的一个重要组成部分。国际汉语教师是学习者、研究者、知识的建构者，通过在实践中不断地学习和反思，实现专业知识和能力的不断提升，达到专业发展的理想境界（王添淼，2010）。

教师个体专业发展的根本动因在于教学理念。后现代教育理念使人们以新的思想观念来认识教师个体，对国际教师个体专业发展有一定的启发和借鉴意义。

四、后现代教学理念下的国际汉语教师个体专业发展

后现代教学理念主要体现在教学目标、对课程与教学的认识以及对师生关系的处理上，而教师的教学目标，对课程与教学的认识以及师生观点都是教师个体专业化的核心内容。

4.1 建构实践性知识

后现代教学目标从掌握知识的单一目标转向知识、技能、情感态度、价值观等多维目标。要培养出多层面的、复杂的、活生生的、能不断自我构建生活意义的个体。在这样的教学目标下，国际汉语教师应对知识的构成形成一种新的认识。

后现代教学理念认为，教师知识的形成更多来源于教师的教育实践与教育现场，传统的学科知识、教学知识及相关情景知识，与课堂教学实践缺乏足够的联系。教师的职业知识可概括为本体性知识（即学科知识）、条件性知识（即教育学和心理学方面的知识）和实践性知识（即教学经验）三个方面（林崇德，1999：38—41）。

国际汉语教学具有情境性和不确定性，汉语学习者来自不同国家和地区，不同种族、不同年龄、不同性别、不同职业，在价值观念、思维方式、

学习风格等方面存在很大差异。对外汉语“各种教学类型、课程门类和课程内容的多样性这一特点是无法改变的”（吕必松，1989）。因此，汉语教师的专业发展不能仅局限于抽象的理论知识的学习，而应在具体的教学情境中，关注教学实践中所产生的那些知识。

“仅仅强调教师知识素养的‘技术理性’对国际汉语教师专业发展是有局限性的，教师必须具备在课堂中建构、生产知识的能力。建构知识的过程生产出‘行动中的知识’，成为内化于国际汉语教师自身并能得心应手使用的知识”。（王添淼，2010）新手教师刚刚从事汉语教学，处于缺乏教学经验的探索阶段，在教学过程中预见性和针对性不强，也缺乏灵活性，这些都无法通过理论传授或培训改变，必须经过长期的课堂教学实践磨练，在教学实践活动中学到许多书本上没有的东西，形成个人实践性知识。比如，如何运用教学原则，选择教学方法，采取教学策略与教学行为；如何把握教学内容的重点、难点；如何在非常规化班级中进行教学；对低龄学习者和成年学习者采取何种不同的教学方法；如何处理跨文化问题；如何处理敏感问题；如何管理课堂；处理课堂上的偶发事件；遇到突发事件怎么处理；学生迟到怎么处理；学生水平参差不齐，如何对水平不同的学生提问；提问时学生回答不出问题怎么办；如何纠错，直接纠错还是间接纠错；如何控制教学节奏；如何吸引学生和提高学习兴趣，等等。这些问题单靠理论知识是解决不了的，必须不断地拓展实践性知识才能完善教学。笔者在实际教学中观察到，新手教师在注意的指向上多以自己的教学为核心，较少考虑学生的学习活动和学生的不同反应。在课堂上，只是利用预先准备好的多媒体课件来贯穿某一个单元的教学，而不是利用师生现场互动和活动方式的转化来设计教学。同时，有时仅限于对课本知识的讲解，而没有联系现实生活。

著名教育专家、华东师范大学叶澜教授在一次演讲中说到：“最初，教师就是园丁，孩子们就是花园里的花朵，这是农业时代的称法。到了工业时代，教师成了人类灵魂的工程师，工业思维的特点是有目标，有预设，讲究程序、操作、设计，最后产生效能。如今的教育思维很大程度上还是一种工业时代的思维，我们在很多的教研报告中看到‘操作’‘效益’这样的词语。我们应该用生态的思维来研究教育。构成生态的是活体，它是变化生长的。生态系统与外部环境密切沟通，是一种交互作用。”①

传统的对外汉语课程教学目标注重统一性、标准性，强调对教材内容的机械操练和机械记忆。随着实践性知识的不断建构和形成，国际汉语教师要能够建构不确定性的课程目标。文化的多元化决定了知识的多元化，每个学生所认识的世界是各不相同的。国际汉语课堂教学不是简单地填灌和机械操练，教师要将课堂教学与现实生活结合起来，使学生以开放的心灵看待丰富多样的现实世界。

4.2 教学注重“对话”与“反思”

教学过程主要涉及教师、学生、教学内容等方面。由于国际汉语教学对象、教学类型、课程内容的多样性，国际汉语教师要采取多样化的教学方法及教学策略。后现代主义基本的教学方法是“对话—阐释”与“反思”。对话理论要求对话者平等、开放、富有创造性，具有多元价值观（张华、石伟平，2001）。对话和交流的过程，也是一个建构个人知识的过程。教师在课堂上要充分调动学生的学习积极性，通过师生之间、生生之间的平等对话和互动交流，使学生建构自己的知识结构。后现代的阐释教学法提出，教师不仅仅是知识的传授者，还应当是文化“讲解人”。教师应只对事物和现象做解释，不做任何价值判断，由学生自己去理解和体会。教师要教会学生怎样避免刻板地理解文本，怎样辨别这些文本中的意义得以表现出来的方式，怎样将个人的生活经历与更为全面的文化背景结合起来解读，最终发展学生的创造力和想象力（大卫·杰弗里·史密斯，2000：132—134）。

国际汉语教师在教学中常会遇到诸如“为什么有的中国人、韩国人吃狗肉”之类的问题。有的学生会说“狗是人类的朋友，狗很可爱，吃狗肉非常残忍”。这时教师不要直接反驳学生，说“狗不可爱”“狗不是人类的朋友”“杀狗不残忍”，等等。也不能跟学生一起批评那些吃狗肉的中国人、

① 叶澜教授 2015 年 5 月 19 日在清华大学举行的“中国基础教育首届国家级教学成果奖展示会”上的演讲：http://www.fyeedu.net。

韩国人。而应该提供给学生足够的信息量和多方观点，让学生自己去理解和体会。单一的价值体系和信息渠道，会造成学生对某些事件、现象的单一化解读。世界很大，文化不同，风俗习惯不同。穆斯林不吃猪肉，信仰印度教的人不吃牛肉，犹太人不吃带血的食物，佛教徒吃素不吃肉，等等。人们吃什么和不吃什么体现着文化的影响，与个人的习惯和环境有关，也和人们对事物的看法及宗教观念有关。吃狗肉不对，那么对有些人来说，吃牛肉也不对。比如，牛辛勤耕地，对传统的中国农民来说是朋友，吃牛肉于心何忍？所以不能只以自己的标准来看待其他事物，不符合自己的标准就是不好的或不对的，应该尊重彼此的文化习俗。

对话引起反思。教师通过与学生、环境、文本、媒体、文化等的反思性互动，不断提升专业水平。要具备敏锐的观察能力、学习能力和批判能力，关注、分析、研究教学实践活动中值得反思的各种现象、事件以及师生内心的各种感受与体会。及时发现教学过程中存在的问题，积极与学生、同行合作交流，认真对待来自各方面的反馈信息，促进反思，进而解决问题。比如在国际汉语课堂教学中，小组活动是应用较为广泛的一种课堂交际活动。创设交际情境，能够激发学生的任务动机和参与课堂的热情。但只是简单地将学生进行分组，任其自由讨论，没有很好地分配任务和掌控活动，就很容易出现偏离任务的现象，也会使学生参与的积极性降低。不仅学生利用汉语进行交际的目的很难达到，而且教师的教学水平也难以提高。因此，不能对这样的问题视而不见，通过课堂观察、行动研究等不断反思，有意识地、有针对性地选择和改变教学方法与手段，发现自由讨论的问题，采用任务型教学，明确小组中每个学生的职责和任务分工，最终解决问题。国际汉语教师要向自己固有的教学观念提出挑战。教学不是盲目的或者一成不变的过程，而是一个丰富的、多变的、充满乐趣的和富有创新精神的过程。

4.3 建构平等、和谐的师生关系

叶澜教授在演讲中提到："我不赞成现在教育'以学生为中心'的口号，教育并不是简单的以谁为中心，而是在教与学的过程中的交互作用，

在教育的过程中会有'生成'和'涌现'。当老师们感到自己的课堂在生长，有一种生命力在呈现，我们的教学才进入生态模式。而教师也不再是园丁或工程师，而是与学生同生共长，走向更高的发展水平。"

后现代教学理念强调"去中心"和教学环境的生态性。教师与学生在人格上是平等的关系，彼此尊重、理解。教师平等地对待每一个学生，对每一个学生都充满希望、信任。能够引导学生之间建构良好的群体规范和同伴关系。不要求学生接受教师的权威，而是师生共同参与学习、探索。教师是文化信息的传播者、学生潜能的开发者、课堂活动的组织者、人际关系的协调者。

教师在教学中的地位是"平等中的首席"，与学生在教学中平等对话、交流与合作，主要任务是帮助学生与学习对象发生作用，转化智慧。"教师不应认为自己是学生应该思考什么的最后裁决者，也不是学习者思考什么的创造者。对教师来说，重要的是不断努力发现学生在课堂上所出现的意识和行为。"（Duckworth，1987：133）如学习《李连杰与他的壹基金》一课，由于李连杰的知名度很高，不同国家的留学生对他都有一些了解，也都有自己的观点和看法。如"李连杰是好莱坞功夫明星""李连杰信仰佛教"，等等。同时也通过李连杰，了解了"壹基金"及中国公益事业的发展。教师不必拿出自己现成的观点，在信息化时代，应为学生知识的建构提供真实的情境，让学生通过报刊、图书、电影、电视、互联网等获取相应资料，在课堂上展开讨论、分析、交流，从而对李连杰和"壹基金"有全面客观的认识和了解。在教学过程中允许差异性存在，乐于面对学生提出的质疑，倾听、思考并能与学生一起反思，引导学生调整、完善自己的看法，达到"心照不宣的理解"。

五、结语

后现代教学理念反对预设的终极课程目标，教学过程注重对话—阐释与反思，强调平等、和谐的新型师生关系，强调维护和发展学生的差异性和多样性，建构生态化的教学环境。这些后现代教学理念中的合理成分，对国际汉语教师个体专业发展有重要的启示意义。但是我们也必须认识到，后现代教学理念来源于后现代主义，其本身也不是严谨的理论学说，各流派的主张并不完全一致。所谓超越现代教学理念的后现代教学理念，也存在着边界模糊、宽泛、不容易把握以及过于理想化的问题。比如，只承认教学存在着不确定状态，而否认教学也存在着确定性和稳定性；反对教学结构化、程序化，主张教学的开放性、无序性、随意性，但却没有提出相应的具体的教学策略、方法。对国际汉语教师来说，要学习新的教学理念，更要能批判地吸收其中合理的成分，灵活地应用于汉语教学实践，不断提升教学水平，从而促进个体专业发展。

参考文献

[加]大卫·杰弗里·史密斯（2000）《全球化与后现代教育学》，郭洋生译，北京：教育科学出版社。

郭睿（2010）《汉语教师发展》，北京：北京语言大学出版社。

国家汉语国际推广领导小组办公室（2012）《国际汉语教师标准》北京：外语教学与研究出版社。

姜勇（2005）论教师专业发展的后现代转向，《比较教育研究》第 11 期。

靳玉乐、于泽元（2005）《后现代主义课程观》，北京：人民教育出版社。

金祥林、廖祥红（1999）专业化与新时期教师质量标准探讨，《鞍山师范学院学报》第 4 期。

莱斯利·斯特弗等（2002）《教育中的建构主义》，上海：华东师范大学出版社。

李琳（2011）国际汉语教师专业发展探索，《中国成人教育》第 17 期。

林崇德（1999）《教育的智慧》，北京：开明出版社。

吕必松（1989）关于对外汉语教师业务素质的几个问题，《世界汉语教学》第 1 期。

刘捷（2002）《专业化：挑战 21 世纪的教师》，北京：教育科学出版社。

王添淼（2010）成为反思性实践者——由《国际汉语教师标准》引发的思考，《语言教学与研究》第 2 期。

［美］小威廉姆斯·多尔（2000）《后现代课程观》，王红宇译，北京：教育科学出版社。
谢登斌（2001）多尔后现代主义课程理论探析，《广西师范大学学报》（哲学社会科学版）第3期。
张华、石伟平、张庆发（2001）《课程流派研究》，济南：山东教育出版社。
Duckworth E. (1987) *The Having of Wonderful Ideas*, New York: Teachers College Press.
Paulo Freire. (1970) *Pedagogy of the Oppressed*, New York: Seabury Press.

作者简介：张笑难，北京第二外国语学院汉语学院副教授，硕士研究生导师。

反思型对外汉语教师行动研究浅析

李燕辉

摘要　对外汉语课堂教学具有特殊性，这个问题不言而喻。在课堂教学三要素“教师、学生、教材”中，学生是教学效果的体现者。在教学过程中，无论教师准备得如何充分，表达手段何等高明，若学生不能够理解和接受，教学效果就不好；波斯纳（Posner）提出了教师成长公式：成长＝经验＋反思。我们认为，无论经验还是反思，都是在和学生一起学习和相处的过程中得到的，因此，对于一名反思型对外汉语教师而言，在行动前、行动中及行动后如何“备学生”并在行动研究中不断地成长是非常重要的。本文将从以上三个方面探讨这个问题。

关键词　对外汉语　反思型教师　行动前研究　行动中研究　行动后研究

一、引言

作为一名对外汉语教师，每次面对一个新的班级、新的课程，我们至少应该思考三个问题：

1. 你对课堂及对外汉语教学课堂的认识是什么？

在我看来，课堂是一种氛围，教室是一种能够满足学生需要的最佳教学场所。对外汉语课堂可以被看作独特的教师指导一群独特的学习者，在一种愉快、合作、开放、积极的氛围中通过师生互动达到教学目标。课堂中最重要的是行为。教师通过各种教授行为达到教学目标，学生通过各种学习行为获得知识和技能。在教师和学生中，学生无疑是更重要的行为者。

2. 在对外汉语教学的课堂上，你将面对什么样的学生？

对外汉语教师将面对的是来自不同种族、拥有不同文化背景、使用多种语言、汉语水平参差不齐的学生。另外，学生的特殊性还包括学习习惯、学习动机等，甚至还会有一些特殊的学习者，比如年龄超过 60 岁的学习者，有阅读障碍的学习者，有听力障碍的学习者，等等。而且，要时刻提醒自己：你没有选择学生的权利，是学生选择了你。

3. 在对外汉语教学课堂上，教师会面临哪些挑战？

教什么？怎么教？如何处理不同课型？怎么区别不同水平的相同课型？如何处理突发状况？如何管理课堂？如何保持文化敏感度？如何在一个学期里保持学生的兴趣？如何达到公平？如何让每个学生都有所收获？如何处理与学生的关系？如何保持良好的教学心态？

对外汉语教师至少应该思考并解决以上问题，才有可能是一位反思型对外汉语教师。

二、反思型对外汉语教师及行动研究

2.1　反思型教学行为

常规型教学行为主张“教师中心论”，是一种受人的本能、习惯影响，并在专家指导下所实施的教学，教师把课堂当作自己的“舞台”，课堂中一直在唱独角戏，学生的参与感很弱，甚至没有。赫尔巴特（1936）是教师中心论的代表之一，他认为“把人交给‘自然’，甚至于把人引向‘想象’，并在‘自然’中锻炼，是一件蠢事。”他主张“学生对教师必须保持一种被动的状态”。

唐纳德 · 舍恩（Donald. A. Schon，1983）提出了要在“行动中反思”，并认为职业从业者在复杂多变的情境中运用的是一种自发的、潜意识的“行动中的知识”。而反思可以使从业者觉识到自己的缄默知识，有意识地对自己的职业活动进行思考，并加以激活、观察、批判和发展，这就是“行动中反思”。

而反思型教学行为倡导的是“学生中心论”。所谓“学生中心论”，正如杜威（John Dewey，1859—1952）所提出的，“教育不是把外面的东西强迫儿童或青年去吸收，而是要使人类与生俱来的能力得以生长”。

Wallance（1991）提出外语教师发展的反思模式。他强调了专业知识和经验知识是教学实践和反思的核心和理论基础，两者相互依赖，互为促进，是教师专业发展的动力。

国内有关反思性教学过程模式研究的代表人物是熊川武（1999），他提出了反思性教学的六个阶段，强调了反思在教学行为中的重要性。

综上，反思教学行为指教师对教学过程进行积极的思考，这一过程中教师行为不遵循一定的程序和步骤，更多地是找到解决和回答问题的方法，以帮助学生达到最有效的学习效果。

由于学生的特殊性，对外汉语教学行为一定是属于区别于常规教学行为的反思教学行为。

2.2 反思型对外汉语教师的行动研究

在已有教育理论、借鉴他人和自身教育教学经验的基础上，对外汉语教师为了完成预期教学计划、达到预期教学目标，能够在对外汉语教学过程中不断调整自己的教学活动，积极改进自身的教学行为，在教学过程中不断反思自身的教学行为，进而促进自我自主发展，这样的教师即为反思型对外汉语教师。

但是，并不是说只要对教育教学进行思考的对外汉语教师就可以被称为“反思型对外汉语教师”，如果教师在对外汉语教学中不去分析教学对象、思考教学方式、评价教学效果，那么这种教学行为就不是一种反思的教学行为，采用这种教学行为的教师也不能称为“反思型对外汉语教师”。反思型教师以学生为中心，对多方看法采取包容的态度，愿意倾听多方面的意见，愿意且积极地做有意义的改变。

舍恩（1936）认为教师重要的决策是在经验的基础上以一种自发的、直觉的方式产生的。如果通过系统观察，按照数据搜集程序获取数据，在此基础上反思的价值将得到进一步提升。当教师运用系统的方法进行观察和数据搜集时，他们就进入了行动研究领域。

在上述理论的基础上，我们把反思型对外汉语教师的课堂教学行为看作是一项行动研究，并按照课前准备、课堂教学过程、课后评价把行动研究分为行动前研究、行动中研究和行动后研究三个阶段。反思型对外汉语教师的反思行为贯穿在行动研究的三个阶段，对自身、学生、课程都会有批判性的评价。

三、反思型对外汉语教师行为研究

吕必松（2005）提出对外汉语教学的全过程可以归纳为四大环节：总体设计、教材编写、课堂教学、测试。其中，课堂教学是中心环节，是提高教学质量的关键，因此，如何在规定的时间内达到最优的学习效果是反思型对外汉语教师在行动研究中需要思考的问题。

语言的根本属性是交际性，交际是动态的运用的过程，学习者会经历知、会、能三个过程。不同于一般的课堂，在对外汉语课堂教学中，教师应该充分调动学生的积极性和主动性，只有双方的共同参与和默契合作才有可能促进学生的语言内化。

如果把反思型对外汉语教师的整个教学过程看作是一种行动研究，那么，作为一名反思型对外汉语教师，如何在行动前、行动中和行动后三个阶段研究学生是一个非常重要并且要贯彻整个教师生涯的课题。

3.1 行动前研究

刘珣（2000）提出了课堂教学的十条原则，第二条就是“以学生为中心，教师为主导”。赵贤州（1996）、陆有仪（1996）、周健（2007）、李珠（2008）、姜丽萍（2008）等也认为对外汉语课堂教学应该“以学为主”。由此，我们知道对外汉语课堂应该是一个以学生为中心，以教师为主导，各因素相互作用的课堂。无论课堂内外，建立平等、良好、适度的师生关系尤为重要，“备学生”也成了反思型对外汉语教师面临的首要任务。

如果把反思型对外汉语教师整个系统的教学活动看作是一项行动研究，那么我们把课堂教学开始前的准备活动叫作“行动前研究”。行动前“备学生”可从国别、年龄、教育背景、母语、性格、家庭背景（是否华裔）、学习目的和动机、学习习惯、汉语水平、学习经历等方面入手。尤其要清楚什么水平的学生具备什么样的语言能力，清楚在课堂上不教什么比教什么更重要。

我们建议在行动前研究中建立学生小档案（见附录），包括但不限于表格中几个方面的内容。需要提出的是，学生完成小档案后，在学习过程中，该小档案由教师保管，并不断地补充和填补学生新的重要信息。学期结束后返还学生，学生畅谈本学期的收获和不足，以备在以后的学习过程中学习和借鉴。

在建立学生小档案的基础上，反思型对外汉语教师接下来要做的工作就是细读教材，了解本课编者意图、教学目标、教学内容主题和情景、重点词语和语言点、要训练哪些语言技能和交际技能、有几段课文、每段课文的主题和功能是什么、有几道练习、本课的内容和词语等与前后课有什么联系，等等，并把所有内容了然于胸，做到举一反三。

除了“备学生”和“备教材”，“备教学方法”也是对外汉语行动研究中不可或缺的一部分。话题怎么引入，课文怎么处理，每个生词和语言点怎么呈现，怎么讲授、复习，可以设计哪些交际活动，练习怎么做，等等，这些都需要教师在行动前研究中不断地揣摩、修改和完善。

反思型对外汉语教师的行动研究是“以学生为中心”的，因此，“备学生”和“备教学方法”，甚至写教案和准备及制作教具环节都是在充分了解所面对的学生，即“备学生”的基础上展开的。总之，反思型对外汉语教师的行动前研究就是一个以学生为中心、在充分而多方面的了解学生的前提下进行的一项活动。

3.2 行动中研究

顾名思义，行动中研究就是反思型对外汉语教师对课堂教学活动的研究。

较之行动前研究，此过程往往战线较长，复杂度更大。成熟的反思型对外汉语教师可从以下几个方面进行研究。

3.2.1 建立学生成长档案袋

反思型对外汉语教师对学生的关注是贯穿整个教学过程的，因此，建立学生成长档案袋尤为重要。此档案袋可包括但不限于学生出勤表、学生作业完成情况表、学生课堂表现记录表、教师谈话记录表、学生参加活动记录表，甚至可以制定一个学生自我评价表，等等，目的是全方位、多角度地了解学生情况，并结合学生情况调整课堂教学。

教师和学生按照事先要求，严格、详细地记录以上各表，并进行阶段性的通报，鼓励支持为主，批评打击为辅。让学生在充分了解自身情况和其他学生的基础上，调整自己的状态，力求每位学生都能持续地朝着进步的方向前进。

需要指出的是，以上各表应在实践中不断地修改和完善。再者，各种记录表格是为了了解学生，更好地进行课堂教学，只是行动中研究的辅助手段，不应该当成一项必须完成的任务，不能为了完成表格内容而敷衍了事。行动中研究过程中，若发现任何一种辅助性表格没有达到预期效果，甚至适得其反时，要马上调整，并及时分析并解决问题。

3.2.2 有针对性地引导和教育问题学生

任何一种教学行为都需要了解学习对象，对外汉语课堂教学更需要在这方面多做努力。在行动中研究过程中，反思型对外汉语教师应该了解学生的性格特点、知识构成、兴趣爱好、汉语基础及学习能力，对学生的民族信仰、价值观念、学习行为方式等也应有所了解。根据以上内容及课堂表现等，对学生进行分类，并且有针对性地处理各类学生的问题，用不同的方法进行引导、教育。

1. 把成绩不佳归咎于你教学差劲或评分不公的学生

对这样的学生，教师要从以下几方面入手：首先，认真且耐心地倾听学生的陈述；其次，承认有可能学生是对的或至少他的意见有几分道理；然后，尽可能冷静合理地表明你的态度，不要用你的威信或权力来压制学生或者制造一种非赢即输的局面。接下来把问题交给全班学生："其他人对这个问题有什么看法？"如果认为老师有问题的只是极个别人，那么老师可以在课后和反映问题的学生一对一交谈；如果不止一个学生有此看法，说明老师可能真地存在一些问题，承诺学生找时间重新考虑自己的处理方式，然后在下节课把结果告诉大家。

2. 希望引人注意的学生和支配讨论的学生

如果每次支配讨论的都是优秀学生，汉语水平高，热衷于提供相关信息和解决问题，我们就要重视这类学生，并大力肯定他们的表现，向全班指出有些学生的参与性看来比其他学生更强，然后请这些学生就如何让所有学生都有机会参与讨论提建议。

但若其他学生因此而退缩不前，认为没必要参与讨论，就应该采取一些措施，给别的学生更多的机会，比如可采取分组讨论，规定在开始全班讨论前，每个学生必须独立提出自己的问题、看法或对所在小组所承担任务的意见，然后才可以自由发言。也可以邀请有关学生进行课外谈话，告诉他们老师对班级讨论的状况感到担心。积极肯定他的同时，告诉他如能将自己的看法放一部分到其他学生都发言之后发表就更好了。

同时，教师在课堂教学中，也要多多鼓励由于各种原因不爱发言的学生，提供一些他们可能感兴趣的话题，引导他们开口说话。

3. 注意力不集中的学生

由于学生学习动机、教师教学方式的差异，在课堂中总会有一些不能集中注意力的学生。

面对这类学生，教师首先要自我反思：课讲的是否过难或太容易了？课程是不是进行得太快或太慢了？是否讨论的内容不合适？也可以引入多样的教学方式，比如把学生分成小组，布置小组任务，然后教师在教室里走动，观察小组进展情况，适时地引导学生开始或终止话题。

如果下次课又出现同样情况，可让学生进行情景模拟、写造句或编对话、小故事，然后让一个表现活跃或大家比较认可的学生读自己写的东西，把大家的活动集中引向课堂教学。

如果以上方法对某个或某些学生都不奏效，可在课后就促进课堂教学和干扰学习的因素和学生一起做一个全面的分析讨论。

4. 学习准备不足，失去信心、打算放弃的学生

有的学生把老师的话当耳旁风，平时很少预习，课前准备不足，导致跟不上学习进程，甚至失去信心，打算放弃学习。

为了督促此类学生，教师在讲授课文前可先提出几个问题，让学生带着问题预习。在课堂教学过程中，教师经常使用“我们的作业中提到……”或“课文讨论了什么内容或“你是否同意课文中的某种看法？为什么”，让学生明白，只有预习了，才可以回答这些问题，以此向学生传递一种期望，希望他们下次能做到课前预习。

也可以请有过此经历的学生讲述他们是如何克服和摆脱这种情绪的，目的是让他们相信他们的问题并非一定是无法改变的能力不足的问题，而只不过是一种暂时现象。通过采取更有效的学习策略，付出更多努力，或仅减少焦虑，情况就有可能得到改善。

5. 需要努力的学生

可邀请实际学习效果和自我期望有差距的学生进行谈话。

先请学生谈谈自己对所遇到的困难的看法，谈谈产生此种困难的原因，然后询问学生的学习方法等，比如“你是怎么学习汉语的？”“每次上课前，你预习吗？”“有没有记笔记的习惯，怎么记？”“课后你会和同学讨论学习内容吗？”“你有课后复习的习惯吗？”“老师布置的作业你都认真完成了吗？是否觉得太难或者太容易，太多或者太少？”“你经常和中国人聊天吗？”并和学生约定时间检查他们的学习情况，了解他们是不是尝试了老师的建议，并密切注意后续表现。

6. 对敏感问题反感的学生，如宠物、狗肉、计划生育、种族等

首先，解释这个论题的安排是课程教学目标要求的。课后谈话，说明他的做法可能会使班上的某些学生难以毫无拘束地发表自己的见解。讨论过程中，强调每个学生都应重视倾听其他学生的意见，并试着去理解他人的立场。

如果学生出现情绪偏激，情绪难以自控时，可随时中断讨论，并请该生课下用书面形式阐述自己的立场和主张。如果实在难以处理，可将有争议的论题安排在学期末，等学生培养出足够的信任感和容忍度时再讨论这个敏感话题，或者干脆舍弃，换用别的值得讨论的、学生感兴趣的话题。

总的来说，反思型对外汉语教师对学生的总体态度应该是不放弃任何一个学生，不和任何一个学生针锋相对，教学中以表扬、鼓励为主，批评为辅，尤其是对于那些表现好的学生，一定不要吝啬在公开场合不厌其烦地表扬，树立典型。对于一些问题学生，一定要倾听，并促使学生相互倾听，切记你的问题学生是有问题并且需要你同情和帮助的人，无论你多想好好治治他们。

3.3 行动后研究

即使是成熟的反思型教师，也会出现准备得特别充分，但是并没有达到预期效果的情况，也会存在对学生学习或者其他方面不恰当估计的情况。鉴于这种情况，熊川武（1999）也提到“撰写反思性教学计划”，结合网络上偶然看到的“九宫格日记法”，我们也制订了针对教学过程的“九宫格教学反思日志”。

“九宫格教学反思日志”目的在于以学生为中心，记录教学过程中的成功与失败之处，教师通过对课堂中的教育观念、行为的回忆和反思，努力挖掘深层次的成因，追问行为产生的背景。在此过程中，教师可以用新的视角去审视自己，审视学生，审视课程，不断地更新自己的认知结构。同时，教师把自己的教学反思日记进行横向和纵向的对比，从而使反思的内容超越行为本身。

“九宫格教学反思日志”可从以下几个方面进行设计：

1. 最重要的教学内容

抓住每一堂课最重要的内容，是总结课堂教学过程最核心的事情。在比较琐碎的内容中找到对学生来说最重要的内容，有利于更好地从学生出发进行课堂教学。

2. 未完成的教学内容

有些比较重要的教学内容，却因为各种原因没有在课堂中涉及。是因为教师在课堂上的时间分配不合理而被其他的教学内容占去了时间，还是在教学过程中发现这部分内容并不重要？找出背后的原因，并在下次的教学中调整教学内容。

3. 新增加的教学内容

既然有该学习却没有学习的，就会有不打算学习却学习了的内容。是哪些原因打乱了原本的教学步骤？这些内容重要吗？如果重要，下次请列入重要的部分；如果不重要，下次请避免该部分内容。

4. 各项内容时间安排

记录课程的时间、地点，列出各项课堂内容的时间安排。

5. 基本信息

记录今天的日期、星期、天气、节日等信息。

6. 今日自我评价

主要记录教师对本次课程的满意度。课程满意度分好、中、差三个等级，建议在课后写，主要是记录教师的自我评价。

7. 本次课程的新尝试

本次课程有什么心血来潮的新尝试，学生有什么新奇的想法就鼓励他们去实践吧。记录下来，以便不断地完善原本的教学计划。

8. 向前推进的工作

在课堂中还有一些持续已久的、学生存在的顽固性问题，今天有没有进展呢？有没有反馈和思考呢？时不时地鼓励一下学生，他们才会有更大的动力。

9. 下次课程备忘录

总结本次课程的小经验留给明天，同时，也把今天来不及处理的问题备忘一下。

格子里的内容因人而异，每位教师都可以结合自身和学生的实际情况替换，也可以更简化一下。总之，找到每次课堂教学中的重要内容和不必要的内容，在反思的同时可以帮助教师更有效地组织教学。

1. 最重要的教学内容	2. 未完成的教学内容	3. 新增加的教学内容
4. 各项内容时间安排	5. X 月 X 日 星期 X	6. 今日自我评价 好□ 中□ 差□
7. 本次课程的新尝试	8. 向前推进的工作	9. 下次课程备忘录

四、结语

本文从反思型对外汉语教师课前应该思考的三个问题入手，结合前人的研究成果，把课堂教学行为看作是一项行动研究，并按照课前准备、课堂教学过程、课后评价分为行动前研究、行动中研究和行动后研究三个阶段。

本文认为“备学生”是行动前研究面临的首要、核心的任务，提出根据收集到的学生信息，建立比较全面的学生小档案，以备行动中研究参考和使用。行动中研究是一个长期的、持续的过程，本文认为可从两个方面进行，一是建立学生成长档案袋，时刻关注学生的成长和进步；二是根据成长档案袋记录的问题，有针对性地引导和教育问题学生，争取不让一个学生掉队。考虑到行动中研究和行动前研究都更多是从学生角度来进行研究，本文提出在行动后研究时建立教师的“九宫格教学反思日志”，从教师的角度对行动研究的前两个阶段进行补充。

本文从静态方面分析了以学生为中心的反思型对外汉语教师行动研究的三个阶段，提出了制作大量表格的大胆设想。不过，由于时间和技术方面的原因，很多表格的具体效果还有待验证，目前还没有大量的数据支撑我们的所有论点，这些都是我们今后努力的方向。

参考文献

姜丽萍（2008）《对外汉语教学论》，北京：北京语言大学出版社。

李珠、姜丽萍（2008）《怎样教外国人汉语》，北京：北京语言大学出版社。

刘珣（2000）《对外汉语教育学引论》，北京：北京语言大学出版社。

吕必松（2005）《对外汉语教学概论》（修订版），北京：北京大学出版社。

熊川武（1999）《反思性教学》，上海：华东师范大学出版社。

赵金铭（2004）《对外汉语教学概论》，北京：商务印书馆。

赵贤洲、陆有仪（1996）《对外汉语教学通论》，上海：上海外语教学出版社。

赵祥麟、王承绪编译（1981）《杜威教育论著选》，，上海：华东师范大学出版社。

周健（2007）《汉语作为第二语言教学概论（讲义）》。

周小兵主编（2009）《对外汉语教学入门》（第二版），广州：中山大学出版社。

[德] 赫尔巴特（1936）《教育学讲授纲要》，尚仲衣译，北京：商务印书馆。

[美] 唐纳德·舍恩（2007）《反映的实践者——专业工作者如何在行动中反思》，夏林清译，北京：教育科学出版社。

Wallace M. J. (1991) *Training Foreign Language Teachers: A Reflective Approach*. Cambridge: Cambridge University Press.

作者简介：李燕辉，北京第二外国语学院汉语学院教师。

附录：

学生小档案

照片

班级：__________　　学生证号：__________

护照上的名字：__________　　中文名字：__________

性别：__________　　出生日期：__________

国籍：__________　　母语：__________

手机号码：__________　　邮箱：__________

微信：__________　　其他联系方式：__________

爱好、特长：______________________________

1. 请用中文介绍自己的汉语水平及学汉语的情况，是否参加过 HSK，成绩如何及自己这个学期的学习打算。

____

2. 请用中文写一段话，说说你对班级或者班主任老师的要求和希望。

____

3. 其他你想说的。

____

4. 学期结束后，你想对自己、老师、同学、二外说什么？

____

国际汉语教师跨文化交际能力的研究

胡清平

摘要 跨文化交际能力是国际汉语教师必备的能力之一，有着极其重要的作用。国际汉语教师要求找到提高自身跨文化交际能力的途径，并在运用中注意适当的策略。

关键词 国际汉语教师 跨文化交际能力
对外汉语教学 重要性 途径 策略

一、国际汉语教师跨文化交际能力的重要性

《国际汉语教师标准》要求，“教师应该了解中外文明的特点与历史”“能在不同的文化氛围下有效地开展语言教学”“能够帮助学习者克服在语言学习过程中由文化的不同和交际失误而引起的各种困难”。在对外汉语教学中，教师跨文化交际能力有着极其重要的作用。

强调对外汉语教师的跨文化交际能力，并把这种能力提高到作为对外汉语教师基本素质核心的考虑，并不是在一个宽泛的意义上对对外汉语教师的教学任务和教学内容提出要求，而是基于如下内在理由：一个对外汉语教师无论是在本国从事对外汉语教学还是在异国教授汉语，首先是一个跨文化交际的行为，其次才是一个教授汉语的行为，而这与在本国教授本国学生学习作为母语的汉语完全不同。

跨文化交际是不同文化背景的人们之间的交际行为。这种交际主要是通过语言来进行的。国际汉语教师随时处在一个跨文化交际的环境中，作为一个国际汉语教师，应该能够在语言教学和日常生活中顺利完成汉语和学习者母语之间的跨文化交际，适当地传递中国文化信息与知识，让学习者在学习、使用汉语的同时，也能顺利地进行跨文化交际。成功的跨文化交际能有效地帮助学生进行语言学习。因为跨文化交际要超越不同文化的约束，在交际过程中，常常因为不同文化下人们的思维习惯、文化背景的差别而引起文化冲突，形成交际障碍，从而造成交际的失败。因此，为了避免这些情况的产生，教师必须提高自身的跨文化交际能力。

二、国际汉语教师提高跨文化交际能力的途径

2.1 国际汉语教师要熟练掌握外语，熟识比较语言学知识

首先，跨文化交际能力要求教师能够至少熟练掌握一门外语，最好能简单运用另外几门外语，熟识比较语言学知识。这样有助于教学初期，克服学生的语言障碍，促进学生与教师之间建立信任感，使学生逐渐建立起

汉语思维，更好地接受教师的汉语教学。国际汉语教师所面对的是外国学生，因此，教师的教学语言应该与教师的日常语言有一定的差别，对外汉语教师应掌握以有限的语言手段成功地开展教学的本领，并能有意识地使用适合留学生的“通用交际语言”。在跨文化的语用方面，对外汉语教师要注意语言的准确表达，注意不同语言的使用环境。

2.2 学习跨文化交际知识，积累跨文化交际经验

国际汉语教师要想提高跨文化交际能力，重要途径是参加跨文化交际课程的长期或短期学习，有针对性地参加跨文化交际的讲座，并不断地积累和更新相关知识。不断地创造亲身实践的机会，丰富自己的跨文化交际经验，在实践中运用、体验、感悟、修正、获得、提高。

2.3 熟练掌握中华文化，了解和尊重别国的文化

国际汉语教师肩负传播中华文化的使命，要求熟练掌握人文地理、历史发展、风俗习惯、价值观念等一系列的中国文化知识，也要了解其他国家相关的文化，尊重别国的文化。任何一种文化发展至今，都是世界文化园中的一分子，都有它的特点和值得学习的地方。相同文化的交流，由于双方享有共同的文化背景，所以不会因为文化问题产生交际上的障碍，而跨文化交际发生在不同的文化之间，两种文化的相同之处有利于双方的互动沟通，不同之处则可能由于差异的存在而造成对语言理解和运用的偏误，并形成障碍。不同文化的差异是不同的，在迥异的文化间形成的偏误，甚至会引起矛盾和冲突。跨文化交际是贯穿于整个对外汉语教学过程中的，面对不同国家的文化差异，国际汉语教师要有海纳百川的胸襟，以宽容的态度对待差异。需尊重和学习不同国家的文化，汲取其中有益的成分，以便更有效地进行跨文化交际。一个合格的国际汉语教师不但要熟练掌握语言学的专业知识、中国文化知识，还应了解其他国家相关文化方面的知识。

三、国际汉语教师跨文化交际能力运用策略

3.1 在对外汉语教学课堂，首先要传扬中华文化

中华文化源远流长、博大精深，国际汉语教师要有传扬中华文化的使命感和责任感。在对外汉语课堂，国际汉语教师首先要对中华文化进行介绍和传扬。比如中国人交往文化中的基本特点，含蓄内敛，中庸平和，和谐包容，这与西方人一是一、二是二，旗帜鲜明地表达自己的意见就很不一样。再如，中国人喜欢贬损自己，抬高对方，并不是因为不诚实，而是为了表现出谦逊这种美德。对具有悠久历史的中国传统文化要适时大力宣传。当然也要客观公正看待自己的文化，敢于承认我们文化中糟粕的东西，勇于批评社会上不文明的现象，世界上没有十全十美的文化，我们中国的文化也是如此。

3.2 了解来自不同国家留学生的文化

对外汉语课堂，留学生来自不同的国家和地区，国际汉语教师需了解班级留学生的基本情况和他们国家的文化，如留学生的国籍和地区、社会制度、宗教信仰、价值观、生活方式、饮食禁忌等。了解不同国家留学生的文化是跨文化交际中平等意识和中华文化尊重其他民族文化的体现。通过了解学生基本情况和他们国家的文化，并平等地看待各种文化，可以拉近师生距离，融洽师生关系，有利于课堂教学和跨文化交际，有利于引导学生对中华文化的依附，理解、适应中华文化，对中华文化产生兴趣甚至热爱。尊重、和谐、包容、共同发展，是优秀的中华文化传统的特点，也是我们国际汉语教师在跨文化交际中应持有的正确态度。

3.3 国际汉语教师在跨文化交际中还应掌握一定的交际策略

对外汉语教师在跨文化交际中还应掌握一定的交际策略，这是其自身跨文化交际能力不可或缺的一部分，“交际策略”是指交际者根据实际情况，即在交际条件不充足的情况下而采取的应变措施。不论是来中国留学的学生，还是国外的汉语学习者，他们的学习目的、年龄、工作、社会经验、

性格、价值观、思维方式等都千差万别。他们对中国文化的适应性与理解程度也不尽相同。国际汉语教师在面对各种类型的学生时，必须运用切实可行的策略和方法。这里所说的跨文化交际策略主要包括回避、协调和宽容三个方面的内容。

3.3.1 回避

回避是指避而不谈或转换话题等。在国际汉语教师与留学生进行交际的过程中，可能会涉及彼此文化中的一些敏感话题，比如宗教冲突、政治敏感问题等。此类话题尽量避免谈及，若真触及，教师可以故作没听懂，避而不谈，或灵活地转换话题。但是，如果交际中学生伤害了教师的民族自尊心或者触犯了文化禁忌，教师不应该简单附和，让学生形成不良文化印象，教师就应该委婉地告诉学生，让学生明白问题的严重性。如有位老师说，在西藏打砸抢烧时期，有位留学生就直接在课堂上站起来对老师提问:“老师请问你对这个事情的看法是什么？我觉得这个事情很好。”在这种课堂上，老师已经不能再回避了，需直接做出反应，但又不能打击学生的积极性，不能生气恼怒，同时又必须表明自己的立场。然后这位老师的回答很机智，她用了一个比喻:“他们就好似我的兄弟姐妹，我当然希望他们能够友爱相处，你希望你的兄弟姐妹或亲人之间互相打架、互相伤害吗？”

3.3.2 协调

跨文化交际过程中，由于两种不同文化存在着一定的差异，不可避免地会产生文化上的冲突，两种文化差异越大，造成的交际障碍也越大。在对外汉语教学过程中，作为跨文化交际行为起主导作用的一方，为了避免或减少彼此之间的交际障碍，教师必须运用有效的协调策略。跨文化交际的协调是双向的，而为了提高双向协调的有效性，首先，教师除了自身不断地提高跨文化交际能力，还要对留学生的跨文化交际能力进行培养，帮助学生不断增强跨文化意识。其次，引导留学生对中华文化进行文化依附。留学生在学习汉语的过程中，为了尽快地学习汉语，并正确、得体地运用汉语，在他们学习期间，特别是在中国生活期间需要依附汉语的文化。文化依附首先是指熟悉中国文化并能正确理解中国文化，在跨文化交际中避免产生误解。至于一些深层次方面的世界观、价值观、伦理道德、审美情趣等方面，只要学生能充分理解中国文化并把它运用于跨文化交际中就行。为了提高协调的有效性，教师还需适时介绍中国的文化和当代中国国情，了解留学生所在国家的文化、风土人情，对在交际中产生的冲突以及障碍有足够的认识和了解，在跨文化交际过程中采取求同存异的态度，协调观点，认识、完善信息，尊重事实，对学生观念上有偏见或成见的地方要指出来，帮助他们修正，也要明确自己的观点和立场。

3.3.3 宽容

一般说来，人们自出生伊始就受母语文化的熏陶，并可能持续一生。特别是在单一的文化环境中，往往容易形成母文化的思维定势和优越感，并不自觉地把母文化当作衡量别的文化的标准。凡不符合这一标准的就难以理解和接受，并容易产生成见和偏见。文化定势和对异文化的成见、偏见，是直接影响跨文化交际的因素，也是产生交际冲突的一个主要原因。因此，对外汉语教师应事先做好心理准备，具备跨文化交际意识，能够对学生有一定的宽容度，“海纳百川，有容乃大”，教师越是能够容忍，越不容易产生交际障碍及交际冲突，交际也能够更顺利进行。除了一些在国外教授汉语的教师以外，大部分国际汉语教师都是在国内从事对外汉语教学工作。因此，他们所接触的往往是来自美、英、日、韩等不同国家的留学生，在他们当中，由于一些学生受其母语文化的影响，对事物的感知和理解都与中国人大不相同，学习汉语的时间和水平也影响着个人对异文化的适应。而由于思维方式的不同，导致世界观和价值观的差别、价值评价标准的不同、行为规范的不同、教育模式的不同、家庭观念的不同，等等。正是由于这些差异，学习者才会形成跨文化交际障碍，甚至会产生文化冲突。对此，教师要以宽容的态度来看待，要善于发现并总结在教学理论和实践中出现的各种跨文化交际障碍和文化冲突，并探究产生的原因，以期找到合理的化解办法，最终实现文化的包容与汇合。另外，当发现留学生犯错时，教师除了批评教育以外，还要关心、帮助学生，引导学生认清自己的错误并加以改正。教师应采取宽容的态度对待这些事情，这样才有利于师生之间的跨文化交际，学生被教师的人格魅力所吸引，也会提高对汉语学习的兴趣。

四、结语

正如前面文章中提到的，一位国际汉语教师无论是在本国从事对外汉语教学，还是在异国教授汉语，首先是一个跨文化交际的行为，其次才是一个教授汉语的行为。所以，国际汉语教师必须不断地提高跨文化交际能力，使这种能力能够更好地配合所从事的对外汉语教学工作。只有这样，我们才能吸引更多国家的学生到中国来学习汉语，才能培养出更多、更好的世界汉语人才。

参考文献

赫佳瑶（2014）对外汉语教学文化冲突及应对策略，大连理工大学硕士学位论文。

刘晶晶（2006）试论对外汉语教师自身跨文化交际能力的培养，《辽宁教育行政学院学报》第3期。

刘珣（2000）《对外汉语教育学引论》，北京：北京语言大学出版社。

王银花（2013）对外汉语教师跨文化交际能力的培养策略研究，南昌大学硕士学位论文。

袁新（2003）跨文化交际与对外汉语教学，《云南师范大学学报》（对外汉语教学与研究版）第2期。

作者简介：胡清平，北京第二外国语学院汉语学院讲师，汉语国际化研究中心成员。

关于来华本科留学生实行导师制的探讨

孙　俊

摘要　本科留学生在华学习期间遇到各种问题时得不到专门的指导，实行本科留学生导师制是一个很好的办法。实行本科留学生导师制既有理论基础，又有实际的经验可借鉴。本科留学生导师不同于政治辅导员，也不同于班主任，其职责有一定的特殊性，这是中国大学教育国际化的必然要求。

关键词　本科来华留学生　导师制　教育国际化　留学生思想教育

一、前言

目前随着我国大学教育国际化进程的推进，中国大学的国际化程度普通得到了提高，来华留学生人数年年创新高，取得了前所未有的成就。以2010年为例，各类来华留学人员中，学历生107432名。根据《国家中长期教育改革和发展规划纲要》规划，到2020年，全国当年外国留学生人员数量将达到50万，其中接受高等学历教育的留学生达到15万人。但与美国大学相比，中国大学的国际化程度相对来说还很低，在美国国际化程度较高的大学中，留学生人数甚至占到全体学生人数的16%至20%。与美国的大学国际化对比我们可以预测，目前中国大学的国际化工作还有很大发展空间，除了在规模上有较大发展空间以外，大学教育国际化还应该在深度上有所发展，具体体现就是来华留学生的学历生比例会逐步提高，尤其是本科来华留学生人数会有较大增加。

随着本科留学生教育事业的发展，来华本科留学生规模不断扩大的同时，本科留学生教育和管理脱节的问题逐渐显现，过去旧的管理模式越来越不适应留学生教育的发展，而国内本科生导师制的实践给我们提供了一个很好的借鉴参考对象。

二、本科留学生实行导师制的理论基础

本科生导师制起源于英国牛津大学，牛津大学实行学院制，学院与大学之间不是简单的从属关系，在培养本科生层面上是一种合作关系。大学为各学院本科生开设各种课程，而学院方面则为学生提供导师，学生在学院导师的指导下选修这些课程，学院导师同时还肩负以指导的方式培养学生的责任。大学与各学院在培养学生过程中既相互独立，又相互协作。这种培养模式真正体现教育以人为本的精神，既考虑到学生的共同性，也考虑到学生的个体差异。

本科生导师的职责不仅要对学生的学业负责，还要对学生在校期间的品行负责。导师首先要根据学生的专业和兴趣以及未来的发展方向帮助其

制定学习计划，然后安排学生学习大学开设的课程。还要定期指导学生学习，与学生谈话，询问学习情况，提供读书目录，布置学生论文，组织学生讨论论文，等等。导师指导的学生数量一般在三至四名。这些导师与学生的师生关系一旦确定，一般都要维持到学生毕业。这样的制度有助于师生之间建立长久的相互信任的关系，有些师生关系甚至会维系终生。这样的师生关系不仅有助于教师指导学生的学习，也有助于教师在品行上影响学生，真正起到教育人的作用。

三、中国大学本科生导师制实践基础

本科生导师制在我国并不算新生事物，我国国内大学在历史上曾经也实行过本科生导师制，如北京大学首先在1910年实行了学分制，到了1937年就实行了本科生导师制；浙江大学在同一时期也实行了导师制，国内其他大学也纷纷效仿，逐步实行本科生导师制。1949年后，我国大学效仿苏联，全部实行了学年制，这样本科生导师制就停止了。目前导师制度培养本科生的优势逐步重新为人们所认识，目前很多大学纷纷恢复本科生导师制。国内高校的这种实践活动为我们提供了借鉴的机会，我们在设计来华本科留学生导师制度时，不妨借鉴中国本科生的导师制度。

四、本科留学生现行管理体制的弊端与实行导师制的必要性

4.1　本科留学生教育发展的需要

在本科留学生教育起步阶段，大部分院校的留学生教育规模较小，专业也单一，基本上都是汉语言专业。因每个班的留学生人数少，老师与本科留学生之间交流机会较多，留学生遇到问题时，老师可以及时提供帮助。例如北京某广播电视大学十几年前刚开始招收来华留学生时，留学生教育规模很小，总共不到10个留学生，因此当留学生不来上课时，教师甚至会到宿舍敲留学生的门，敦促这些学生上课。这种情况下，教师与留学生的关系是密切的，教师对留学生的教学和管理很细致。

目前随着留学生教育规模的不断扩大，教师要面对越来越多的留学生，以笔者所在大学为例，各类留学生达500多人，而专职教师只有20余人。每个班的留学生人数基本都在25人左右，这样无论在课堂上还是在课下，教师与单个留学生的交流都比较少。另一方面，随着住房制度的改革，越来越多的教师住在校外，这样教师与学生之间的交流只能局限在课堂上，下课后留学生遇到问题时一般很难再向教师求助。

4.2 本科留学生学习中的现实需要

目前我国大学留学生本科教育基本都实行了学分制，这样留学生可以根据自己的兴趣特长，自主选择适合自己的课程。同时根据自身的情况，合理安排课程的侧重和学习的进度，真正体现以人为本和因材施教的教育理念。例如有些韩国留学生在中国留学生期间要休学回国服兵役，这样他的学习进度就需要做适当调整。

但是对留学生来说，选课并不是一件容易的事。与中国学生相比，中国学生选课时遇到的专业方面的困难留学生都会遇到，此外留学生在选课中还要克服语言的障碍，一方面有些留学生汉语水平有限，另一方面课程介绍中出现的专业词语留学生不一定能完全理解。因此从选课方面来说，留学生也需要教师的指导。

4.3 本科留学生管理上的需要

目前国内大学留学生的招生和管理工作普遍由外事部门负责，留学生的教学工作则由汉语学院之类的二级学院承担。教学和管理的脱节，给管理工作带来了不便。留学生除了在招生、报到办手续时与外事部门接触外，平时在学习和生活上与外事部门接触的机会很少，遇到困难时也不会想到要求助于外事部门，外事单位也很难掌握留学生的动态情况。最了解留学生情况的是教学单位，但教学单位又没有专职管理留学生的岗位。虽然教师与学生接触最多，对留学生最了解，但是教师不负责管理工作，所以留学生在遇到学习以外的问题时，基本上只能依靠自己或是靠朋友解决。这种旧的管理模式显然已经不适应当前留学生教育发展的形势了。

4.4 教育公平原则的体现

目前，中国本科生根据人数比例都配备了相应数量的政治辅导员，辅导员的工作主要是政治辅导，解决本科生政治思想上的问题。当然在生活、学习各方面都会提供一定的帮助，甚至有些学生遇到感情上的问题也会跟辅导员商量，因此辅导员在学生的大学学习、生活中起到了非常重要的作用。与中国学生相比，来华本科留学生似乎显得“不受重视”，大部分大学都没有设立留学生辅导员之类的管理岗位。笔者认为，来华本科留学生与中国学生都是同一所大学的学生，我们应该遵循教育公平的原则，为他们提供专门的指导教师，即针对本科留学生实行导师制。

五、本科留学生导师岗位的独特性

5.1 本科留学生导师的工作不同于中国本科生导师

本科留学生导师不同于中国学生的导师。本科留学生导师面对的是外国留学生，他们的文化背景、宗教信仰、价值观、生活习惯等方面都与中国学生不同，作为本科留学生的导师，对这些情况都应该有所了解。留学生在学习生活中遇到的问题也与中国学生不同，中国学生可能会面临入党、留校、考研、出国、就业之类的问题，而本科留学生在校期间不会有这方面的问题，本科留学生导师的工作内容完全不同于中国本科生导师。

5.2 本科留学生导师不同于政治辅导员

虽然教育部颁布指导性文件，要求本科留学生规模达到一百人的应该配备一名留学生辅导员，但从目前来看，大部分大学都没有执行这项规定，究其原因就是辅导员不适合于本科留学生。目前，中国大学政治辅导员的工作主要是在党委领导下对大学生开展政治思想教育工作，政治辅导员同时还对学生的学习和生活方面进行指导。本科留学生导师主要工作不是进行政治思想教育工作，而是为留学生在学业上提供指导，同时在生活上帮助他们。目前大学辅导员在面对入系学习的外国留学生时也感到无用武之地，针对中国学生的管理规范与措施对留学生都不适用。例如无法在留学生中开展党组织工作，每周的政治学习留学生究竟是必须参加还是自愿参加？可见留学生面对的问题不同于中国学生，政治辅导员的角色也不适用于外国本科留学生。

5.3 本科留学生导师制不同于班主任制

为了便于管理本科留学生，目前大部分大学普遍都设有班主任，通常由精读课老师兼任。这些班主任往往对一些教学以外的知识掌握不多。例如本科留学生该修多少学分可以毕业，哪些课是必修课，哪些课是选修课，整个本科学习期间的课程如何安排，诸如此类的问题都不是很清楚。班主任因为是由精读教师兼任，当学生升入高一个年级时，精读课教师换了，班主任随之也就换了。对留学生来说，一年换一次班主任，班主任流动性太大，师生关系刚开始亲密起来，马上就分开了，又要面对新班主任。

而对于班主任来说，工作量过重。班主任的工作对象是全班学生，人数太多。还要肩负一定的教学和科研任务，精力有限，不仅要指导留学生的学习，还要给本科留学生提供职业指导，在生活上也要进行辅导，不可能再有精力指导一个班留学生的学习和生活。

本科留学生一方面因为生活在中国，面临语言、文化等方面的问题，另一方面，本科留学生思想上还不成熟，缺少社会经验，难免会遇到烦恼的事。中国学生在生活上遇到麻烦可以与辅导员商量，也可以去心理辅导中心寻求帮助。但是本科留学生不可能找心理辅导中心的老师商量，因为有语言障碍。本科留学生导师可以给留学生提供指导。

六、本科留学生导师应该具备的能力

6.1 跨文化交际的知识和能力

语言生因为来华留学时间较短，还没进入文化休克期就回国了。本科留学生要在中国生活较长的时间，因此普遍会遇到文化休克问题。不同的人对文化休克的反应是不同的，有些人反应不明显，有些人反应强烈，甚至会做出自杀之类的过激行为。因此，针对本科留学生应该加强文化休克期的指导工作，有效防范过激行为的发生。有些本科留学生进入文化休克期时，会对中国文化产生抵触情绪，看什么都是从负面角度出发。例如，中国大学不允许穿拖鞋进教室和图书馆，但是很多韩国留学生喜欢穿拖鞋，当被拒绝进入的时候，就会非常愤怒。

本科留学生导师应该掌握丰富的跨文化交际知识，具备一定的跨文化交际能力。这样不但能够顺利地与留学生交流，而且还可以帮助留学生克服与中国人交流时产生的障碍。

6.2 运用外语沟通的能力

本科留学生导师应该具备一定的外语能力，达到能够使用留学生母语与其沟通的水平，虽然我们在对外汉语教学中不主张用外语授课，但是在留学生管理中完全可以使用外语，尤其是在留学生汉语水平不高的情况下，为避免交流中的失误，适当运用外语交流是完全适当的。特别是对那些初来中国留学的留学生来说，他们更愿意与懂他们母语的老师交流，会产生亲切感。

6.3 各项业务熟练

本科留学生因为文化的不同，相对来说自由度高，这样更容易发生问题，大家普遍的印象是留学生事多，有些在中国学生中不会发生的事在留学生中都会遇到。比如吸毒问题、同居问题、生孩子的问题。因此，针对本科留学生的指导工作更加复杂，指导教师面对的问题更加难以解决，教师的各项业务水平需要全面提升。

本科留学生导师不仅要指导留学生学习，在生活上也要给留学生提供具体指导，在思想品德等方面都要指导，因此本科留学生导师首先对学习方面的专业知识要熟练，对于各种课程都要熟悉，对留学生课程的学分构成、各项奖惩制度、学校的各项规章制度等都要清楚。在生活方面也要具备丰富的经验，因此从年龄上来说，最好是有一定生活阅历的教师比较合适。同时留学生导师要有很好的道德修养，这样才能真正为人师表，才能在思想品德方面指导留学生，得到留学生的信任。

七、本科留学生导师制的制度保障

7.1 建立科学合理的组织管理制度

导师制能否顺利实行，能否收到良好的效果，关键在于有没有一个科学严格的管理制度，因此应该在制度设计上做好工作。首先要成立导师遴选工作委员会，由该委员会负责导师的选聘工作。选聘工作结束后，导师遴选工作委员会解散，成立导师委员会，导师向导师委员会负责，导师委员会向校长负责。委员会定期召开例会，考核导师的工作，对导师的工作提出指导意见。在制度设计中，应该避免行政过多干预，应该充分发挥导师委员会的作用。

7.2 制订导师选拔标准

本科留学生导师应该具有一定的跨文化交际能力，不能理解为只要政治上可靠就可以胜任。本科留学生导师不是政治辅导员，也不是生活辅导员。但应该在以下三个方面能够对学生进行指导：首先应该能够指导留学生学习，其次能够指导留学生的思想品德，还能够指导留学生适应来华留学生活。因此这项工作不是随便找个老师就可以胜任的，应该经过挑选、培训、考核等一系列标准程序后才能上岗。

拟实行本科留学生导师制的大学首先应授权学术委员会或相应机构制订出选拔标准。应该调查大学的课程安排和学分制实行情况、各学院的导师候选人情况、本科留学生基本情况后，制定出导师遴选标准，对导师的任务、职责也要做出严格但合理的要求。

7.3 制订具体要求

应制订出具体、可操作的导师工作要求，我们以导师指导本科留学生学习方面要求为例，导师的工作具体来说包括以下内容：导师与学生每星期必须面谈一次，每次面谈时间不能少于两小时；每次面谈都应该了解本科留学生一星期来的表现，包括出勤、作业、思想状况等；在留学生放假前应该布置一定量的学习或实践任务，假期结束后对作业的完成情况加以评估；在留学生毕业前参与留学生的毕业论文选题工作，给留学生提供参考意见，督促留学生保持论文进度，监督完成论文。

7.4 合理适度的考核激励制度

为更好地实施本科留学生导师制度，应该建立一套科学的考核激励制度。这套制度的制订应由导师委员会主导，制订出具体的导师考评办法，每学期根据考评办法的规定，组织专门人员检查导师的工作，对于工作不力的导师提出工作改进意见。每学年进行考核，考核内容应该包括工作态度、工作方式、与留学生的交流效果等方面。同时应该调查留学生对导师工作的评价，留学生的评价应该成为考核的重要参考指标。为提高导师的工作热情和效果，应该给予工作优秀的导师适当的精神物质方面的奖励。对于工作有过失的导师应该及时惩戒，情节严重的则应予以解聘。

八、本科留学生实行导师制的现实教育意义

本科生导师还应该帮助留学生树立正确的人生观、世界观和价值观。由于我们的教学对象是外国留学生，思想教育长期被忽视或是有意回避。笔者认为，针对留学生开展人生观、世界观和价值观教育是我国大学教育国际化的一项重要内容。大学本科阶段是思想成熟的重要时期，因此无论哪个国家，在大学阶段都重视本科生的思想教育，我们既然给留学生提供本科教育，那么就有责任帮助学生形成正确的世界观。目前我国大学的思想教育被理解成政治思想教育，这种认识是片面的。思想教育应该包括更多的内容，根本目的应该是帮助本科留学生从少年懵懂逐步走向成熟，包括社会责任、家庭伦理、为人处事、善恶差别等方面的教育，培养出真正知华、友华的高素质来华留学本科毕业生。

参考文献

陈宜大（2010）本科生双导制的实践与理论探索——以福建农林大学作物科学学院

为例,《福建农林大学学报》(哲学社会科学版)第1期。
顾卫俊、胡旭阳(2008)新加坡高校本科生导师制对我国大学的启示,《教育探索》第10期。
梁鹏(2008)对高校实行本科生导师制的再认识,《黑龙江教育学院学报》第2期。
马艳秀(2006)对清华大学本科生实施导师制的实证研究,《江苏高教》第3期。
赵敏(2001)从牛津大学的导师制看我国施行本科生导师制的必要性,《南京航空航天大学学报》(社会科学版)第3期。

作者简介:孙俊,北京第二外国语学院汉语学院讲师。

五、预科教育研究

预科教育的团队推进模式

——以北京第二外国语学院预科教育为例

王有芬

摘要　预科教育是为了使即将进入大学本科学习的外国学生能够胜任大学本科的学习而开展的为期一年的语言教学和对进入专业学习所需的专业基础知识进行铺垫的强化教育。预科教育目标明确，但时间短，任务重，给教学单位和教师的压力很大，鉴于此，需要有一个既能缓解和分散压力，又能保证教学效果的有效教育模式，在教育实践中，我们由不自觉到自觉地开展了团队教育的模式，实践证明，预科教育以团队方式进行，是取得良好教育效果的有效模式。

关键词　预科教育　团队教学　推进模式

一、预科教育特点

本文所说的预科教育指“中国政府奖学金本科来华留学生预科教育”。这是中华人民共和国教育部在 2009 年下发《教育部关于对中国政府奖学金本科来华留学生开展预科教育的通知》(以下简称“通知”)中所指出的。

《通知》规定:“预科教育课程必须包括语言类、文化类、专业知识类和语言实践类。其中，语言类主要包括普通汉语和科技汉语(或商务汉语)两类，包括汉语综合课、听力课、阅读课、口语课、写作课和科技汉语阅读课、科技汉语听记课;文化类包括中国文化、中国社会概况、跨文化交际等课程;专业知识类包括数学、化学、物理、生物、古汉语、科技汉语(或商务汉语)和计算机基础知识等课程;语言实践类是指在学校课堂教学以外的语言实践、社会考察等教学活动。”

《通知》规定:“课程设置及教学方式采用强化教育方式，要坚持语言教学与专业知识教学相结合，以语言教学为主，以专业知识教学为辅。预科教育课程设置包括必修课和选修课两部分，两者的课时比例可根据各预科教育学校实际教学情况确定。”

2011 年教育部要求预科教育统一部分教材，统一课程的考核。考核的标准是新 HSK 达到四级。2014 年开始执行通过新 HSK 四级和国家留学基金委组织研发的预科教育结业考试并行的标准。2016 年正式规定预科教育结业考试为入大学本科的唯一标准。

对比新 HSK 四级大纲和预科基础汉语教学大纲，可以看到，预科教育结业考试的基础汉语词汇量更大，新 HSK 四级大纲规定是 1200 个词，预科基础汉语教学大纲规定词汇是 1600 个词。

由此我们得出预科教育特点:

1. 教学范围广、要求高。从高校普通对外汉语教学的背景和经验来看，预科教育授课内容及考核内容较之高校的对外汉语教学范围广、要求高。它包括基础汉语、专业汉语和专业知识，需要承担汉语言和专业基础两方面的教学任务。考核要求达到国家标准，2011—2013 年要求达到新 HSK 四级，2014 年是要求通过新 HSK 四级或预科教育结业考试其中之一，2015 年开始实行预科教育结业考试和新 HSK 四级并举，2016 年开始，通过预科教育结业考试为唯一标准。

2. 课时量大，密集程度高。《通知》规定预科 1 学年 40 周，课时不得少于 1120 学时。分散在一周的课时一般在 30 节课，而一般的对外汉语教学的课时量在 20 节课。因此《通知》明确指出，预科要采用强化教育方式，“这个‘强化’的概念应该是基于与外国留学生普通汉语进修课程相比较而言的，主要指增加课时的方式”(许涓，2011)。

3. 考核严格，执行力强。考核的组织者由国家留学基金委指定专业的测试部门来实施，最后由国家留学基金委审核并确定预科生能否进入中国大学学习。

4. 规格高（质量要求高），约束力强（每月向 CSC 汇报平时学习态度和表现），时间短（一年，除去各种假期，实则只有 8 个月）。

5. 教育对象大部分为高中或相当于高中生，汉语为零起点。学生年龄从 16 到 26 岁不等，学习动机、教育背景、家庭背景等各不相同，在异域异文化下文化震荡厉害，这些复杂情况给预科教育带来了极大的挑战。

6. 各国教育体制与中国的中小学教育体制不对接，存在学习内容和要求的不一致，而在预科阶段要求力争对接。预科学生多来自发展中国家，从北京第二外国语学院现已接收的三届预科学生情况来看，部分学生在中小学阶段没有接受过数学教育或数学教育程度极低，连最简单的分式运算也没学过。这给预科教育甚至今后的本科教育带来极大的困难，需要尽全力挑战不可能。

以上各因素决定了从事预科教育工作的教师需要教育学生坚持不懈，重视点滴，不间断地积累；帮助学生克服文化“水土”不服；关爱学生，弥补家庭缺失。

因此，这不是一个简单分分班、排排课、有老师去上课就能完成的任务，也不是一个单纯的汉语培训工作，而是融基础汉语、专业汉语和专业知识在一起的教学工作，同时是培养学生学习习惯、面对挑战坚定信心等的教育工作。

二、针对预科教育的团队教育模式

2.1 团队推进的必要和必然

所谓团队，斯蒂芬·罗宾斯（1994）认为：“是指一种为了实现某一目标而由相互协作的个体所组成的正式群体。”（转引陈春花等，2009）团队的作用远远大于个人力量的总和。

所谓教学团队，就是以学生为服务对象，以一些技能互补而又相互协作、沟通的教师为主体，以教学内容和教学方法的改革为主要途径，以系列课程和专业建设为平台，以提高教师教学水平、提高教学质量为目标而组成的一种创新型的教学基本组织形式。

预科教育所面临的挑战和压力不是一个人能承担的，而团队的优势在于“有压力却没有忧虑”[①]，为了更加有效地开展工作，在达到最高通过率而设计教学环节的要求下，团队是一种比传统的部门结构更好利用教师才能的方式，因为团队是新组合配置的，在组合配置之时团队成员就已知晓目标具有挑战性而具有兴奋感、责任感、专注感等，同时在这些情感的支配下，团队成员自然就注入了积极参与的意向，因而使团队具有了民主气氛，团队成员具有了协同与服从团队利益的态度。

2.2 组建预科教学团队的优势与约束

组建预科教育团队的优势在于预科教育有明确的目标，前文提到了教育部已经规定了预科教育的目标是“使学生在汉语言知识和能力、相关专业知识以及跨文化交际能力等方面达到进入我国高等学校专业阶段学习的基本标准”。另外，无论是新 HSK 四级还是现在的预科结业统考，都有明确的考试大纲，因此，预科教学团队的目标清晰。同时为保障团队计划的有效实施，团队教学又具有一定的约束性，表现在汉语教学必须遵循汉语作为第二或第三语言的学习规律来教学，才能保证教学的科学性，需要克服个人的随意或偏好、改变工作习惯等，必要时有强制性要求。比如“精

---

① ［美］詹姆斯·坎贝尔·奎克、［美］戴布拉·尼尔森（2013）《组织行为学：现实与挑战》，刘新智、闫一晨、邱光华译，北京：清华大学出版社，第 234 页。

讲多练”的实践性原则需要确实落实，教师要严格控制课堂上精讲和多练的比例，虽然有“教无定法”之说，但语言教学的一些基本原则和规律却是不容忽视的。

2.3 预科教育团队结构及其责任

角色定位：团队负责人和经验丰富的骨干教师挑大梁。骨干教师具有丰富的教学实践技能和创新能力。团队成员具有专业方向的教学技能和创新潜力，还具有承担大课时量的能力。

负责人的工作范围：负责各项工作的开展，制订阶段性目标，组织实施计划，检查任务完成情况等。

班主任负责范围：除了完成教学工作，主要负责学生的教育管理。具体责任在“班主任职责”中明确提出。

三、预科教育团队的原则

1. 把握好预科教育的总原则，算好时间成本，保障上课时间。

根据学习规律，任何学习都必须要保持连续性，尤其是在基础阶段。因此，我们必须尽量争取多一点儿的教学时间，如所有考试测试随堂，寒假补课等。

2. 本着助推每一位学生，不让一位学生掉队的原则。

教师多碰头，学生排好队，紧跟不掉队。

四、预科团队教学的推进模式

4.1 从教学计划抓起

“教师群体原本就是一个松散的知识群体，成员的独立性较强，成员之间的日常联系比较松散。而优秀教学团队的孵化，要求团队成员必须拥有共同的目标和信念，并加强成员间的团结与协作。”鉴于此，我们的工作过程即是对教学过程的管理。在预科教育团队中，必须让团队成员明确，团队目标就是大家的共同目标，既然目标是共同的，那么教学的计划必须要统筹。为此，我们采取以骨干教师为标杆加上集体会商的形式，这意味着团队成员要参与一线的工作决策，同时要共同遵守一致的决定，这既增强了民主气氛，提高了大家的积极性，又具有了一定的约束性和强制性。表现在以下方面：

1. 以团队负责人和有经验的骨干教师为核心，就教学计划、教材使用进行研究，确定方案，然后集体会商，最后在团队中实施。

2. 以骨干教师的周计划（课堂教学计划）为标杆引领教师授课，避免随意性。

3. 团队负责人评点标杆性的周计划的亮点，要求大家看齐。

4. 课后（主要是课间和中午饭后）传授和分享教学经验。

5. 每周反馈计划实施效果，落实在文字上。

6. 每周会商评价每个学生的学习情况，根据会商的结果，做出针对单个学生的教学计划，这是总计划的分支。

4.2 集团出击，步调一致

每个班是以班主任为核心的小团体，班主任又是综合课老师。每一个小团体都要严格按照预科教育的课程设置进行教学，不能偏离整个团队的教学大计划和目标，不能随便增减或调换计划，如果有必要，必须征得同意；同时要积极主动与各门课教师沟通，使教学围绕综合课这个核心，使其他各门课既不偏离核心，又能各司其职，同时互相帮衬。

这项要求必须保证每周都要把周计划、测验试题和成绩发给团队负责人，同时团队负责人也兼任各班课程，可以得到学习效果的一手资料。

4.3 以推进教学团队达到最终目标为标准来调整班级和配备师资

班级调整有纵向和横向两种。所谓纵向是指按高中低三种水平进行分层，学生进入这三个水平的班级学习不是一成不变的，要做动态移动，在整个学习过程中，学生的水平只要发生变化就会移动。移高移低由教师会商来定，以有利其水平提高为准。这样做的目的是让学生不仅在适合自己接受的环境中学习，更重要的一点是有效地利用时间，不做无谓的浪费，而且这是十分关键的问题，老师一定要把握。必须承认，这种方法也存在缺陷，就是没有考虑学生的情感因素。

与此配备的教师完全根据其课堂掌控能力和特点来决定适合其水平的班级。同时也会在教学过程中根据教师的教学态度和效果来变动，这是十分审慎的决定，但如果影响达到团队目标进程的话，就一定会变动，要服从安排，因此教师也有可能动态移动。

就我们近三年的经验来说，这个方法使学生的学习收获更大，教师授课更顺手。

2. 所谓横向分班是指学生在学习过程中不按水平做调整，而是要把学生的情感因素考虑进去，也允许班主任老师的性格特点和教授方法有鲜明体现。这样就会出现学生挑老师的情况，为了有利于学生的学习和水平提高，允许学生调班；也允许班主任根据个别学生的性格特点换班，换到跟该生更容易合作的老师班；还允许班主任们共同合作，为保护个别学生学习积极性或“治理”个别学生的不良学习习惯而做学生调换。

4.4 确定阶段性目标，逐级推进

按照教育部的《通知》要求，“预科教育第一学年不得少于1120学时，第二学年不得少于960学时”。预科教学每学期必须上满18周课，周课时不低于30节，这是一个密集型超强化的课程。课程要达到的目标使教学时间不容有丝毫浪费。传统的一学年两学期必须细化，分成细小的阶段，以便随时调整，出现状况及时修正，否则就会贻误时机，来不及补救，我们的做法是大阶段中细分小阶段。

1. 三个大阶段，其划分和实施内容是：

第一阶段就是第一学期，任务是夯实基础，使学生养成良好的学习习惯，端正学习态度，这是重中之重；第二阶段是寒假补课，不仅是给后进生、学困生补课，使其往前追赶，努力做到不掉队。还要利用期末考试的结果再次进行分班，让学生在适合自己水平的班级开始新的进程，同时结合学生薄弱环节提前开展补救和铺垫教学；第三阶段就是第二学期，在继

续打基础的同时，寻找并针对薄弱环节进行重点教学和操练。

这三个阶段中，要让老师们明确的是：不搞“题海战术”，稳扎稳打地进行基础教学和能力培养，这是依据预科教育的培养目标和考核要求决定的，但是要切实贯彻“精讲多练”的实践性原则。

2. 把持好细分阶段，细分阶段的做法有：

（1）两周一测试

两周一次的单元测验，前期每单元5课，后期学生疲惫了，每单元3课，这样的测验频率适合学生的接受能力，对教师掌握学生学习效果和把握教学进度也是合适的。测试成绩显示学生对所学内容掌握情况和水平，教师据此对教学计划实施调整。如果测试成绩大部分在低分段，说明学生对所讲授的内容没掌握，需要教师重新梳理教学内容，重新进行测试，测试达到大半通过或在原有水平上有大幅提升，才算教学完成，或在继续推进教学计划的同时复现复练，目的是以此来杜绝“夹生”和“消化不良”。

（2）两周一总结，保证教学计划、教学方法、教学管理到位

两周一总结的理由是，我们从学生课堂表现观察到：

a. 学生入学两周后学习入门，对所学内容有了积极回应并开始参与课堂活动。

b. 教学方法每两周需要有变化，不然学生就有疲劳感。（如生词听写是老师读还是学生读，是写完整的字还是写偏旁或部件，是组词还是造句或进行规定时间内抄写比赛，等等。）

c. 练习题每两周必须有难度上的提升，不然就不具有挑战性。

d. 按两周一递减的速度减少媒介语使用量，不然学生听说会产生依赖。

e. 连续两周缺勤严重者或注意力不集中者，作业错误率增加，理解力降低，班主任和任课教师的授课需倾向于为其补课。

4.5 以严格管理（包括教师和学生），营造好的学习环境来推进教学

管理做到有规章，使教学团队表现出教学计划周密、执行力强、信心增加。我们推行了两个制度：

1. 班主任责任制，制定了《预科班主任职责》，包括保证教学（第一条就把团队统一步调写进了这个职责中）、管理学生、自我管理、自我总结等内容。

2. 学生请假制，要求请假或不假不到的学生必须填写、完善手续，将批评教育和写保证结合起来，加上留办配合管理，让学生感到不来上课有很多“麻烦”。

在营造好的学习环境方面，我们坚持做到：

1. 努力保护学习型班级的良好学习气氛和学生的学习积极性，提醒教师对学生多进行鼓励和肯定。

2. 以有利于学生学习来编排学生的座位，一方面便于学生互相交流、互相帮助，减少他们的孤独感；一方面使需要特别关照的学生能在老师身边得到指点，如老师一手拿书，一手给学困生指点。

五、预科教育成效

5.1　学习成绩及考试通过情况

2013—2014 届为我校首届预科学生，总人数 47 人，汉语水平考试即 HSK 四级考试最高分得到 298（满分 300），一共通过 43 人。21 人参加五级考试，最高得分 283（满分 300），最低 170 分，达到 180 分的 19 人。六级考试通过 1 人，得分 246（满分 300），达到 91.49% 的通过率。在全国统一结业考试中有 6 名同学获得满分 150，最终通过率为 93.62%。

2014—2015 届预科学生总人数 63 人，通过率为 93.65%，在全国 9 所院校中排第四名。

5.2　育人效果

学生们从最初的懵懵懂懂、冒冒失失、毫无学习习惯、任性不服管教，逐步变得礼貌待人、团结友爱，顾大局、识大体，爱学校、爱中国，具有感恩之心，从而达到中国政府设立来华奖学金的根本目的。

与上述取得的成绩相反的是，由于教师所属专业不同，我们的预科教育中数学教学没有纳入我们的教学团队，因此连续两年的数学成绩都没有达到预期效果，2013—2014届数学通过率仅为53.19%，2014—2015届数学通过率仅为69.84%。

我们开展的预科教育实践工作时间不长，这个教学模式还很不完善，需要进一步总结和发掘。

参考文献

教育部（2009）《教育部关于对中国政府奖学金本科来华留学生开展预科教育的通知》。

陈春花、杨忠、曹洲涛（2009）《组织行为学》，北京：机械工业出版社。

董伟武、罗宗火（2012）高校优秀教学团队孵化论析，《中国成人教育》第4期。

许涓（2012）中国政府奖学金本科来华留学生开展预科教育教学大纲研究，《同济·留学生预科教育研究论丛》第1辑，上海：同济大学出版社。

［美］詹姆斯·坎贝尔·奎克、［美］戴布拉·尼尔森（2013）《组织行为学：现实与挑战》，刘新智、闫一晨、邱光华译，北京：清华大学出版社。

作者简介：王有芬，北京第二外国语学院汉语学院副教授。

来华预科生课外学习情况调查与分析

——以北京第二外国语学院2015届为例

张天枢　肖华云

摘要　随着中国经济的不断发展，国际地位的不断提升，来华留学的人员也不断增多，预科学习者就是其中的一员。本文拟从预科学习者课外学习情况入手，以北京第二外国语学院2015届的预科学习者为例，对该届预科学习者进行课外学习情况调查。本文将采用调查问卷的形式，分为两组进行调查分析，总结其课后学习的情况，并提出具有针对性的、切实可行的意见和解决方案，以期提高预科学习者的汉语学习效率，最终达到进入中国大学本科学习阶段的汉语入学标准。

关键词　预科生　课外学习　目的语环境　学习效果

在对来华留学生的汉语教学中，教师和学生都比较注重课堂学习。然而，一种语言的习得，仅仅靠课堂学习是不够的，而且预科生教育不同于语言生、本科生的教育，它具有强度大、时间短、任务重的特点，通过一年的强化教育，使零基础的学习者达到中国大学本科生的入学标准。在这一年学习中，预科学习者一方面要适应不同的生活环境与文化，另一方面又要面对较重的学业，仅依靠课堂学习是无法达到要求的。因此，充分利用课外时间显得十分必要。

一、现状分析

本项研究的调查对象为北京第二外国语学院 2015 届国家政府奖学金预科来华留学生，共 46 人。发放调查问卷 46 份，收回有效调查问卷 42 份。基本情况如下：

北京第二外国语学院 2015 届预科来华留学生基本情况	
性别分布	男性 22 人（52.38%），女性 20 人（47.62%）
国籍分布	亚洲 21 人（50.00%），欧洲 1 人（2.38%），非洲 10 人（23.81%），大洋洲 4 人（9.52%），美洲 6 人（14.29%）
年龄分布	15—20 岁 27 人（64.29%），21—25 岁 12 人（28.57%），26—30 岁 3 人（7.14%）
性格分布	内向型 18 人（42.85%），外向型 24 人（57.15%）

二、调查结果

2.1 课后汉语使用情况

表 1 下课以后，你每天用汉语跟其他人进行交流的比例是多少？

	初级组		中级组	
	人数（人）	比例	人数（人）	比例
A.90% 以上	2	13.33%	2	7.41%
B.90—50%	3	20.00%	13	48.15%
C.50—10%	9	60.00%	12	44.44%
D.10% 以下	1	6.67%	0	0.00%

通过两组调查的结果对比可以发现，虽然两组中都有预科学习者在课后进行交际时使用汉语高于 90% 的情况，但是大部分初级预科学习者使用汉语交际的情况低于 50%，有一名预科学习者课后使用汉语交际比例不足 10%，而中级组有半数以上的人可以在交际中坚持使用目的语。

表 2　你有中国辅导或者语伴吗？

	初级组		中级组	
	人数（人）	比例	人数（人）	比例
A. 有	13	86.67%	18	66.67%
B. 没有	2	13.33%	9	33.33%

表 3　每周和中国辅导或者语伴学习多长时间？

	初级组		中级组	
	人数（人）	比例	人数（人）	比例
A.1 小时以内	3	20.00%	2	7.41%
B.1-2 小时	8	53.33%	16	59.26%
C.2-3 小时	3	20.00%	5	18.52%
D.3 小时以上	0	0.00%	2	7.41%

表 4　你觉得语伴对你的学习有多大的帮助？

	初级组		中级组	
	人数（人）	比例	人数（人）	比例
A. 帮助很大	7	46.67%	11	40.74%
B. 一般	7	46.67%	16	59.26%
C. 没有帮助	0	0.00%	0	0.00%

调查问卷第 2—4 题中所指的辅导或者语伴是长期且固定地帮助被调查者，中级组的预科学习者中，有 30% 的人都没有语伴，在调查问卷后期的访谈中我们得知，这些人的“没有语伴”是指无固定语伴，他们使用汉语进行交际的主体也不是针对语伴。调查结果显示，不论是中级组还是初级组，每周与语伴学习的频率多为 2 小时以内，学习者认为这是一个合适的频率，时间太久容易产生倦怠情绪，太短又达不到学习效果。但是值得注意的是，中级组仍然有人坚持每周与语伴一起学习 3 个小时以上，而初级组在这一项上为零。在初级组，认为语伴对学习帮助很大的人占 50%，而

另一部分人则认为效果一般，在中级组，这个比例接近了六成，中级组预科学习者普遍认为语伴对于语言的学习是有帮助的，但是对学习效果的影响并不大。

2.2 课外学习内容

1. 预习情况

课前预习是课前的准备活动，充分的预习可以使预科学习者做好心理上的准备，更加明确课文中的语法点、知识点，上课时能有重点地听课，解决其预习过程中遗留的问题，学习的效果也会更好。

表 5 你每次上课以前都会预习吗?

	初级组		中级组	
	人数（人）	比例	人数（人）	比例
A. 从不预习	0	0.00%	0	0.00%
B. 有的课会预习	2	13.33%	16	59.26%
C. 大部分课会预习	6	40.00%	5	18.52%
D. 每次课都会预习	7	46.67%	6	22.22%

表 6 你每次预习什么课程?（多选）

	初级组		中级组	
	人数（人）	比例	人数（人）	比例
A. 综合	15	100.00%	25	92.59%
B. 阅读	3	20.00%	0	0.00%
C. 听力	2	13.33%	1	3.70%
D. 汉字	4	26.67%	2	7.41%
E. 经贸汉语	0	0.00%	9	33.33%
F. 数学	2	13.33%	3	11.11%

表 7 你预习的内容包括

	初级组		中级组	
	人数（人）	比例	人数（人）	比例
A. 生词	3	20.00%	10	37.04%
B. 生词和课文	12	80.00%	10	37.04%
C. 生词、课文和练习	0	0.00%	7	25.93%

从表中我们可以看出，初级组和中级组的预科学习者都有课前预习的意识，不同的是，初级组的预科学习者预习的课程较多，目标过于分散，每门课都投入了不少精力，但是对预科结业考试中比较重要的经贸汉语课及数学课的预习不够。同时，大部分初级组的预科学习者没有做到预习课后的练习，练习是对所学内容的复习巩固，这个环节被他们忽略了。中级组的预科学习者有目的地去预习，主要复习综合、经贸汉语和数学，对于课本中的生词、课文和练习都有兼顾。

2. 复习情况

课堂的学习时间有限，课后需要做大量的练习去复习巩固，这一环节是课堂学习的延伸。复习情况的好坏也会直接影响到学习的效果。

表 8 你每次下课后都会复习吗？

	初级组		中级组	
	人数（人）	比例	人数（人）	比例
A. 从来不复习	1	6.67%	1	3.70%
B. 有的课会复习	7	46.67%	11	40.74%
C. 大部分课会复习	1	6.67%	10	37.04%
D. 每次课都会复习	5	33.33%	5	18.52%

表 9 你每次复习什么课程？（多选）

	初级组		中级组	
	人数（人）	比例	人数（人）	比例
A. 综合	15	100.00%	25	92.59%
B. 阅读	2	13.33%	1	3.70%
C. 听力	3	20.00%	1	3.70%
D. 汉字	3	20.00%	1	3.70%
E. 经贸汉语	0	0.00%	11	40.74%
F. 数学	1	6.67%	5	18.52%

表 10　你复习的内容包括哪些？

	初级组		中级组	
	人数（人）	比例	人数（人）	比例
A. 学习的重点	8	53.33%	10	37.04%
B. 老师讲的全部内容	3	20.00%	12	44.44%
C. 不懂的地方	5	33.33%	14	51.85%

表 11　你每天做作业的时间是多少？

	初级组		中级组	
	人数（人）	比例	人数（人）	比例
A. 1 小时以内	2	13.33%	3	11.11%
B. 1—2 小时	5	33.33%	11	40.74%
C. 2—3 小时	5	33.33%	10	37.04%
D. 3 小时以上	3	20.00%	3	11.11%

从复习的情况来看，两组预科学习者都完成了课后复习的任务。初级组的预科学习者主要复习了综合，复习的内容在于学习的重点；中级组的预科学习者主要复习的课程是综合、经贸汉语和数学。就复习的内容来看，中级组的预科学习者更倾向于不懂的地方。

2.3　课外学习方式

1. 看汉语电视节目的情况

表 12　你每天看汉语电视的时间是多少？

	初级组		中级组	
	人数（人）	比例	人数（人）	比例
A. 1 小时以内	7	46.67%	11	40.74%
B. 1—2 小时	6	40.00%	6	22.22%
C. 2—3 小时	1	6.67%	3	11.11%
D. 3 小时以上	0	0.00%	2	7.41%
E. 从来不看	1	6.67%	5	18.52%

表 13　你常看的汉语节目是什么？（多选）

	初级组		中级组	
	人数（人）	比例	人数（人）	比例
A. 电视剧	2	13.33%	9	33.33%
B. 电影	9	60.00%	15	55.56%
C. 综艺节目	0	0.00%	3	11.11%
D. 体育比赛	2	13.33%	9	33.33%
E. 小品或者相声	0	0.00%	0	0.00%
F. 新闻	0	0.00%	0	0.00%
G. 动画片	3	20.00%	2	7.41%
H. 其他	0	0.00%	0	0.00%

表 14　你不看汉语节目的原因是什么？

	初级组		中级组	
	人数（人）	比例	人数（人）	比例
A. 看不懂	10	66.67%	12	44.44%
B. 没意思	1	6.67%	2	7.41%
C. 没时间	2	13.33%	7	25.93%
D. 其他	2	13.33%	3	11.11%

从表中可以看出，初级组和中级组的预科学习者看电视的时间都控制在了 2 个小时以内，不看的主要原因都在于自身的水平不够，无法理解电视节目的内容。初级组的预科学习者常看的汉语节目是电影，中级组的预科学习者会选择电视剧、电影和体育比赛。两者的不同在于中级组的预科学习者所看的电视类型更加多样化，而初级组的预科学习者选择的电视节目往往是故事性很强的电影。

2. 利用网络的情况

表 15　你每天利用汉语上网的时间是多少？

	初级组		中级组	
	人数（人）	比例	人数（人）	比例
A. 1 小时以内	5	33.33%	11	40.74%
B. 1—2 小时	5	33.33%	12	44.44%
C. 2—3 小时	3	20.00%	1	3.70%
D. 3 小时以上	0	0.00%	1	3.70%
E. 从来不用汉语上网	2	13.33%	2	7.41%

表 16　课外时间你常浏览哪些汉语网站？（多选）

	初级组		中级组	
	人数（人）	比例	人数（人）	比例
A. 百度	7	46.67%	10	37.04%
B. 土豆，优酷	3	20.00%	12	44.44%
C. 人人网	1	6.67%	1	3.70%
D. 淘宝网	9	60.00%	6	22.22%
E. 腾讯 qq	7	46.67%	7	25.93%
F. 新浪微博	0	0.00%	1	3.70%
G. 其他	0	0.00%	1	3.70%

表 17　你在网上主要用汉语做什么？（多选）

	初级组		中级组	
	人数（人）	比例	人数（人）	比例
A. 看新闻	2	13.33%	3	11.11%
B. 看电影、电视	5	33.33%	13	48.15%
C. 聊天	12	80.00%	16	59.26%
D. 购物	6	40.00%	3	11.11%
E. 查资料	6	40.00%	8	29.63%
F. 写博客	1	6.67%	0	0.00%
G. 玩游戏	1	6.67%	1	3.70%
H. 其他	0	0.00%	0	0.00%

表 18　你从不浏览汉语网站，原因是什么？

	初级组		中级组	
	人数（人）	比例	人数（人）	比例
A. 看不懂	5	33.33%	10	37.04%
B. 没意思	2	13.33%	5	18.52%
C. 没时间	4	26.67%	7	25.93%
D. 其他	0	0.00%	0	0.00%

中级组和初级组的预科学习者在上网时间上的差异不大，都在 2 小时左右。从浏览的网站类型来看，初级组的预科学习者更倾向于购物、聊天、利用搜索引擎查资料；中级组的预科学习者倾向于看电视、电影和聊天。但二者存在的共同问题是水平不够，看不懂。

3. 阅读纸质刊物的情况

表 19　你是否每天阅读汉语报纸、杂志？

	初级组		中级组	
	人数（人）	比例	人数（人）	比例
A. 从不阅读	9	60.00%	13	48.15%
B. 有时读一点	6	40.00%	12	44.44%
C. 常常读	0	0.00%	2	7.41%
D. 每天都读	0	0.00%	0	0.00%

表 20　你从不阅读汉语报纸、杂志的原因是什么？

	初级组		中级组	
	人数（人）	比例	人数（人）	比例
A. 看不懂	12	80.00%	13	48.15%
B. 没意思	1	6.67%	3	11.11%
C. 没时间	1	6.67%	8	29.63%
D. 其他	0	0.00%	1	3.70%

从阅读纸质刊物来看，两者的区别不是很明显，没有形成良好的阅读习惯，初级组的预科学习者“从不阅读”的比例要远远高于中级组。从成因来看，都存在看不懂的情况。但中级水平的预科学习者在时间上不够充裕。

2.4　学习动机

表 21　你看汉语电影、电视、报纸、杂志，上中文网站的原因是什么？（多选）

	初级组		中级组	
	人数（人）	比例	人数（人）	比例
A. 老师和父母的要求	1	6.67%	2	7.41%
B. 通过考试	4	26.67%	3	11.11%
C. 提高汉语水平，将来找一个好工作	11	73.33%	17	62.96%
D. 扩展学习内容	2	13.33%	4	14.81%
E. 对中国经济、文化等感兴趣	2	13.33%	4	14.81%
F. 没事做，消磨时间	0	0.00%	3	11.11%
G. 其他	1	6.67%	0	0.00%

本题主要调查预科汉语学习者在课外使用汉语进行有目的的汉语活动的原因，可以看出，不论是初级组还是高水平组预科学习者，课外使用汉语看电影电视、报刊杂志、上网的主要原因都是想要提高汉语水平，为将来找一个好工作打基础，学习目的较明确，属于工具性学习动机（instrumental motivation）。

2.5 课外学习时间安排

表 22 你觉得你的课外时间充足吗？

	初级组		中级组	
	人数（人）	比例	人数（人）	比例
A. 很充足	0	0.00%	6	22.22%
B. 一般	8	53.33%	15	55.56%
C. 课外时间不够	7	46.67%	5	18.52%

表 23 你怎么安排你的课外学习时间？

	初级组		中级组	
	人数（人）	比例	人数（人）	比例
A. 认真安排	3	20.00%	15	55.56%
B. 稍作安排	8	53.33%	10	37.04%
C. 不安排	3	20.00%	2	7.41%

表 24 你对自己的课外汉语学习情况是否满意？

	初级组		中级组	
	人数（人）	比例	人数（人）	比例
A. 很满意	6	40.00%	8	29.63%
B. 一般	8	53.33%	18	66.67%
C. 不满意	1	6.67%	1	3.70%

初级组的预科学习者感觉课外学习的时间不够多，中级组的预科学习者较少有这种感受。从安排课外学习的态度来看，初级组的预科学习者并没有认识到课外学习的重要性，随意性较大。中级组的预科学习者对自己的课外学习有一个较为明确的安排。就自我满意度来看，初级组的预科学习者对自己课外学习的满意度较高，中级组的预科学习者对自己课外学习情况的满意度较低。

2.6 课外学习的方法

表 25 你认为课外汉语学习有哪些好办法？（多选）

	初级组		中级组	
	人数（人）	比例	人数（人）	比例
A. 看中文电视和上网	3	20.00%	13	48.15%
B. 看中文书、报纸	4	26.67%	7	25.93%
C. 与他人用中文聊天	5	33.33%	15	55.56%
D. 参加汉语课外活动	3	20.00%	3	11.11%
E. 参加汉语课外辅导课程	2	13.33%	3	11.11%
F. 去旅行	5	33.33%	4	14.81%
G. 其他	0	0.00%	0	0.00%

初级组的预科学习者偏重于言语交际的活动，与他人用中文聊天、旅行、看中文书和报纸。中级组的预科学习者学习的方法更加多样化，包括言语交际（与他人用中文聊天），利用现代网络看中文电视和上网，阅读中文书和报纸。

2.7 遇到的困难

表 26 利用课外时间学习汉语，你遇到了哪些困难？（多选）

	初级组		中级组	
	人数（人）	比例	人数（人）	比例
A. 有问题无法及时解决	4	26.67%	7	16.67%
B. 难以按照制订的计划执行	7	46.67%	4	9.52%
C. 缺少语伴	3	20.00%	3	11.11%
D. 缺乏参与社会活动的机会	1	6.67%	4	14.81%
E. 没有良好的学习环境	0	0.00%	1	3.70%
F. 其他	1	6.67%	0	0.00%

初级组的预科学习者遇到的主要困难是难以按照制订的计划执行，中级的预科学习者则是有问题无法及时解决、缺乏参与社会活动的机会。

三、问卷分析

3.1 关于学习者的个性

初级组的预科学习者主要来自母语为法语、俄语的国家，集中于非洲大陆、中亚、大洋洲，学习者的性格大多是内向型的，不善交际；中级的预科学习者以亚洲为主，少数来自南美洲、欧洲，学习者的性格大多为外向型。个性对于第二语言学习有一定的影响。外向型的学习者喜欢交际，在课堂上更愿意使用第二语言。内向型的学习者不太喜欢跟别人在一起，他们更偏向于独自学习。从我们的调查来看，中级组的预科学习者在课间、课外的时间更倾向于和不同国家的学习者用汉语进行交流、讨论，他们更在乎有意义的互动。这样的互动能够拉近学习者之间的距离，同时还可以促进信息的交换与整合。初级组的预科学习者在课外时间往往独自一人，或者是和母语相同、文化相近的学习者在一起，缺少运用目的语环境进行交际的意识，与目的语环境的社会距离较远。

3.2 关于学习自主性

学习的自主性是一种抽象的学习能力，Alderman（1999）[①] 认为，自主学习者具备以下特征：自主学习者对学习有自我负责精神，对完成学业有强烈的自信心，可以设置有效的学习目标，拥有合适的学习策略，能够对自己的学习过程进行监测、控制、调节，能够有效地管理自己的学习时间，充分利用学习资源。

从预习和复习的情况来看，初级组的预科学习者学习的目标不明确，所有的课程都会预习、复习，但是学习的效果不明显。中级组的预科学习者学习目标十分明确，能分辨出学习的重点、难点，并能及时完成预习、复习的任务。能复习自己不懂的地方，并进行总结、反思。

初级组的预科学习者觉得课外时间不够，但是对自己的学习情况满意度很高，说明他们没有有效地利用自己的学习时间，也没有有效的学习目

① Alderman, kay M. *Motivation for Achievement: Possibilities for Teaching and Learning*, Lawrence Erlbaum Associates, 1999.

标，只是凭自己的感觉来判断自己的学习情况。中级组的预科学习者能对自己的课外时间有清晰的认识，并且对自己的学习情况有较为客观的判断。

3.3 关于学习者的动机

动机是影响第二语言学习效果的重要因素之一。Gardner 和 Lambert[①]（1972）将学习动机分为“融入性动机”（integrative motivation）和“工具性动机”（instrumental motivation）。具有融入性动机的学习者对目的语和使用目的语的人群感兴趣程度较高，能够喜欢并欣赏这种语言以及它所代表的文化，希望能融入目的语人群，而具有工具性动机的学习者则将目的语看成一种工具，希望在掌握目的语之后能给自己带来实际利益，如找到一份令自己颇为满意的工作等。

从调查的结果来看，无论是初级组的预科学习者还是中级组的预科学习者，其学习的动机都十分明确，希望找到一个好工作或者通过考试，都属于工具性动机。对中国经济、文化等感兴趣的预科学习者很少，也就是说缺乏融入性动机。在学习的过程中，他们都能有意识地预习、复习，并认真完成作业。

3.4 关于学习者的文化适应情况

美国学者 Schumann（1978）[②] 的文化适应理论认为，学习者对目的语群体的文化适应程度将决定其习得目的语的水平。文化适应由社会距离（social distance）和心理距离（psychological distance）两个因素决定。社会距离是指第二语言学习者群体和目的语使用人群的关系，它对学习者目的语人群的接触程度有影响。学习者群体与目的语人群之间的社会距离越近，越有利于第二语言的习得。心理距离主要考察学习者个体与目的语群

① Gardner R. C. & Lambert W. E. *Attitudes and Motivation in Second Language Learning*. Rowely, MA: Newbury House, 1972.

② Schumann J. H. The Acculturation Model for Second-language Acquisition. *Second Language Acquisition and Foreign Language Teaching*, 1978.

体之间的关系，是指个体学习者由于自身情感因素造成的与目的语群体的距离。其中，社会距离是影响文化适应程度和第二语言习得水平的主要原因。Schumann 认为，第二语言学习者与目的语群体之间，无论是社会距离还是心理距离，对目的语的习得都是有害的，只有当第二语言学习者与目的语群体建立起社会和心理联系时才会有目的地、积极地学习该语言。

从调查的结果来看，初级水平的预科学习者觉得课外学习时间不够，且用在上网的时间比较长，上网的主要目的是购物、聊天、看电影；他们阅读纸质的读物也不多。他们认为学习汉语的好办法是与他人用汉语聊天、旅行、用中文上网和阅读汉语的报纸和杂志。我们不难看出，虽然他们知道了学习汉语的好办法，但是却没有真正走到汉语的大环境中，而是在购物、聊天（多数用母语），与目的语群体的社会距离较远，不利于其汉语水平的提高。同时，由于性格的影响，他们往往沉浸在自己的世界里，并没有真正适应目的语的环境。中级水平的预科学习者课外学习的时间比较充足，课外学习的方式也更为多元化，上网聊天、看电影、查资料均有所涉及。他们积极参与到社会活动中去，参加学校的各项活动，能及时将所学的内容运用到自己的生活中去，反复地去练习强化。

四、对预科来华学习者课外学习情况的建议

4.1 作业形式多样化

调查中我们发现，即便预科学习者可以在 2 个小时左右解决作业问题，他们仍然觉得作业很多很难，面对一成不变的抄写、练习，学习者感觉枯燥乏味也是很正常的。我们提倡作业形式可以多样化，充分借助现代化多媒体手段，比如语音方面可以通过微信发送语音文件，让预科学习者完成朗读作业；语法方面可以设置话题作业，给预科学习者基本词汇、语法点，让学习者口头或通过视频录制完成作业；把预科学习者分成不同的学习小组，合作完成一个课题，等等。通过作业形式的多样化，一方面可以激发预科学习者的学习兴趣，增强学习者的学习动机，另一方面也可以使预科学习者在完成作业的过程中，深化巩固课堂所学知识。

4.2 组织课外学习小组，帮助预科学习者及时解决课外学习问题

预科学习者在本次关于课外学习遇到的困难一题中，很多学习者反映“遇到问题无法得到及时解决”，对此，我们建议教师协助预科学习者组织课外学习小组，共有两种形式：第一，预科学习者内部的学习小组。把预科学习者按照学习水平分成学习小组，每组都有至少一名学习较好的预科生，可以帮助后进预科生，小组成员定期一起学习，互相帮助；第二，完善机制灵活的、与中国人互帮互助的学习小组。充分利用大学校园内丰富的学习资源，为预科学习者介绍一些品学兼优的中国学习者，开展有针对性的辅导活动。一来可以方便教师把握中国语伴的素质，二来也容易挑选与预科学习者专业背景相近的中国学习者。通过这样的辅导，不但可以使预科学习者有效巩固旧有知识，而且可以增强学习者的汉语交际能力，使他们更加深入地了解中国文化。

4.3 组织开展丰富的课外活动

第一，开展以语言竞技为主的比赛活动。如中文歌曲大赛、汉字比赛、中文演讲比赛、汉语知识竞赛等，也是化解这一问题行之有效的方法。以提高汉语水平为目的，以形式多样化的竞赛活动为手段，反复练习，实现预科学习者汉语水平的提高。第二，开展以体验中国为主的游览活动。如游览长城、故宫等名胜古迹，切实了解中国的历史与现状，感受中国文化与魅力，让预科学习者带着目的性的任务进行游览活动，潜移默化地提高学习者的目的语水平。同时也要尊重预科学习者不同的文化信仰，避免引起文化冲突。第三，开展以文化交流为主的语言活动。预科学习者除了课堂教学之外，也希望在日常生活中多与中国的普通人接触、沟通，为此我们建议，可以组织预科学习者深入中国社区、企业，与更多中国百姓面对面。语言交流活动的开展为预科学习者和中国百姓相互交流、相互提高提供了机会，也为文化交流提供了新的尝试。

4.4 教师需要加以正向引导

预科学习者课外学习的时间不够充足，与其缺乏有效的时间管理有关，

将大部分学习的黄金时间浪费了。因此教师要不断提醒并帮助他们形成正确的时间管理观念，利用好每一分钟。同时，引导他们树立正确的学习观念，把重心放在学习上。大部分的预科学习者没有良好的汉语阅读的习惯，教师可以根据预科学习者的语言水平向他们推荐使用符合自身程度的媒体资源，通过组织预科学习者看中文电影、阅读中文书等活动，增加他们学习中文的兴趣，加深其对中华文化的理解。

参考文献

陈晓桦（2007）目的语环境中有效课外汉语学习研究，《云南师范大学学报》第1期。

丁安琪（2010）《汉语作为第二语言学习者研究》，北京：世界图书出版公司。

丁安琪（2014）汉语学习者来华留学动机类型分析，《教育科学》第5期。

范琳（2007）《二语习得与外语教学研究》，北京：中国海洋大学出版社。

王建勤（2009）《第二语言习得研究》，北京：商务印书馆。

张雪梅（2010）来华留学生汉语课外学习的重要性与策略，《语文学刊》第1期。

Alderman, kay M. *Motivation for Achievement: possibilities for Teaching and Learning*, Lawrence Erlbaum Associates, 1999.

Gardner R. C. & Lambert W. E. *Attitudes and Motivation in Second Language Learning*. Rowely, MA: Newbury House, 1972.

Schumann J. H. The Acculturation Model for Second-language Acquisition. *Second Language Acquisition and Foreign Language Teaching*, 1978.

作者简介：张天枢、肖华云，北京第二外国语学院汉语学院教师。

预科教育之专业汉语强化教学刍议

贺 亮

摘要 预科教育是进入大学本科学习前的预备阶段。预科期间除了要学习汉语基础课程外，还要学习专业汉语课程。无论基础汉语还是专业汉语，都需要强化教学。专业汉语在强化时具有一定的特点，笔者围绕着这一特点，对经贸类汉语强化教学进行了初步探究，讨论了强化教学的一种强化物和程序教学。

关键词 预科 专业汉语 强化

一、预科教育背景

预科是为外国留学生在进入中国大学本科学习前所设置的课程。本文中所提到的留学生是中国政府奖学金本科来华留学生，所说的预科教育也是针对他们在进入专业学习前所开展的教育。由于每个国家高中阶段的教育体系存在差异，教学内容不尽相同，且这些留学生往往又是汉语零起点的第二语言学习者，直接进入中国大学本科阶段学习困难是非常大的。所以为了能够比较顺利地进入本科学习，他们不仅需要提前学习汉语基础知识，还需要学习和未来专业相关的一些专业汉语基础知识。

二、预科专业汉语

专业汉语是针对某一专门学科所设置的课程，该课程的特点是所学内容涉及某一专门学科，所学的词汇多数都是专业性强、比较抽象难理解的词汇。学生在学习了 4 个月共计 1120 学时的基础汉语后，掌握的词汇量大概在 1000 左右，在汉语基础仍比较薄弱的情况下，就要开始学习专业汉语了。由于这些学生处于初高中阶段，母语学习环境下也没有学过这些相关的专业知识，对一些专业术语甚至是基础词汇都还没有接触过，这就给专业汉语教学带来了一定的难度。

经贸类预科生需要学习与经贸相关的汉语知识，经贸汉语这门课程就是预科生学习本科经贸类专业课的重要准备。如何能激发学生学习专业汉语的积极性，找到适合这些学生的教学方法，对专业汉语教师来说也是一个挑战。笔者在教学过程中借鉴了斯金纳的强化教学理论，通过特定的强化物增强了学生的学习主动性。

三、强化教学理论

强化就是指通过某一事物增强某种行为的过程。这是由美国心理学家、新行为主义理论创始人斯金纳提出的。斯金纳提出了操作条件性刺激，与巴甫洛夫的条件性刺激相区别。传统的条件性刺激是刺激到反应的过程，而操作条件性刺激是先要做出一个反应，然后才能得到刺激强化。斯金纳认为行为之所以发生变化就是因为强化作用，因此对强化的控制就是对行为的控制。斯金纳将强化运用到教学当中，在进行了大量研究的基础上提出了强化理论，强调强化在学习中的重要性。在他看来，学习是一门科学，学习过程是循序渐进的；而教则是一门巧妙地将知识与学生联系起来的艺术，是安排强化物来促进学习的，教师起着中间桥梁的作用。

四、理想强化教学

强化理论中用来增强某种行为的某一事物就是强化物。教师需要找到一个适当的强化物来刺激强化学生的学习。作者认为“理想”是比较适合专业课学习的强化物之一。中国政府奖学金本科来华留学生都来自与中国有政经往来的国家，他们中很多人来自“一带一路”经济带核心区。“一带一路”是中国的重要战略决策，这个战略决策对中国和亚洲乃至世界都会产生影响。这个经济发展的机遇对中国很重要，对“一带一路”经济圈，尤其是南亚、西亚等地区的国家也同等重要。正是了解到这一点，这些具有良好家庭背景的预科留学生们受到父母的熏陶，憧憬着未来，抱着美好的理想来到中国学习。对他们来说，来中国学习既是机遇，又是挑战，是实现理想的一条坦途。教师要准确地抓住这一点，把实现理想和未来的规划作为学生学习经贸汉语的强化物，对学生学习经贸汉语给予强化刺激。科学地设计好反应和强化的连续过程，增强强化的效果。

学生学习经贸汉语知识后感觉到与理想走得更近了，在“理想”强化物的强化下，学生学习行为得到了加强。这种强化可以借鉴普雷马克原理，即用学生喜欢的事情去强化学生参与不喜爱的事情。虽然这个原则不是对每个学生都能起到作用，但它是能够刺激到一些学生的学习行为的。当教师讲到《成本与利润》时，教师引导学生进行虚拟贸易，贸易双方进行谈判，要利用所学过的经贸词汇，例如用“成本、利润、定价格、费用、收益、原料、亏损、运输”等词汇来阐述自己的立场和观点。在教师的引导下，学生们会积极地运用这些词来进行观点阐述，学生们都想尝试一下在贸易中变理想为“现实”的滋味。先学好专业汉语知识，然后实现理想，这就是一个反应——刺激的强化过程。

五、程序教学

斯金纳认为学习是一个循序渐进的过程，教师科学地安排教与学是强化可能实现的前提。斯金纳根据他的强化理论设计了程序教学的方案，主要体现了五条原则。本文将结合经贸汉语授课过程中出现的情况进行分析。

5.1 学生积极参与

斯金纳认为学生不应只是被动地听教师讲课，而应该主动地参与到教师的教

学中去。教师在设计课程时，以提问的方式呈现出所学的内容，学生通过思考、选择、回答等做出积极反应。例如，当我们学《成本与利润》时，结束了几个生词的讲解学习后，教师即刻将刚刚所讲的生词六个为一组，以选择题的形式展示给学生，并让学生做出回答，在回答时要求学生指出选择答案的思路。这样教师既可以检查学生学习新生词的效果，也能够使学生的学习行为得到强化，从而提高了学习效率。

5.2 逐步递进地完成任务

程序教学的学习过程是：第一步：提问——学生回答问题——教师予以确认反馈——进入到第二步……这是一个递进的过程，且难度应一步一步地加深，由已知到未知，由浅入深。《成本与利润》是一篇比较复杂的课文，所以教师可以将文章分解成了几部分进行讲解，每部分都有根据该部分内容设计的习题，习题也是由浅入深逐渐引导学生完成的。第一部分是比较简单的选择练习题，数量也比较少，当学生完成这部分练习题后，就进入到较难的练习题，这部分的练习题就要考查学生对知识更深地运用能力了，以阅读和读后填空题为主。

5.3 教师应即时反馈

对学生的反应做出即时反馈是对学习行为强化的最好方法之一。如果是非即时反馈的话，与即时反馈相比，学生对得到反馈后的积极性就会变得差一些，强化会弱一些。所以反馈得越快，强化效果就越好。以《成本与利润》为例，当学生回答出问题后，教师要做出即时反馈，确认答案的正误，当学生得到答案后，学习行为就会得到加强。明显能够感觉到，无论上一题的答案是对是错，学生在完成问题后，会继续积极地思考下一个问题。

5.4 学生根据情况调整自己的节奏

每个学生的能力水平是不同的，如果所有学生保持同一个速度，学习相同的内容，可能会影响学生的积极性和发展。所以学生应该根据汉语水平和学习能力进行自我调整。我们采取了帮助学生分班的方法，根据他们的情况把学生分到了不同水平的班级中。教师可以采取分班教学的方法，根据学生不同的能力进行教学。学习的内容一样，但在练习和拓展深化知识方面是不同的。能力较强的学生如果只停留在基础练习和基础知识的掌握上，是无法满足需要的，强化效果只能是一般。他们需要更多的挑战，所以要拓展和深化知识，加强强化效果。能力一般的学生一定要保证能够先消化吸收每次学习的基础知识，并且在做完练习时得到强化。

5.5 使错误率达到最低

“学生积极参与，逐步递进地完成任务，教师即时反馈，学生根据情况调整自己的节奏”，让学生的错误率达到最低对强化效果也是非常重要的。如果课堂练习非常难，学生总是得出不正确的答案，会严重影响他们的心理，会让他们有挫败感，无法达到理想的强化效果。所以要保证学生的错误率尽可能地低，然后激发他们的学习积极性，达到强化的目的。

六、结语

斯金纳的强化理论对教育教学工作的影响是显而易见的。但也有不足之处，首先这种强化教学会受到教师个人素质、教学计划安排的影响，是否能够达到预期效果，这些因素都是要考虑的。其次，学生个人素质也会影响强化效果，比如是否养成了注意力集中的习惯，注意力集中时间的长短等。斯金纳的强化理论的机械性较强，一切都是程式化，其实在教学过程中会发生很多突发情况，这是需要教师将理论和实际相结合并科学应对的。

参考文献

王佶旻、郭树军、黄理兵、黄伟（2014）中国政府奖学金本科来华留学生预科教育“基础汉语考试”试卷设计与质量分析，《中国考试》第 2 期。

谢应宽（2003）B. F. 斯金纳强化理论探析，《贵州师范大学学报》（自然科学版）第 1 期。

余江敏（2001）斯金纳的强化理论及其在教学中的运用，《曲靖师范学院学报》第 1 期。

张厚粲（2003）《行为主义心理学》，杭州：浙江教育出版社。

作者简介：贺亮，北京第二外国语学院汉语学院教师。

六、研究生论坛

词组的教与学

阿丽莎

摘要 掌握一门语言的最高目标是接近母语者的语言以及语感水平。那么，将汉语学习划分为初级汉语、中级汉语和高级汉语三个阶段的目的是什么呢？应该是为了把大目标分为若干个小目标。如果汉语各个学习阶段具有不同的小目标，那么教学重点和教学要求也要有所不同，对输入和输出信息的要求也必然有所不同。为了满足各个阶段不同的要求，学习者需要构建不同的学习习惯和思维模式，以促进不同技能的发挥，同时发现自己的不足。

初中级阶段以输入为主，以扩大词汇量为主要目标，以“语素与词汇”的掌握为重要的标志。高级阶段以输出为主，以实现表达得体为主要的目标。不仅仅是语法上对错，还要看是否符合目的语的表达方式。高级阶段以掌握什么为重要的标志呢？笔者认为是词组。

关键词 词组 词汇 输入 输出 初中级阶段 高级阶段

一、初中级阶段的教学目标

英国语言学家威尔金斯曾经说过，“没有语法，人们可以表达的事物寥寥无几；而没有词，人们则无法表达任何事物”。因此每一种语言的“得体”都是从准备材料做起，这材料就是词汇。所以初中级阶段汉语教学应该把词汇教学作为重点，促进学习者的信息输入量的增加并测试其掌握程度。

初中级阶段以输入为主，以扩大词汇量为主要的目标，以“语素与词汇”的掌握为重要的标志。

二、语素和词汇掌握与其中国化的重要性

2.1 汉语里的“word”

吕叔湘先生说过：“汉语里的‘词’之所以不容易归纳出一个令人满意的定义，就是因为本来没有这样一种现成的东西。”王力先生在 1982 年也提出：“汉语基本上是以字为单位的，不是以词为单位的。”这些理论都说明了西方语言学中“word”的概念对汉语不适用。吕叔湘先生还提出了“字义和词义辗转相生”，只有看到汉字才能明白词义的情况。这无疑是汉语的特点。

2.2 汉语里的“grammar”

吕必松先生曾说过：“汉语的特点之一是以音节（口头汉语）和汉字（书面汉语）为基本单位的，作为基本单位的音节和汉字是固定的，不可能通过字形或词性变化来表示语法关系。”他在语感培养模式中提出“语法教学可以融入词语教学”的观点。

由于汉语语法的教学不涉及词形的改变，因此词汇教学就有其特点，词汇的掌握不一定与其搭配挂起钩来，这与很多语言都有所不同。以俄语为例，俄语语法是以各种词性与时态的变化来表示语法关系的，不管是作为母语还是作为第二语言学习，在初中级阶段，语法教学与词汇以及词汇

搭配的教学都是同时进行的。

如果学习者只记住了词汇而不管其搭配应用，就很容易引起很多语法上面的问题。因此，俄语词汇教学与其搭配是同时进行的。俄语初级阶段的教学不仅重视语素与词汇的输入，还重视词汇搭配的输出。

笔者认为，汉语的语法结构一方面淡化了初中级阶段语素和词汇与其搭配掌握的重要性，另一方面把重点限于了词汇上，使外国学习者通过词汇教学能掌握语法。

这些对母语属于印欧系语的学习者都是特别的。因此汉语言的教学经常是从更正学习者对“词”（即“word”）与“语法”（即“grammar”）这些概念的认识开始的。

2.3 词汇量的“量”

对于外国汉语学习者，通过HSK考试是语言水平得到认可的重要标志。HSK 各等级的划分标准也以词汇量为主，非常明确。（见表 1）

表 1 HSK 考试等级

<table>
<tr><th>HSK</th><th>词汇量</th><th>国际汉语能力标准</th></tr>
<tr><td>HSK 六级</td><td>5000+</td><td rowspan="2">五级</td></tr>
<tr><td>HSK 五级</td><td>2500</td></tr>
<tr><td>HSK 四级</td><td>1200</td><td>四级</td></tr>
<tr><td>HSK 三级</td><td>600</td><td>三级</td></tr>
<tr><td>HSK 二级</td><td>300</td><td>二级</td></tr>
<tr><td>HSK 一级</td><td>150</td><td>一级</td></tr>
</table>

《发展汉语·高级综合（上）》中提到，这本书适用的对象是“学过 3500—4000 个常用词的学习者”。所以初中级阶段两年的学习以掌握 3500—4000 常用词为明确目标。陈贤纯（1999）提出要在两年内解决学生的汉语交际能力问题，词汇量以两万左右为教学目标。所以说，初中级阶段具体要掌握多少词汇量是有不同看法的，不过扩大词汇量是汉语学习初

中级阶段的最重要也是最为基础的目标是不容置疑的事实。而汉语的特点，无疑以“语素与词汇”的掌握作为重要的标志。

三、初中级阶段的学习目标

从学生的角度来看，初中级阶段的学习以输入为主，以创造个体的汉语“词典”为主要的目标，以进入“创建数据库—输入信息”循环的学习过程为重要的标志。

“数据库创建”是学习者要做的准备工作，包括培养符合该阶段的学习习惯以及习得输入分割语言因素的技能。总而言之，学习者的学习模式既要符合汉语言的特点，又要符合该阶段教学目标，输入的信息要被有效地储存着。

这一过程的每一步都互相依存着。没有信息的输入就没有材料的储存。没有“数据库的创建”，即使是有信息的输入它还是无法被储存的。学习者是否能进入这个循环的过程，对他将来是否能创造“词典”起决定性的作用。

3.1 初中级阶段“顺利毕业”的状况

初中级阶段“顺利”意味着学习者培养了创造“数据库”的学习习惯，掌握了标志性语言单位的输入与输出的技能，已经进入了“创建数据库—输入信息”循环的学习过程，而且他的“词典”中已经有了一定数量的词汇。

初中级阶段学习者适应了该教学阶段最常听到的句子：“还有哪个词不懂？”“今天我们要学习生词”“明天有生词的听写，你们好好复习”“读，不认识的词划出来”，等等。同时适应了做相应的课堂上的准备。

因此，看到新课文时（书面语输入），学习者不由自主地把这些内容看作许多已经储存过或未被储存过的语素和词汇（见图 1）。学习者听到汉语语音（口头语输入）也是如此，听到的是许多已学过或者未学过的已经被分割的语言单位（见图 2）。

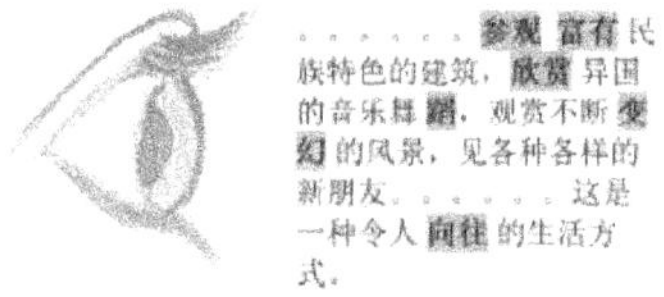

图 1　书面语输入

图 2　口头语输入

3.2　初中级阶段“顺利毕业”的负迁移

初中级阶段的重点是语素与词汇的输入，因此学习者输出的单位也是语素与词汇（见图 3），这也是这一阶段带来的负迁移问题。

图 3　书面语与口头语的输出

“顺利毕业”这一目标帮助学习者创造了“词典”，提高了词汇量，完成了该阶段教学的目标。不过这项技能能否使学习者达到下一个阶段的输出目标，即高级阶段的输出得体性的目标呢？这一点还是非常值得思考的。

3.3　高级阶段的教学目标

初中级阶段的汉语教学以有效的语素和词汇的输入为主。那么高级汉语的要求有进一步的深化，即以输出为主，以实现表达得体为主要目标，语言要符合汉语的表达方式。因为该阶段有了新的目标，所以达到要求的标志应该也得有相关的改变。那么这一阶段的重要标志是什么呢？对高级阶段标志的描写没有初中级阶段那么具体，不过笔者认为高级阶段词组的掌握可以被视为重要的标志之一。

3.4 汉语言初中级阶段向高级阶段“过渡”问题的原因

原因一：提高词汇量意味着处理大量的信息；

原因二：输入的语言单位比较小。

这两个原因导致了两种问题：问题一，信息都被混乱地收藏在一个叫作“词典”的仓库里，无法被“自动化”划分出来。等词汇量累积到一定的程度之后要面对第二个问题，即学习者应该要如何使用他的“词典”？从已收藏的混乱的内容之中如何寻找需要的语言因素？如何连接词典的内容？比如，哪些名词跟哪些形容词能搭配？搭配的顺序是什么？并要注意其搭配需要符合中国人的逻辑和习惯，符合中国人的表达方式。

总而言之，大量信息的输入导致收藏的混乱，分割语言单位的输入导致搭配的困难，这些都阻碍了学习者的输出。因此笔者认为这些是汉语言初中级阶段向高级阶段“过渡”的关键问题。

四、高级阶段要解决的问题

在高级阶段，学习者的目标从扩大词汇量发展到实现得体的表达，从准备材料到使用这些材料。学习者创造“词典”的目的就是进行交际，因此高级阶段就需要把“词典”分割的信息变成实际的交际技能，变成得体的语言交际的技能。高级阶段的教学应该要清除这些阻碍输出的因素。

4.1 词汇教学提供的“得体”

学习第二语言时学习者的大脑贮藏大量的概念以及关系，学习者已具有的思维能力和完整的语言系统紧密地联系在一起。学习第二语言时，学习者或者将新学会的概念放在母语系统的框架之中，或者用“母语表达的框架＋汉语词汇”这种方式进行目的语的表达，无论哪种方式都要依赖中介语进行交际。（见图 10）

语言单位的输入直接影响学习的输出，也会影响中介语的发展。如果输入的单位比较小，如汉语言的语素或者词汇，而语法教学也不涉及词汇的搭配，那么常见输出的问题就是“不像本民族的表达方式”。

笔者观察到《语感培养模式》中的一个测试。测试者让三位留学生把几个英文词组翻译成中文，例如“education for all-round development”，地道的中文翻译是“素质教育”，但是留学生则把它译成了“全面发展的教育”。难道一个能准确理解意思，并已经掌握“全面”“发展”“教育”等词汇的学生，还能没学过“素质”“教育”这些词汇吗？这些测试再一次使高级阶段输出的根本问题显露出来，同时，证明了一个简单的事实：这一阶段的问题已不在词汇量上，而在词汇的搭配、词组以及学习者的语感上。

提升词汇量确实很重要，不过同时笔者认为高级阶段词汇教学已不足以帮助学生完成高级阶段的学习目标。由此，笔者想到一个问题，学习者的词汇量要达到什么标准才能解决表达“得体”的问题呢？词汇量要达到什么标准才能说出地地道道的汉语？ 4000、10000 还是 15000？恐怕都不是那么简单。笔者认为从一定的阶段开始，词汇量已经不是最关键的问题了。

4.2 高级汉语的“高”是快吗？

在 *How Buildings Learn: What Happens After They're Built* 一书里作者提出了事物改变以及改变速度关系的理论。按照建筑的改变速度的快慢可以列出“家具—装修—户型—管线—钢筋混凝土结构—地基”这一顺序，前面的改变速度较快（如家具），后面的能否被改变则待定（如地基）。

这些概念在另一本叫作 *Design for How People Learn* 的书上被使用。这本书的作者把 *How Buildings Learn: What Happens After They're Built* 提到的理论应用到学习的过程。他认为学习者知识的替换是最快的，知识替换以后才能替换技能，技能的替换没有知识的替换那么快，不过也是可以实现的。最下面的最不容易替换的就是文化与价值观念，也是学习者最结实的“地基”。

如果我们用这一概念来描写汉语作为第二语言教学的过程，那么词汇的学习是学习者知识的替换。它是最快且最表面上的过程，相当于家具的转换。第二步涉及替换学习者的技能，就是得体输出的技能。不管是口头语还是书面语的输出都比简单掌握单个词汇要难要慢。这一过程相当于改建户型的过程。

4.3 高级汉语“加工的新设置”

高级阶段的汉语学习需要把“词典”分割的信息变成实际的交际技能，变成得体的语言交际技能。那么高级汉语需要做哪一方面的“加工”才能实现其改变并做到该阶段的目标呢？

在《语感培养模式》一书中我们看到了有趣的启示：“首先就在于转换记忆单元，将较小的词语单元转化为较大的语言模块。”对此笔者表示赞同。高级阶段在输入信息方面需要做一定的“加工”，语言单位的“加工”。

这一“加工”涉及学习者的记忆单位。学习者的大脑处于输入大量信息的状态。在这种情况下，网状激活系统（reticular activating system）负责保持个体信息输入的安全，帮助大脑避免“淹死”在信息的大河流之中。作为一个所谓的“中介站”，该系统还有“选择滤波器”的作用。它帮助学习者从大量信息之中自动地注意到我们需要的，同时负责忽略其他的内容。这种“选择滤波器”都是可以被设置的。所以输入任何类型的语言单位都要重新设置“选择滤波器”，比如输入的一个较大的语言单位——词组。

4.4 整理与词组有关系吗？

上文提到，词组的掌握可以被视为高级阶段重要的标志。词组的掌握有助于实现高级阶段的主要学习目标。

“词组的新设置”能解决初中级阶段与高级阶段“过渡”的问题。初中级阶段词汇“量”大和语言单位“小”导致词汇混乱的收藏和使用该“词典”的问题。词组在高级阶段就是“整理”的代名词，因为词组能把输入的词汇“量”和“小”的语言单位以得体方式连接在一起。词组能标记语素与语素或者词汇与词汇之间的连接关系，能促进“词典内部的管理”，能解决如何使用“词典”的问题，从而促使学习者得体地表达。

总而言之，通过词组的学习可以更正学习者输入信息的模式，从而更正其输出的技能。

4.5 词组教学是语法教学的一部分吗？

笔者认为如果使用词组教学来更正学习者输入信息的模式，那么该教学就不能与语法的解释来比较。把词组确定为重要的输入和输出单位不像“把”字句或者“被”字句语法的掌握那么快，那么简单。

如果把词组视为语法教学的一部分，最有可能的结果是学习者短时间内能理解词组的分类和名称，学习者也有可能会解释如何区分词组。但是新概念的认识并不能提高学习者的语言理解能力和语言交际技能，新概念的认识只能丰富学习者的知识，但是不会影响学习者的语言交际能力。

4.6 词组与新的局面

高级阶段有新的目标，那么教学方面和学习方面也应有些相应的改变。学习者需要培养新的习惯，教师也应该往词组方向布置作业、展开教学。不是以“学会了什么新词？”作为引出生词“神秘”的导入问题，而是提高要求，让学习者以高级阶段的方式进行回答，比如引导学生说出“颇具神秘的色彩”一类的词组。

笔者认为教师应该把词组的教学视为培养技能的教学，而不只是对于词组认知的教学，因此词组教学应该被视为培养新习惯和新输入信息模式的教学。这样，教师以词组教学为高级汉语教学的重点，能促进学习者输入信息模式的改变，从而提高学习者的整体汉语水平。

4.7 从“家具转换”到“改建户型”

高级阶段需要把“词典”分割的信息变为实际得体交际技能。而替换技能的过程等于“改建户型”的一个过程，既难又慢。为什么慢？

新的教学目标不仅要求学习者能够适应和接受，也要求学生取消原来的“家具转换”。学习者的大脑能接受，能适应，不过问题就在于即使学习者修改或者变换了原来的教学模式、教学方向以及教学目标，但是在学习过程中还会存在“惯性运动”的现象，这一点应该我们要承认。

以前的学习习惯和目标会对新的学习习惯的培养产生影响。为了消除这种影响，学习者会把一定的注意力放在摒弃旧习惯、消除前一种“创建数据库—输入信息”循环的学习过程上。这使得学习者的注意力难以集中在新的需要培养的习惯上。新的替代不是一件容易的事情，也不是对某件事情的认识，而是一个过程。

五、结语

学习是阶段发展的过程，其发展的成功在很大程度上取决于进行及时的更正。如果学习者能做到初中级阶段的“顺利毕业”，其会有该阶段的习惯和技能。关键在于“提醒”学习者在新的“高级”阶段做必要的更正。这种更正就是以词组教学转换记忆单位，促进学习者输入与输出语言单位的更正，从而提高学习者的整体汉语水平。

参考文献

岑玉珍（第二版）《发展汉语 高级综合》，北京：北京语言大学出版社。

陈阿宝（2002）《现代汉语概论》，北京：北京语言大学出版社。

胡壮麟、李战子（2013）《语言学简明教程》，北京：北京大学出版社。

吕必松（2007）《汉语和汉语作为第二语言教学》，北京：北京大学出版社。

周健、陈群（2011）《语感培养模式》，北京：外语教学与研究出版社。

作者简介：阿丽莎，俄罗斯人，北京第二外国语学院汉语学院 2015 级汉语国际教育专业硕士研究生。

“V来V去”结构与动词重叠的关联性及对自主/非自主动词的选择

李 铎

摘要 “V来V去”是一个表示动作反复、持续的动词结构，该结构中动词V基本都能够进入动词重叠形式；“V来V去”这一结构对自主/非自主动词有着不同的选择，大多数的自主动词和一少部分的非自主动词能够进入这一结构。

关键词 V来V去 动词重叠 自主动词 非自主动词

"V 来 V 去"是现代汉语中一个固定的且很特殊的结构，学界对于什么样的动词能进入这个结构、该结构的语法构成和语法意义、句法功能和篇章功能都做了比较详细的分析和研究。除此之外，我们又发现了几个关于"V 来 V 去"结构的小问题：该结构中的动词是否都能进入动词重叠形式？这一结构对于自主 / 非自主动词的选择又是怎样的呢？本文在前人对"V 来 V 去"结构各角度的研究基础上，从这几个小问题着手，基于语料库的大量统计分析，得出相关结论，印证猜想。

一、综述

张虹（2007）认为"V 来 V 去"是一个表示持续、反复的动态结构，因此，具有动作意义的动作动词和心理动词大多数可以进入这个结构，而性状动词、关系动词、认知动词等一般不能进入这个格式。徐国萍（2009）提到与张虹相似的观点："V 来 V 去"一般用于表示动作的持续与反复，因此，当 V 为单音节动词时，表示动作意义和情感类的动词可以进入该格式，诸如表示存在、变化、消失以及判断和能愿义的动词不能进入该结构；当 V 为复音节动词时，并列式动词最容易进入这一结构，且这些并列式的动词都具备动作义，都是"无界"的。

李晋霞（2002）和曾传禄（2008）将"V 来 V 去"结构分为三种类型：A 类中的"V"为具有向度差异的动作（持续进行）或具有向度差异的瞬间动作（重复发生）；B 类中的"V"为持续动词，表示动作持续发生，或为瞬间动词，表示动作反复发生；C 类中的"V"语义内容已经虚化，主要为"说"类动词，语法意义表现在篇章功能上。杨德峰（2012）虽赞成李晋霞和曾传禄对于"V 来 V 去"结构的分类，但他在基于语料库的大量研究之后发现，A 类并非表示持续或重复，而表示动作的交替反复；B 类则表示动作反复。马庆株（1998）深入考察了自主和非自主这对语义范畴对动词语法功能的影响，对自主动词和非自主动词进行了全面、系统、精辟、透彻的论述。

二、“V 来 V 去”结构与动词重叠的关联性

2.1 “V 来 V 去”结构中的动词重叠情况

基于以上学者对于“V 来 V 去”结构的语法构成及意义的研究，我们不难发现一个有意思的现象：“V 来 V 去”结构中的“V”很多情况下都可以重叠，举例来说，“看来看去—看看”“想来想去—想想”；“讨论来讨论去—讨论讨论”“商量来商量去—商量商量”等。需要思考的是，所有“V 来 V 去”结构中的“V”都满足动词重叠的条件吗？如果是，那为什么可以重叠？二者之间有什么关联性？如果不是，那么出现在该结构中的哪些动词不满足动词重叠的条件？这需要我们对“V 来 V 去”结构及动词重叠的语法功能和意义做进一步的对比分析和研究，找出其深层的关联性。

2.2 “V 来 V 去”结构中“V”的条件限制

我们一般可以说“想来想去”“走来走去”“讨论来讨论去”，但是我们一般不能说“死来死去”“知道来知道去”等。李晋霞（2002）、张虹（2007）、徐国萍（2009）以及杨德峰（2012）等虽然在对“V 来 V 去”结构的分类上存在一定的分歧，但三者都认为“V 来 V 去”这一格式一般用来表示动作的持续和重复，因此，能进入这一结构中的动词一定具有 [+ 动作] 和 [+ 持续] 的特征。

2.2.1 什么样的动词具有 [+ 动作] 义

一般来说，一个动词拥有下述特征越多，动作性程度越高：①动作的参与者在两个以上；②动词表示的是动作而不是状态；③动作是瞬时完成的；④动作具有自主性；⑤动作是已经完结的而非虚拟的；⑥动作具有很强的施动力；⑦动作的参与者有很强的个体性。因此，满足以上七个条件中越多的动词越能够进入“V 来 V 去”结构，也就是说，只有表示动作意义和表示情感类的动词才能进入这一格式。诸如表示存在、变化、消失以及判断和能愿义的动词几乎无法进入这一结构。我们可以得出以下连续统：

动作动词＞情感类动词＞存现动词、关系动词、能愿动词、趋向动词、使令动词

2.2.2 什么样的动词具有 [+ 持续] 义

石毓智（2000）认为动词最重要的特点是它的时间性，即动作时间的长短和动作行为重复次数的多少。从这个角度，我们可以把动词分为静态动词（在、有、姓、当作、缺乏等）、持续动词（走、听、挂、商量、应付等）、瞬间动词（生、死、熄、灭、明白、爆炸等）和终结动词（化成、扩大、成为、缩短等）。具有以下三种意义的动词都可以看作具有持续义的动词[①]：A. 延续，即动作可以在时间上无限延长，如"听、看、想、睡"等；B. 反复，即瞬间的动作在一定时间内在频率上的反复，如"敲、剁、切、砸"等；C. 状态，表示人的稳定的精神状态，如"喜欢、后悔、恨、害怕"等。于是，我们可以得到以下连续统：

持续动词>瞬间动词>终结动词、静态动词

因此，我们可以初步得出这样的结论：具有 [+ 动作] 和 [+ 持续] 两个特征的动词在语义上可以进入"V 来 V 去"结构，也就是说，表示动作（可持续；瞬间但可重复）、人的感情和精神状态的动词可以进入该结构，而不具有 [+ 动作] 和 [+ 持续] 特征的表示存在、关系、能愿、趋向等的动词则无法进入该结构。

2.3 动词重叠中动词的条件限制

要弄清楚什么样的动词可以重叠，首先要知道动词重叠的语法意义到底是什么。朱德熙先生认为，动词重叠式表示动作的量。所谓动作的量可以从动作延续的时间长短来看，也可以从动作反复次数的多少来看。前者叫做时量，后者叫做动量[②]。对于动词重叠的语法意义，这种观点被普遍认可和接受。

马庆株（1988）提到，自主的持续性动词可以重叠，非自主动词和自主的非持续性动词一般不能重叠。陈立民（2005）指出动词重叠表示事件是可控的，也就是说，一个事件要不要持续下去、事件在什么时候结束是由事件主体决定的，这使事件带有明显的主观性和随意性。另外，朱景松

① 张虹（2007）谈"V 来 V 去"，《山东师范大学学报》第 1 期。

② 朱德熙（1982）《语法讲义》，北京：商务印书馆，第 66 页。

（1998）说明了强化能动性是动词重叠式的最根本的意义。也就是说，动词的动作性越强，越能够进入动词重叠的格式。如：

看看　学学　扫扫　坐坐　写写　想想　分析分析　研究研究

*病病　*塌塌　*完完　*遇遇　*能能　*缺少缺少

那么，我们根据上文提到的动词动作性的七个特征，对这14个例词的动作性进行分析，可以得出以下表格：

例词	①	②	③	④	⑤	⑥	⑦
看	-	+	-	+	+	-	+
学	-	+	-	+	+	-	+
扫	-	+	-	+	+	-	+
坐	-	-	-	+	+	-	+
写	-	+	-	+	+	-	+
想	-	+	-	+	+	-	+
分析	-	+	-	+	+	-	+
研究	-	+	-	+	+	-	+
病	-	-	-	-	+	-	+
塌	-	-	-	-	+	-	+
完	-	-	-	-	+	-	+
遇	+	-	-	-	+	-	+
能	-	-	-	-	-	-	+
缺少	-	-	-	-	+	-	+

由上表可见，“病、塌、完、遇、能、缺少”等动词的动作性远不及“看、学、扫、坐、写、想、分析、研究”等动词，因此，前者几乎不能进入动词重叠格式。

沈家煊（1995）曾指出，人们感知和认识动作，动作在时间上有“有界”和“无界”的对立。有界的动作具有可重复性，无界的动作没有可重复性。这种对动作形成的概念上“有界”和“无界”的对立在语法上的反映就是动词有“非持续动词”和“持续动词”之分。汉语的非持续动词（动作动词）可以有重叠形式，因为这类动词在时间上是有界的，具有“可重复性”。那么，问题又出现了，沈先生认为非持续动词可以重叠，而马先生则认为持续性动词可以重叠，这又是为什么？

我们先举两个简单的例子：

①“还叫乔伯伯？不是该喊一声‘爸爸’吗？”崔仪欣调皮地朝她眨眨眼。

② 她说她一直想旅行，到东方去看看。

③ 你下次给三哥写信的时候，请你托他打听打听上海学堂的情形。

（BBC 语料库）

我们不难辨别出，例①中的“眨”为瞬间（短暂性）动词，例②中的“看”和例③中的“打听”则为延续性动词。我们可以看到，无论是短暂性动词，还是延续性动词，都可以进入动词重叠的形式，当然，这两者都必须具有较强的动作性（自主性）。虽然它们所表示的都是动作的重复，但它们表示的动作的时量长短是有区别的，如，“眨眨眼”表示的动作时量较短，而“到东方去看看”“打听打听上海学堂的情形”表示的动作时量则较长。

因此，我们可以得出这样的结论：具有动作性（自主性）的动词中，可重复发生的短暂性动词和可持续性动词都能够重叠。很明显，这与我们上面得出的有关“V 来 V 去”结构的结论不谋而合。

2.4 “V 来 V 去”结构和动词重叠情况的具体对比

基于以上对“V 来 V 去”结构和动词重叠的语法意义的考察，以及对什么样的动词可以进入这两个结构的具体分析，我们可以通过动词的不同分类再次比较这两者的情况。

2.4.1 单音节动词的重叠情况及可进入“V 来 V 去”结构的情况

分类	举例	能否重叠	能否进入“V 来 V 去”结构
动作动词	走、跑、说、打、飞	√	√
存现动词	有		
关系（判断动词）	是、叫、像、姓		
能愿动词	肯、会		
趋向动词	来、去		
心理活动动词	想、爱	√	√
使令动词	使、让、请		

（注：根据动词的一般意义将动词分为以上七类，此处只讨论每类中的单音节动词。）

2.4.2 复合式双音节动词的重叠情况及可进入“V 来 V 去”结构的情况

分类	举例	能否重叠	能否进入“V 来 V 去”结构
联合（并列）式	学习、躲避、抄写 研究、分析、调换 调查、商量、收集	√	√
主谓式	自学、地震、头痛 眼红、嘴硬、胆怯		
动宾式	发言、开幕、操心 跳舞、冲锋		
偏正式	补救、忠告、优待 意料、水煎、火烤		
动补式	提高、扩大、懂得 看齐、跌倒、改善	少部分可以	少部分可以

通过以上两个表格，进一步印证了我们的猜想：“V 来 V 去”结构和动词重叠在语法意义方面有着紧密的联系，因此，能够进入“V 来 V 去”结构的动词基本上都能够重叠。

三、“V 来 V 去”结构对自主 / 非自主动词的选择

马庆株将现代汉语中的动词分为自主动词和非自主动词。“V 来 V 去”对动词的选择首先是语义的选择，其次是语法的选择。不过这两方面的选择是糅合为一的，是建立在语义选择基础之上的语法选择。

3.1 “V 来 V 去”结构对自主动词的选择

上文中，我们提到能进入“V 来 V 去”结构的动词，要满足两个条件限制，即要同时具有 [+ 动作] 义和 [+ 持续] 义这两个特征。自主动词从语义上说是能表示有意识的或有心的动作行为的。这种动词的语义特征为 [+ 自主][+ 动作]。因此，在自主动词中，能够进入“V 来 V 去”结构的动词应该是可重复发生的短暂性动词，如“走来走去、打来打去、扫来扫去、问来问去、比较来比较去”，或者是可持续发生的可持续性动词，如“想来想去、爱来爱去、说来说去、瞒来瞒去”。

大多数的自主动词都具备这两种语义特征，因此大多数的自主动词都

可以进入“V来V去”结构。

而小部分不具备[+反复]义和[+持续]义的自主动词就不能进入到“V来V去”这一结构，如：

*娶来娶去　*承认来承认去

3.2 “V来V去”结构对非自主动词的选择

非自主动词表示无意识、无心的动作行为，即动作行为的发出者不能自由支配的动作行为，是表示变化或属性的。这种动词的语义特征是[－自主][+变化]/[+属性]。而能够进入“V来V去”结构的动词要求具有[+动作]义，因此非自主动词的绝大多数不能够进入“V来V去”这一结构。如存现动词“有、存在、产生”；关系动词“是、标志”；能愿动词“肯、能、会”；余缺动词“缺、剩余”；体状动词“颤抖、哆嗦”；协同动词“离婚、打架、拥抱”；表丢失义的动词“死、失败”等。

但也有一部分非自主动词能够进入“V来V去”结构。

首先，具有[+位移]语义特征的非动作动词。这类动词表示在空间位置的持续、反复的变化时，具有通过动作使人或物与参照点对比发生移动的意义。这其中又有两类动词。一类动词是表示施事运动的趋向，如：

空气里飘来飘去的都是肾上腺素的味道。（CCL语料库）

另一类是表示受事运动的趋向的动词，如：

老板把乡下人丢来丢去，简直像刨花一样，到处都挤满了人。

（CCL语料库）

其次，有一类非自主动词，在具体运用的过程中，已经出现了明显的向自主动词转化的趋向。如：

在一片恍惚迷惘之中，我无法不这样兴叹，梦来梦去，仍只有哲学家庄子才会说出最深刻，最难解的梦。（CCL语料库）

笑了这些西方经济学家，认为他们“不善于钻研理论”，总是在表面上滑来滑去。（CCL语料库）

这类动词本身明显不具有[+自主]义的语义特征，而在具体的运用中，却给人一种有意识的动作行为的感觉。马庆株提到，不管动词是否含有自主义素，在动词语义结构中总有自主义素的位置。因此这类动词本身的自主义位取值是0，而当具体运用的时候，自主义位的取值可以转化为1，便具有了自主动词的语义特征。

四、结语

通过对前人研究的整理、对比、分析，并基于大量语料的分析，我们可以得出以下结论：

（一）“V 来 V 去”结构和动词重叠在语法意义方面有着紧密的联系，能够进入“V 来 V 去”结构的动词基本上都能够重叠。

（二）不是所有的自主动词都能够进入“V 来 V 去”结构，也不是所有的非自主动词都不能够进入“V 来 V 去”结构。“V 来 V 去”结构对自主 / 非自主动词的选择是有条件限制的。

参考文献

白丁（2000）浅谈什么样的动词可以重叠，《语言研究》第 2 期。

陈立民（2005）论动词重叠的语法意义，《中国语文》第 2 期。

李晋霞（2002）“V 来 V 去”格式及其语法化，《语言研究》第 2 期。

马庆株（1988）自主动词和非自主动词，《中国语文学报》第 3 期。

沈家煊（1995）“有界”和“无界”，《中国语文》第 5 期。

徐国萍（2009）“V 来 V 去”格式及其三个平面的语法分析，《文教资料》2009 年 2 月号下旬刊。

杨德峰（2012）再议“V 来 V 去”及与之相关的格式——基于语料库的研究，《世界汉语教学》第 2 期。

曾传禄（2008）也谈“V 来 V 去”格式及其语法化，《语言教学与研究》第 6 期。

张虹（2007）谈“V 来 V 去”，《山东师范大学学报》第 1 期。

朱景松（1998）动词重叠式的语法意义，《中国语文》总第 266 期。

作者简介：李铎，北京第二外国语学院汉语学院 2015 级汉语国际教育专业硕士研究生。

状中结构"'依顺类'情状副词+动词性词语"的扩展研究

周　鹏

摘要　"'依顺类'情状副词+动词性词语"状中结构，对于该结构的研究可以从它的结构构成、扩展能力、句法功能以及语义功能这四个方面进行考察。结构的构成方面，"依顺类"情状副词，后加的动词性词语有单个动词和动词性短语；扩展能力方面，该状中结构既可以进行外部扩展也可以进行内部扩展，能力较强；句法功能方面，该状中结构在充当主语、谓语、宾语和状语等成分的同时，又可以单独成句；语义功能方面，该状中结构的语义指向因所处句位的不同而有所不同。

关键词　"依顺类"情状副词　状中结构　扩展研究

一、引言

1.1 关于“依顺类”情状副词

汉语中的副词作为一个传统的词类，包含的成员很多。这些成员语义上有虚有实，功能上个性强于共性，语法上虚化程度不一。在副词中，有这样一类特殊的词：从语义来看，这类词更接近于动词和形容词，可以充当描写状语；但是从语法的分布情况来看，又与副词几乎无二。这类词，学界通常称之为“情状副词”。

究竟什么样的词才是情状副词？《马氏文通》将副词称为“状字”，分为六类：以指事成之处者、以记事成之时者、以言事之如何成者、以度事成之有如许者、以决事之然与不然者、已专疑难不定之状者；王力的《中国现代语法》和邵敬敏的《现代汉语通论》都包含了情状副词这一类别；李泉在1996年的《副词和副词的再分类》和2002年的《从分布上看副词的再分类》中分别将副词分为七类和八类，但是也都包含了情状副词这一类。长久以来，学界对情状副词的分类标准莫衷一是，但总体上是按语义来划分的。前人的研究主要是从语义方面对情状副词展开考察。但是学界对于“情状副词＋动词性词语”所构成的状中结构句法特点的综合研究还比较少。所以，关于“情状副词＋动词性词语”这一状中结构的功能研究还有待深入。

本文主要考察的是“依顺类”情状副词。具体说来，“依顺”就是指“依照一定的顺序”，这个顺序可以是时间顺序，也可以是空间顺序。“顺序”是“依顺类”情状副词最主要的含义，即它所表达的意义必须是有序的。不符合上述条件的我们不把它归为“依顺类”。本文所考察“依顺类”情状副词包括“次第、交替、顺带、通盘、依次、连年、连日、轮番、分别、逐个、挨个”等11个成员。

1.2 研究范围、内容

本文的考察范围是“依顺类”情状副词所修饰的动词性短语的功能。考察内容为状中结构“‘依顺类’情状副词＋动词性词语”的结构构成和扩展能力。

1.3　研究方法

1. 考据法，通过对实际语料的语法现象展开考察，总结出“依顺类”情状副词做状语时，其上位结构的分布特征。所有例句皆有出处。

2. 统计法，通过对各类不同语法特征的例句进行统计，归纳出“依顺类”情状副词做状语时，其上位结构的分布数量，并以统计表的形式展现。

1.4　研究语料

本文所考察的语料，分别来自口语和书面语两方面。其中，口语材料包括《编辑部的故事》剧本（13万字）、《北京人在纽约》（7万字）、《老舍剧》（8.6万字）和《王朔小说选》（31万字）；书面语材料包括《人民日报》（1995年）（15万）、《法律公文》（14万字）、《邓小平文选（三卷）》（政论文）（15万字）和《实用软件》（17万字），以及部分现当代文学作品。语料总字数共计180余万字。另外，我们还选取了北大CCL语料库的相关例句来进行对比分析和考察。本文共搜集例句157句，其中有效例句132句（所谓有效例句是指本文所考察的11个成员在句中均充当状语成分）。

二、状中结构“‘依顺类’情状副词＋动词性词语”的构成

2.1　状语成分的语义类别及成员

状语从语义类别上可以分为限定性状语和描写性状语两个大类。限定性状语主要用来表示时间、处所、程度、方式、目的、范围、对象、数量、语气等意义，描写性定语则是用来表示动作状态或人物情态，主要由形容性词语来充当。本文所考察的“依顺类”情状副词的语义类别为限定性状语，具体功能为表示方式。例如：

① 因此，人物虽各说各的，也[顺带]着看见了一点儿那个时代的面貌。

（老舍《茶馆》）

② 我国经济建设[连年]取得了持续、快速、健康的发展。

（1995年《人民日报》）

③ 根据世界贸易组织的市场开放进程表，我国的金融、保险、通信乃至传播等产业 [次第] 开放。

（吴晓波《激荡三十年——中国企业史 1978—2008》）

2.2 中心语成分的语法性质和语义类别

在"'依顺类'情状副词 + 动词性词语"状中结构中，中心语为动词性词语。动词性词语包括：动作动词（"走、听、看"等），心理活动动词（"爱、怕、恨"等）、存在、变化、消失动词（"在、有、生长"等），判断动词（"是"），能愿动词（"能、会、愿意"等），趋向动词（"来、去、上、下"等），形式动词（"进行、予以、加以"等），此外还包括动词性短语，通常是以动词为主体的短语，它的语法功能与动词相当。动词性短语包括动宾短语、连谓短语、状中短语、中补结构和动词性联合短语。例如：

1. 单个动词

① 镇区建设有机地配置了开发区、工业区、商业区、教育区、居住区，[次第] 展开、层次分明。（1994 年报刊精选）

② 我并不劳累，只是神情恍惚，脑子里各种五彩缤纷的念头 [交替] 出现。（何新《当代文学中的荒谬感与多余者》）

③ 目前中国"产权式酒店"的投资主体一般是中产阶层与企业集团，家庭投资则主要是为了增值和分红，[顺带] 度假。（新华社 2003 年 2 月份新闻报道）

④ 长江的中游和下游都是他的势力范围，他于是得 [通盘] 筹划。（蒋廷黻《中国近代史》）

⑤ 殿内素烛高照、香烟线绕，前来吊唁的人络绎不绝，[依次] 拜祭。（陈廷一《蒋氏家族全传》）

⑥ 在这里，传统优势与竞争劣势间的相互消长的最终结果是上海产品市场占有率的 [连年] 下降。（1994 年报刊精选）

⑦ 渐渐地室内变得静寂起来，接着一轻一重两个人的鼾声[轮番]出现。

（王朔《人莫予毒》）

⑧ 我们把汉语口语称作“说的汉语‘把汉语书面语称作看的汉语”无非是强调汉语的两种不同的语言形式，应 [分别] 对待。

（吕必松《试论汉语书面语言教学》）

⑨ 通过前面的分析比较和 [逐个] 介绍，我们有理由认为，西夏语的能愿词确实是极富特色的一类词。（马忠建《西夏语能愿动词之研究》）

⑩ 但这种事在十多年前是不可能有的，服务台在接待客人的时候，总在设法把一间间房间 [挨个] 填满。（蒋子丹《轶名旅伴》）

2. 动词性短语

（1）动宾短语，例如：

① 馆藏大量精品将在这里 [次第] 展出中华文明从远古到近世璀灿绚丽的光芒。（1994 年报刊精选）

② 盘局中，经常 [交替] 出现讯号，失误率高。（《股市基本分析知识》）

③ 摸摸炕，看看粮，帮着洗洗涮涮，[顺带] 送点罐头、点心。

（1994 年报刊精选）

④ 然后设想干部制度、机构怎样才比较合理，在后五年 [通盘] 解决这个问题。（《邓小平文选》）

⑤ 每当宾客临门时，主人都将准备好的鼻烟壶，从年长者开始，[依次] 递给每一位客人。（1995 年《人民日报》）

⑥ 自从农村实行了以“大包干”为标志的家庭联产承包责任制，农业生产上 [连年] 获得大丰收，很快就出现了“卖粮难”。

（《中国农民调查》）

⑦ [连日] 多云雨，难料阴与晴。（1987 年《天津日报》）

⑧ 我骑上自行车，从上往下骑，一点也没有下坡的轻松，而是使尽全身的力量，[轮番] 蹬脚踏板，才使自行车缓慢地前进。

（1993 年《人民日报》）

⑨ 在对三书 [分别] 进行研究时，还从每一书中再分出一些种类，例如表意字就又分成抽象字、象物字、指示字、象物字式的象事字、会意字、变体字等六种。（裘锡圭《文字学概要》）

⑩ 她与赵国瑞、王惠民、张绍颖、张全宁一起，把几年来心理训练的经验、理论，全部作用于参赛队员，对他们重新调理 [逐个] 进行精到的分析。(1994 年报刊精选)

⑪ 回到村里，谢玉梅很快就组织了拥军优属服务小组，经常深入到连队班排，[挨个] 寻找战士脏了的衣服、被褥，洗干净缝补好又送回来。(1994 年人民日报)

(2) 连谓短语，例如：

① 另外，以歼击航空兵则 [轮番] 巡航、警戒，迫使对方的飞机、军舰始终不敢出动。(《中华人民共和国军事史要》)

② 三四个安检人员站立一旁，[挨个] 开箱、检查，与其说是检查，不如说是刁难要钱。(2003 年 3 月份新华社新闻报道)

(3) 状中短语，例如：

① 左宗棠军事的顺利不但出于俄国意料之外，还出于我们自己的意料之外。他 [次第] 把陕西甘肃收复了。(蒋廷黻《中国近代史》)

② 胡汉三狰狞的面孔，带着风声的皮鞭，[轮番] 交替出现。

(王愿坚、陆柱国《闪闪的红星》)

③ 在三个试管里分别加入稀盐酸各 2 毫升，[依次] 把铁片、锌粒和铜片放在试管里，观察发生的现象。

(人民教育出版社《化学》(初中全一册))

(4) 动词性联合短语，例如：

① 在上级有关领导部门的 [通盘] 考虑和指导下，他们从本厂的实际情况出发，确定了以造出口船为突破口，引进先进技术，面向两个市场的办企业方向。(赵德惠《在改革中前进的大连造船厂》)

从我们所搜集的语料上来看，"依顺类"情状副词后面所加的动词性短语几乎覆盖了所有动词性短语的结构类别。此类状中结构的中心语成分主要以单个动词、动宾短语和偏正短语为主。其他的动词性短语，如中补短语、连谓短语、兼语短语等相对较少。中心语各种情况统计数量具体见下表：

中心语成分		数量（个）
单个动词		65
动词性短语	动宾短语	34
	连谓短语	7
	状中短语	12
	动词性联合短语	3
总计		121

三、状中结构"'依顺类'情状副词+动词性词语"的扩展

3.1 状中结构的外部扩展——状语前可以加入的成分

状中结构"'依顺类'情状副词+动词性词语"，是否能够受其他词语修饰，构成更大的状中结构，即"依顺类"情状副词+动词性词语的状中结构能否整个做中心语？经过对语料的考察，我们发现，"依顺类"情状副词做状语前面可以加入的成分主要为介词或介词性短语和"主谓短语+助词'de'"，鲜见其他类别的词或短语。

3.1.1 介词或介词短语，例如：

① 备一较深的长碟，以鲜橙片与鸡肉交替排于碟中，饰以西洋菜，注入味汁即成清鲜而甜酸的"橙汁鸡"。(《养生与健美方法100例》)

3.1.2 主谓短语+助词"de"，例如：

① 导体一个接一个地依次连接起来，就组成了串联电路。

（人民教育出版社《物理》高二下册）

② 作者独具匠心地交替运用追忆和记实两种手法，把美国现实主义小说的写作风格和佛罗伦萨文学创作的传统巧妙地揉合在一起。

（王福和《当代世界文学名著鉴赏词典》）

③ 新锐棋手接二连三地轮番进攻，不知马晓春的这顶"名人"帽子还能戴多久。(2000年《人民日报》)

在本文所搜集到的 157 个例句中，外部扩展的成员分布如下：

状语前加成分	数量（个）
介词短语	10
主谓短语 + 助词“de”	26
总计	36

3.2 状中结构的内部扩展——中心语前可以加入的成分

“‘依顺类’情状副词 + 动词性词语”状中结构的内部扩展能力怎样呢？经过考察，我们发现，中心语前可以加入的成员主要为副词和介词短语等句法成分，另有少量的非句法成分——动态助词和结构助词，鲜有其他性质的词或短语。例如：

1. 句法成分

（1）单项成分

① 副词，例如：

A. 胡汉三狰狞的面孔，带着风声的皮鞭，轮番 [交替] 出现。

（王愿坚、陆柱国《闪闪的红星》）

② 介词短语，例如：

A. 左宗棠军事的顺利不但出于俄国意料之外，还出于我们自己的意料之外。他次第 [把陕西甘肃] 收复了。（蒋廷黻《中国近代史》）

B. 效益好的企业连年 [为职工] 上调工资，提高奖金，增加补贴。

（1994 年报刊精选）

C. 宋子文等依次 [在墓前] 最后行三鞠躬礼，以向母亲告别。

（陈廷一《宋氏家族全传》）

D. 在介绍管理学和环境管理基本理论的基础上，以环境管理主体为线索，依次 [从政府、企业、非政府非营利机构三方面] 介绍了各自的环境管理职能。（左玉辉《环境学》）

E. 随后，乡联防队员王进军、赵金喜、纪洪礼、祝传济对丁作明实施威逼，并用毛巾堵其嘴，轮番 [用电警棍、扁担等器具] 进行毒打。

（1994 年报刊精选）

F. 今年 3 月 3 日，在由武昌回石的火车上，擒住了手持杀猪刀挨个 [向

旅客］勒索钱物的歹徒。（1994年报刊精选）

（2）双向成分

副词＋介词短语，例如：

① 端哥连年［都］在外边漂泊，好容易回来了。（郭沫若《南冠草》）

2.2.2 非句法成分

（1）动态助词，例如：

① 因此，人物虽各说各的，也顺带着看见了一点儿那个时代的面貌。（老舍《茶馆》）

② 所以舍儿病了以后，他和母亲每天都轮番着去探望，虽然出不了什么力，却也为顾维舜和玉儿妈分担了一点忧愁。（戴厚英《流泪的淮河》）

③ 转眼间两瓶二锅头揭了个底朝天，张厂长又整来两箱子燕京啤酒，白酒、啤酒交替着喝，好不畅快淋漓。（陆步轩《屠夫看世界》）

④ 这种成分序是动词再分类的重要形式标准之一，因此，“逐个地研究动词，加以归类，找出语序安排的规律来，这大概是大有可为的”。（吴为章《语序重要》）

（2）结构助词，例如：

① 该图表明，把和结合起来，反复交替地使用它们，就可以使得设计工作逐步深化，最终取得完满的设计结果。（《实用软件》）

② 于是，我们开始判断最与我们接近的事物的性质，并依次地给予这些事物以美丽、良好、优秀的称谓。（黄建华、姜亚洲《自然法典》）

在本文所搜集到的157个例句中，内部扩展的成员分布如下：

中心语前加成分			数量（个）
句法成分	单项成分	副词	12
		介词短语	34
	双项成分	副词＋介词短语	5
非句法成分		动态助词	6
		结构助词	45
总计			102

四、结语

综上所述，论文中有关"'依顺类'情状副词+动词性词语"状中结构功能研究的考察结果如下：首先，在词汇层面上，该结构为偏正词组，遵循偏正词组的共性规律；其次，该结构的构成成分上，状中结构的状语为"依顺类"情状副词，中心语为单个动词或动词性短语；最后，在扩展能力上，情状副词状中结构状语前可以加入的成员既可以为介词或介词性短语等单项成分，又可以加入"副词+代词（动词短语、形容词）""动宾短语+助词'de'"等双项成分；中心语前既可以加入副词、介词或介词短语等句法成分，又可以加入动态助词和结构助词等非句法成分。

从例句分布上来看，该状中结构的构成和一般的状中结构无太大差异。但是其扩展能力与一般的状中结构则不尽相同。一般的状中结构，其状语前可以加入副词进行修饰，然而"'依顺类'情状副词+动词性词语"状中结构的状语前则几乎没有加入其他副词的情况，但是其中心语前则可以加入副词、介词或介词短语等其他成分。这与"依顺类"情状副词的语义有很大的关联。前文已经说过，"依顺"的含义是"依照一定的顺序"，因此这类副词很难再受其他副词的修饰，但是他们后面可以加入副词，因为表"顺序"义的词之后还可以加入各种表程度、方式、处所等的副词，所以该状中结构的中心语前可加入的成分还是很多的。该结构的内部扩展能力强，外部扩展能力弱。

参考文献

陈一（1989）试论专职的动词前加词，《中国语文》第1期。

黄伯荣、廖序东（1991）《现代汉语》（第四版），北京：高等教育出版社。

赖先刚（2013）情态副词的语义特征与选择限制——兼论汉语情态副词表示的社会活动意义，《乐山师范学院学报》第8期。

李泉（2001）《汉语语法考察与分析》，北京：北京语言文化大学出版社。

蒲晓红（2010）情态副词多维考察，西北师范大学硕士学位论文。

齐沪扬等（2002）《现代汉语虚词研究综述》，合肥：安徽教育出版社。
钱如玉（2005）情态副词研究综述，《语文学刊》第1期。
邵敬敏（2007）《现代汉语通论（第二版）》，上海：上海教育出版社。
宋扬（2009）现代汉语副词内部兼类及其演化研究，华中师范大学硕士学位论文。
苏秋菊（2014）《现代汉语词典》（第6版）情态副词研究，河北师范大学硕士学位论文。
肖应平（2011）现代汉语情态副词与动词情状的同现研究，《现代语文》（语言研究版）第11期。
肖应平（2012）现代汉语情态副词与动词类型的选择性分析，《淮阴师范学院学报》（哲学社会科学版）第2期。
徐媛媛（2009）现代汉语"亲x"类情态副词研究，上海师范大学硕士学位论文。
张斌（2010）《现代汉语描写语法》，北京：商务印书馆。
张亚军（2002）《副词与限定描状功能》，合肥：安徽教育出版社。
张谊生（2000）《现代汉语副词研究》，上海：学林出版社。
张谊生（2010）《现代汉语副词分析》，上海：三联书店。
张谊生（2010）《现代汉语副词探索》，上海：三联书店。
朱德熙（1982）《语法讲义》，北京：商务印书馆。

作者简介：周鹏，北京第二外国语学院汉语学院汉语国际教育专业硕士研究生。

对外汉语班级人数及其教学组织

杨可可

摘要 目前大学对外汉语课堂班级人数差别很大。有的班级人数偏多，有的班级人数偏少，都存在一定的弊端。本文尝试探讨如何更好地规划不同学习阶段的班级人数，以及针对不同的班级人数如何更好地组织教学。

关键词 大学 班级人数 不同阶段 适合人数

一、班级教学的发展历程

17世纪的时候，欧洲学校采取的主要教学形式是个别教学。教学混乱松散，效果不佳。捷克教育家夸美纽斯（1632）首先提出了班级教学制度。他认为一个班可以有几十个甚至几百个学生，可以提高教学效率，学生之间可以互相鼓励、互相帮助。学生可以提问以达到答疑解惑与巩固教学的效果。随着班级教学制的推行，它的一些弊端也逐渐暴露出来，人数过多必然使老师花费过多精力管理课堂，也必然影响教学效果和教学目标的实现。

20世纪80年代前后，美国教育家格拉斯和史密斯（1978）提出了缩小班级教学规模的理论。他们发现，人数24—34人的小班比人数在35人以上的大班教学效果要好得多，成绩也高出许多。由于学生少，教师的备课量较小，也不必花大量精力去管理课堂与维持纪律，更容易集中精力搞好教学。另外，在小班教学中，教师与每位学生接触的频率增加，更能及时回答学生的问题，发现其学习的瓶颈并予以指点，学生也有更多机会参与课堂活动，从而练习与强化所学内容。

小班教学充分考虑了学生的个体化差异，发挥了学生的个性化与创造性，逐渐被更多的学校接受。在一些学校，师生比例缩小后，师生交往增多，教师对学生的学习能力甚至人格的影响增加，学生的学习能力普遍增强，以至学生的留级率降低，甚至并入大班后学生成绩也在逐年提高。

二、对外汉语班级人数的现状

对外汉语课堂重视对学生的操练，强调精讲多练，老师讲得少，学生练得多，这意味着学生有更多机会开口、参与课堂活动。如果班级人数偏多，学生的开口度与参与度必然降低，也必然影响老师的教学效果。目前大学课堂人数较多，甚至有30多人、40多人的课堂，这就给教学组织带来了一些问题。下面具体分析一下对外汉语班级人数的现状。

三、关于对外汉语班级人数现状的分析调查

下面分别以中央财经大学、北京航空航天大学为例分析其不同阶段班级人数现状。

3.1 大学班级不同阶段人数现状分析

对外汉语教学主要培养的是运用汉语进行交际的能力，需要大量的操练。因此班级人数过多的话会对操练效果造成很大影响。下面分别通过采访老师和作者自己的课堂观摩，分析中央财经大学和北京航空航天大学的留学生班级的人数。

1. 中央财经大学班级人数现状分析

通过采访中央财经大学的老师得知，刚开始时这所学校的课堂规模并不大，每个班只有 6 个左右的学生。由于班级人数较少，老师有充分的时间对每个学生进行操练，并能得到及时的反馈，因此学生进步很快。他们的朋友看到这一效果，纷纷报名来学习汉语。然而学校并没有把他们分入几个小班，而是将这些来报名的学生分在了一个班，这个班的人数达到了 15 人左右，下个学期达到了 20 人左右，再下一个学期达到了 23 人左右，但依然是一个班。

一个班有 23 个人，可是只有一位老师组织操练。同样一个句型，比如说“您贵姓？”，老师让 23 个人都练习一遍的话，大概需要 5—8 分钟。老师需要不停地点名，不停地向学生发出指令，一节课下来，已经口干舌燥，根本没有时间去留意哪个字的发音不准，哪个字的声调不对，哪个词用错了。分班的时候也没有充分考虑学生的水平差异。同一个班有的学生已经学过一遍，但掌握得不牢固，希望再学习一遍；有的学生则以前没有接触过汉语。后者常常会遇到不懂的问题，但没有时间向老师提问，老师即使发现了他们的问题也没有足够的时间单独纠正。这样他们可能就会跟不上全班的进度，选择放弃。于是下个学期学生人数开始减少，下下个学期人数更少，又变回了 6 个人左右。

2. 北京航空航天大学班级人数现状分析

与中央财经大学相比，北京航空航天大学的班级人数更多，我曾经教

过一个班有 32 人，另一个班有 35 人，平级的班有五六个。这些学生全部都是零起点，他们急需学习日常用语，以适应在中国的生活。学校有进度要求，如果每个句型都充分练习的话，时间根本不够用。在这种条件下，大部分老师采取了折中的方法，每个句型只找几位同学练习，如果这几位同学练习没有问题的话，接着学习下一个句型。这样的话没有练习的同学可能根本不会这个句型，下次提问的时候好像根本没有学过一样。

还有的老师努力让每个同学都练习到，比如教“你是哪国人？”时，一方面老师发布指令的速度比较快，中间停顿的时间很短，因此留给学生的反应时间有限，稍微慢一点儿的学生就跟不上老师的节奏；另一方面不是每个学生的偏误都能得到及时纠正，一些小的偏误就被放过，一段时间过去后，有些跟不上课的学生就放弃学习，不来上课了。另外，学生的接受能力也有差异，有的学生接受能力强点儿，练习一两遍以后已经能够说得很好。这时老师还在给别的同学练习同一个句型“你是哪国人？”，而且可能是二三十个同学，接受能力比较强的学生就开始失去耐心，用母语跟同学聊天，老师又得分心维持课堂纪律。

3. 针对大学班级人数的调查

目前两所学校班级人数偏多，除了老师教学的问题，学生自己学习时会有哪些问题呢？会怎么解决这些问题呢？带着这些疑问，我对中央财经大学和北京航空航天大学的学生做了采访，情况如下：

采访人数	50 人	
采访对象	15 个日本人，15 个韩国人，10 个俄罗斯人，10 个美国人	
目前课堂人数	25—30 人	
需要课外辅导人数	50 人	
需要辅导的原因	没有听懂，但没有时间提问	16 人
	希望有人听自己读课文并纠正发音	12 人
	复习时遇到问题没有人可以请教	13 人
	不知道如何在生活中使用刚学过的句型	9 人
会考虑采取何种方式弥补课堂教学的缺陷	找语伴	14 人
	找私人辅导老师	12 人
	课余去人数较少的语言机构	10 人
	转学去人数较少的大学	14 人

从上表可见，课堂人数偏多，各种个性化的学习需求得不到满足，学生转而寻求别的学习方式。如果我们能根据目前的情况，调整班级人数，一定可以更好地解决目前课堂人数偏多带来的问题，提高老师的教学效果和学生的学习效率。

四、对外汉语班级适合人数及教学组织

4.1 大学班级初级阶段适合人数及教学组织

初级阶段对生词和语法点的操练比较多，每个学生都需要充分的练习，班级人数以少为宜。现在很多课堂强调以学生为中心，以教师为主导，特别是对外汉语课堂，精讲多练、听说领先的原则也决定了它不可能像传统的中国学生课堂一样，以老师讲授为主，而是老师讲解和学生操练相结合，学生操练占的比重更大。

有人认为花 10 分钟的时间讲解，剩余的时间用来操练不就行了吗？然而实际上老师讲解的时间并不是一下子用完的，而是分散在学习的各个环节。如果一节课是50分钟，假设老师复习上节课内容的时间是5分钟左右，讲解生词的时间是 3 分钟左右，纠正发音、语法错误的时间是 3 分钟左右，总结本课学习重点的时间是 5 分钟左右，布置作业的时间是 2 分钟左右，学生随机提问的时间是 2 分钟左右，一共差不多需要 20 分钟左右，那么留给学生操练的时间就只有 30 分钟了。如果一个班有 30 个人，每个人操练的时间只有 1 分钟，显然是不够的；如果一个班有 15 个人左右，每个人就至少有 2 分钟的操练时间。

下面我们从初级阶段几种常用的操练形式来分析一下。

1. 问答式

问答式一般是老师来问，一位学生来回答。该学生回答以后，还可以问下一位同学。初级阶段的练习内容一般比较短，比如“你叫什么名字？”学生回答大概只需要 10 秒的时间，15 个人只需要 150 秒，2 分半钟的时间，如果一节课需要操练的重点句型是 5 个的话，大概需要 12.5—13 分钟的时间。Nation（1982）提出，一个生词需要复现 7 次才能牢固掌握，那么初

学的时候需要操练 4 到 5 次才能比较牢固地掌握。老师一共有 30 分钟的时间，有了充足的时间，就可以变换练习的形式，加深学生对所学内容的印象，提高学生运用此句型的能力。

2. 对话练习

初级阶段的对话练习以两人一组为多，在每个重点句型都练习完了以后，可以让两个学生将几句话放在一起练习。比如“您贵姓？你叫什么名字？你是哪国人？你学习什么？”等。如果一对学生需要 30 秒，那么 15 个人左右大概有 8 对，需要 240 秒，4 分钟的时间。这个练习可以作为学习新内容后的复现操练，也可以作为快下课时总结本课学习重点的练习，4 分钟的时间可以使老师在较短的时间内结束总结，而这个总结不是老师说出来的，而是学生通过自己的练习总结的，印象会更深刻。

3. 发言

发言可以锻炼学生独立表达一段话的能力。我曾经让学生做过一个“介绍自己”的发言练习。比如“我叫汤姆，我是美国人。我家有五口人，爸爸、妈妈、哥哥、姐姐和我”。如果每个人需要 20 秒的话，15 个人大概只需要 5 分钟。这个练习可以作为学习新内容后的复现操练，也可以作为刚开始上课时复习上节课内容的练习，只有 5 分钟，老师可以很快导入新课。

如果按照以上的方法操练，先组织问答式操练（12.5—13 分钟左右），再用对话练习（4—5 分钟）、发言（5 分钟左右）等方式来做复现式操练，大概用了 22—23 分钟的时间操练了 3 次，以这种速度，老师完全可以用 30 分钟的时间操练 4—5 次。因此，我觉得初级阶段一个班 15 个人左右是比较合适的，可以保证学习时间、复现频率与学习效果，也能及时复习与总结，巩固学习成果。

4.2　大学班级中高级阶段适合人数及教学组织

到了中高级阶段，学生掌握了一定的词汇量和语法规则，有了更多表达的需要和与人交流的需要，可以适当增加班级人数并用下面的方法组织教学，既可以节省时间，又能够提高学习效率。

1. 分组教学

夸美纽斯（1632）曾经提出过“导生制”，将学生分为十人一组，选出一位学生作为“十人长”，协助老师进行教学。十人一组是建立在夸美纽斯假设一个班有 100 到 200 人的基础上。美国教育学家格拉斯和史密斯（1978）曾经建议“集体授课与小组活动相结合，可大大提高教学的效果”。

Brown（1989）将分组教学定义为由两名或两名以上的学习者组成一个学习小组，每个小组都指派了特定的学习任务，运用所学语言，通过相互合作共同完成一个特定学习任务的过程。由两名学习者组成的小组是 pair work, 通常一个小组不超过 6 名学习者。

在初级阶段，操练的句子就是课文的内容，以 pair work 为主。而到了中高级阶段，课文更长了。老师不可能让每个学生来读一遍课文，这时候就可以采取分组的形式，以 4—5 人一组。由一个小组的成员来扮演课文中的不同角色，这样每个学生都有机会来读课文并得到老师的指点。需要注意的是尽量不要每次总让某一个组来读课文，而要经常换组，保证每个同学都有机会读课文。

到了中高级阶段以后，学习的词汇量增多，语法更加复杂。如果还像初级阶段要求每个学生发言的话，每次课学生的压力太大，发言所需要的时间更长。如果一个学生需要 1 分钟，30 个学生就需要 30 分钟。如果一个班有 20—25 个人左右，4—5 人一组，大概分 4—5 组，如果每组需要 1 分钟，5 组只需要 5 分钟的时间。学生协作完成同一个任务，每个人的压力会减轻。需要注意的是，每个组每次应该让不同的学生来发言，否则该组每次都让同一个学生发言，会出现别的学生偷懒的情况。

教师可以采取灵活的方式分配任务，提高学习效率。比如说，老师给出同样的关键词和语法，学生可以任意选择话题。演示时学生使用的是同样的词和语法，却有考试、学习、工作、恋爱等四五个不同的话题。通过这种练习，学生不仅学会了如何用这些词和语法表达一个话题，而且通过听别的组的发言学会了如何表达不同的话题。如果只有两三个组的话，学生能了解到的信息和学习的内容就比较有限。还有一种分配任务的方法，第一组讲生词，第二组讲语法，第三组分角色朗读，第四组根据课文内容表演等，也需要有4—5个组的学生。通过这一练习，学生各方面的能力都能得到锻炼，还可以避免每次都由老师授课给学生带来的疲惫感，不断用参与性与新鲜感刺激学生的学习兴趣。

2. 教学互动

美国语言学家克拉申（1981）认为，i +1的输入量既考虑了学生的现有水平，

又具有一定的挑战性，因此能较快地提高学生的语言水平。但是他并没有提出i +1的输入量如何界定。朱伟娟（2012）认为："传统的以教师讲解为主辅以学生操练的对外汉语教学忽视了让第二语言学习者自己在语言实践中运用已有知识进行归纳总结的学习；并且，课堂教学给第二语言学习者提供的可理解性语言输入量'i+1'十分有限，这就在一定程度上限制了学习者的学习。"因此，她建议："把传统的单向教学方式转化成师生互动的双向教学方式，积极采用行之有效的多样教学方法，以达到师生共同适应、协作、发展。例如在教学中，可利用学生来自世界各地这个优势，师生共同讨论设计中国与学生的国家在婚俗、饮食、服饰等方面的比较话题，学生们通过两国或多国之间的多维度、多视角文化比较，可以获得多角度的思维能力和创新素质，推动'i+1'的质的飞跃。"

到了中高级阶段，传统的操练方式已经不能满足学生的更高需求。他们不仅希望说出标准正确的句子，更渴望使用汉语与别人进行各种话题的深入交流。留学生来自不同的国家，有着不同的经历，通过学生之间的互动，可以让学生了解不同国家的文化，学会在不同国家、不同的场合应该使用什么词汇，如何在生活中使用学过的句型等。比如在教高级班汉语时，有一课讲"中国的风俗"，我便分别请泰国、印尼、日本、韩国的学生介绍了自己国家的风俗。学生了解了和自己国家迥异的风俗，开阔了自己的眼界，而且知道了这课所学的词都可以用在什么不同的情境下，怎么用，甚至学到了一些课本中没有的词语。特别是在学"除非……，才……"这个语法点时，学生常常会问这句话可不可以用"除非"，而实际上老师只能选择比较常用的例句，是不可能穷尽所有的句子的。一个泰国学生介绍风俗的时候说了一句话"新娘的朋友不让他进去找新娘，除非给他们红包"，这

就是一个很有生活气息的例句。如果一个班有五个国家的学生介绍，就可能有五个“除非”的例句，学生就可能体会到五种不同情境下的用法，对这个语法点的理解就会更深，使用起来也会更自如。

如果一个班只有 15 人左右的话，有可能只有两三个国家的学生，学生所能接触到的语言的情境和学习到的知识有限，可供交流的内容也有限。如果一个班级有 20—25 个左右的学生，来自五六个国家的话，就有丰富的话题和经历可以分享。书上介绍的只是中国的风俗，但通过发言、讨论、小组表演等和语言交流有关的课堂活动，学生了解到的是多个国家的风俗，获得的可理解性输入量成倍增加。当涉及介绍一个国家的风土人情等话题时，可以请这个国家的同学一起准备，这样同学们对这个国家的情况就会了解得比较全面。

在初级阶段，句子比较短，老师听到一句话中有偏误可以马上纠正。到了中高级阶段，学生说的句子长了，成段表达的机会更多，如果每一句话都纠正的话，没有足够的时间，而且可能影响学生后面的表达。当一个学生发言后，老师可以选取有典型性的偏误进行点评。假设一节课只有五个学生发言，介绍五个国家的风俗，但这五个学生出现的问题可能是全班同学常出现的，比如“从来不”和“从来没”使用条件的限制，“是……的”句什么时候可以用，什么时候不可以用，用的时候常会出现什么问题等。这样集中点评纠正，而不是出现一次偏误纠正一次，可以节省很多时间，全班同学都会受益。

3. 及时答疑

仅仅有发言后的点评是不够的，点评的多为普遍性的问题，每个学生还有自己的问题。也可能别人都学会了，只有一个学生不懂。如果这个学生的问题总是得不到及时指导的话，他的汉语水平可能就提高得很慢。目前大学很少有专门的答疑课，学生常常在课间向老师提问。课间一般只有 10—20 分钟，老师上了一节课，已经比较累了，效果并不好。如果中高级阶段班级人数较多，达到 20—25 人的话，即使老师耐心回答，还是有一些学生没有机会提问。语言机构的情况要好得多，在 BLI 汉语中心已经开设了答疑课，上午上课，下午有答疑课，如果学生有问题的话可以去向老师请教。也可以采取助教的形式，助教课间通过每个小组的组长搜集学生的问题，整理后交给老师，老师下次课集中作答。或者答疑课直接由助教担任，分担任课老师的压力。助教可以以小组为单位，集中答疑，助教答疑时小组成员也可以互相讨论、补充，对问题的答案会更清楚。

在现代教育技术发达的条件下，也可以采取网上答疑的形式。下课后学生有问题常常找不到老师，打电话的话打扰老师生活，发邮件的话太慢。设立专门的答疑区就方便多了，学生在网上提问，老师在课余时间作答。如果有比较经典的问题，老师还可以在课堂上再予以讲解、强调，线上线下结合，学生印象深刻，也有更多的机会去体会和修正。一些学校安装了BB系统，这个系统有专门的答疑区，学生有什么问题可以提出。然而目前这种技术主要用于计算机课的教学，别的课还没有普及。如果所有的课都在BB系统设立一个答疑区的话，学习的效率会大大提高。老师可以定期查看答疑区，及时解答。这对老师了解学生掌握所学内容的情况，安排下一步的教学很有帮助，同时也给老师做研究提供了一些资料和思路。老师也可以通过这个系统上传课件、布置作业和不同小组的任务、批改作业等；学生还可以通过这个系统上传作业、与小组成员讨论、查看成绩等。这样老师与学生之间、学生与学生之间的互动会更及时，学习效果也会更好。

总之，中高级阶段的班级人数如果像初级班一样只有15人左右，只能分3个组，学生获得的语言输入量和交流程度是不够的。最好每个班有20—25人左右，可以分4—5个组，学生获得的语言输入量足够多，对不同话题、不同国家的表述会有效地提高他们的语言表达能力。

五、结语

综上所述，大学课堂的规模不宜过大。初级阶段10—15人左右为佳，学生能够得到充分的操练，跟老师的交流增多，能有时间提问，偏误也能得到及时纠正。中高级阶段人数可以适当增多到20—25人左右，但应多采取分组学习、教学互动、及时答疑等形式，以节省时间、促进交流。

班级人数应该量力而行，应该根据学生的学习阶段、学习能力、不同课型等灵活分班，充分发挥不同规模班级的优势，并根据情况变化和学生反馈及时调整班级规模，采取不同的措施弥补各种班级规模的劣势，促使其往良性循环的方向发展。

参考文献

纪升娟（2011）夸美纽斯《大教学论》对我国教育教学改革的启示，《学理论》第18期。

邱兰君（2013）从班级授课制中透视夸美纽斯的教育思想，《大学教育》第20期。

吴良根（2007）中小学课堂小型化教学的实施要求与组织模型，《江苏教育研究》第3期。

杨光富、杨近（2005）重温夸美纽斯：近代教育学的奠基人，《上海教育》第22期。

朱伟娟（2012）克拉申“输入假说”理论在对外汉语教学中的应用，《湖北社会科学》第6期。

J. A. Comenius（1999）《大教学论》，北京：教育科学出版社。

Keith Brown（2008）《语言与教育百科全书》，上海：上海外语教育出版社。

作者简介：杨可可，女，北京第二外国语学院汉语学院2015级汉语国际教育专业硕士研究生。

初级对外汉语课堂显性与隐性纠错及反馈状况研究

宋峻炜

摘要 关于外语课堂的纠错研究始于20世纪70年代，研究主要涉及纠错主体、纠错时机和纠错方式等方面。与国外相比，国内对于纠错行为的相关研究较少，且集中于英语作为第二语言的课堂，对于对外汉语课堂的教学研究不够充分，且结合实际教学过程进行统计和分析的研究比较少见。本研究通过观察国家汉办在美国一所中学的教学示范课，发现在初级阶段课堂教学中，教师倾向于选择隐性纠错的方式，针对课堂的重点知识进行纠错。但在实际的教学中，受强化不足、未能准确提示等因素的影响，学生反馈状况不佳。部分教师存在过于依赖“重述”这种纠错方式的问题。针对这些问题，本文提出了诸如教师应避免对于“重述”这种方式的依赖；教师应综合运用隐性纠错和显性纠错，同时注意语法点的操练和强化等建议。

关键词 显性纠错 隐性纠错 理解回应 课堂重点

一、引言

关于外语课堂的纠错研究始于20世纪70年代，研究主要涉及纠错主体、纠错时机和纠错方式等方面。相比于国外丰厚的理论和实践成果，国内对于课堂纠错的相关研究较少，且多集中于英语作为第二语言的课堂，针对对外汉语课堂的教学研究不够充分。在为数不多的研究中，理论性的探讨居多，结合实际教学过程进行数据统计和分析的研究比较少见，关于显性纠错和隐性纠错的研究更是凤毛麟角。本研究从显性纠错和隐性纠错两个角度观察课堂纠错行为，通过整理并分析数据得出结论，并针对教学中存在的问题提出合理的建议，以期对后续研究提供有价值的参考。

二、相关理论及文献综述

2.1 互动假说及注意假说

互动假说是Long于1983年在总结“外国人话语”基础上提出的。其理论来源主要有三个：Hatch的话语分析思想、Krashen的输出假说以及Givon的认知功能语法思想。互动假说认为，无论是内部加工机制，还是外部语言环境，都不能单方面地决定二语习得。二语习得是学习者心智和语言环境共同作用的结果。学习者内部加工机制决定语言环境输入的影响，语言输入的质量和数量受大脑内部机制的影响。互动假说的本质是语言互动的认知功能，核心是语言互动的结构调整，也就是意义协商基础上的形式协商。互动假说提出的目的是从本族语者的角度出发，探究如何帮助非本族语者克服交际困难、排除交际障碍。对外汉语教学过程也是非本族语者和本族语教师沟通的过程，故了解互动假说对我们进行实验有指导性作用。

注意假说是研究第二语言纠错及反馈的另一重要理论。“注意”是认知心理学中一个常用的概念，它指在某个信息加工过程的认知资源或心理努力。注意假说是Schmidit于1990年提出的。根据这个假说，“注意”在语言从输入（input）到吸收（intake）的学习过程中起着至关重要的作用，只有注意到的语言部分才能被学习者消化吸收。该假说提出后被视作是二语习得的重要理论，Alanen（1995）、Robinson（1997）、O' Neill（1999）、Leow（2000）分别以注意假说为依据进行了一系列的实证研究。了解注意假说有利于我们在实验中更好地观察学生的反馈状况，并对其进行科学的解释和分析。

2.2 国内外研究现状

国外关于外语教学中纠错问题的研究始于上世纪 70 年代。Carroll & Swain（1993）是较早对显性纠错和隐性纠错进行对比分析的学者。他们测试了 100 位在英语为第二语言课堂学习的成人学习者，经过课堂观察及后期测试，他们得出结论：显性纠错优于隐性纠错。Nagata（1993）、Lyster（1994）、Muranoi（2000）、Carroll（2001）、Havranek & Cesnik（2003）也通过实验得出了相似的结论。然而，Leeman（2003）在对西班牙语课堂的观察中发现，隐性纠错的效果优于显性纠错。由此可见，第二语言课堂中，哪一类纠错效果更佳尚未定论。

相比于国外的研究，国内相关研究较少，实证性研究更是寥寥无几。张欢（2006）采用 Lyster 和 Ranta 的分析方法，分析了十位对外汉语教师的教学录音和影像。经讨论与分析得出结论：对外汉语课堂是以形式为中心的课堂，非常注重语言的准确性，对交际的强调不够。刘美玲（2007）、邵娜（2011）也通过实验得出了类似的结论。值得一提的是，对于纠错方式进行分类并探讨其效果的研究目前尚属空白，这也是我们亟待研究与分析的。

三、研究设计

3.1 研究对象

本文研究数据及有关信息采集于国家汉办在美国一所孔子学院的教学示范课。笔者通过观看视频的方式，对所观察到的纠错现象进行转写。课堂所使用的教材为人民教育出版社出版的《快乐汉语》（第一册），该系列教材为国家汉办指定教材，适合 11—16 岁的英语学习者使用。

3.2 研究方法

本研究采用的方法为视频观察法。汉办的课堂模式是：每节课 25—30 分钟，前 5 分钟复习上节课重点的词汇和句型，接下来的 10—15 分钟讲解重点的词汇和句型，余下为练习时间。教师通常采用小组对话、听说游戏、快速问答等机械训练的方法。笔者共观察 19 节课约 475 分钟的视频资料，从师生的互动中摘取纠错片段并转写下来。

3.3 语料转写的原则

语料转写的原则是实录，因为研究的是教师的口头纠错反馈，包括学生的错误和教师的反馈以及学生的即时理解回应。因此只转写教师与学生的互动，不包括教师的领读和学生读课文的部分。

3.4 资料的初步整理

1. 学习者的偏误类型[①]

由于本研究关注的是语言形式的偏误，对语用的偏误暂不做考虑，因此将学生的偏误分为语音、词汇、语法和汉字四类。从统计的方便性角度考虑，所有的偏误类型都依据教师提供的反馈而定。

（1）语音偏误

语音偏误包含以下情况：

① 在生词讲练和课文讲练过程中出现的声母、韵母和声调错误。

② 在机械练习环节中出现的声母、韵母和声调错误。

（2）词汇错误

指用词不当，出现生造词现象，或将知道的词用错。

（3）语法错误

指句子存在错误，语序、搭配、句型使用不当，不能按照给出的句型

① 根据 Lyster & Ranta 的分类，将纠错行为分为两类：显性纠错和隐性纠错。其中，显性纠错包括明确纠错和源语言提示；隐性纠错包括重述、澄清请求、引导和重复。

造出正确的句子。

（4）汉字偏误

指学生在汉字书写、辨认中出现的偏误。

2. 教师的纠错行为

从纠错的时机上划分，纠错分为即时纠错和延时纠错。根据 Lyster & Ranta（1997）对于纠错行为的划分，我们将教师的即时纠错行为划分为六种：明确纠错、重述、澄清请求、元语言提示、引导和重复。

（1）明确纠错

指教师提供正确形式并指出学生的错误。

（2）重述

指教师隐晦地纠正学生的错误，并未明确纠正。教师对学生的语言重新组织，更正其错误的部分，目的是使学生意识到错误并进行更正。

（3）澄清请求

指教师通过提问再次澄清学生的意思，通常是教师通过澄清的方式暗示学生再次组织语句，从而促使其更正错误。

（4）元语言提示

指“教师针对学生话语的正确性，做出评论，提供信息和提出问题，但并不告诉学生正确的语言形式”。在实际教学中，部分教师会采用手势、身体动作等方式给出提示信息，这种情况也被我们计入元语言提示中。

（5）引导

指教师通过问题引导学生修正自己的表达。在所观察到的视频资料中，教师未使用“引导”这种纠错方式，故在此不举例说明。

（6）重复

指教师重复学生的错误，一般改变语调以突出有偏误的部分，从而引起学生的注意。

延时纠错通常用来引起全班的注意，若学习者出现的偏误是较为普遍的偏误，教师通常采用延后纠错的方式使学生加强印象。据观察的资料看，教师的延时纠错可分为再次解释和全班纠正两种。

（1）再次解释

指教师在学生反馈之后，通过板书、提问等方式对知识点再次进行解释，以强化与偏误有关的知识点。值得注意的是，部分教师会采用这种方式介绍新知识点，便于加深学生的记忆。

（2）全班强化

指教师针对学生出现的偏误，纠错之后在全班范围内强化；或在纠错后，面对全班，强化与偏误相关的知识点。

3. 学生的理解回应

Lyster & Ranta（1997）提出"理解回应（uptake）"的概念，指"学生在教师的纠错行为后反馈的话语"，教师通过不同的纠错方式指出学习者原始话语中的错误信息，学生的理解回应则是在理解了这种指向性信息后做出的反应。理解回应可分为两种："一种是修正，也就是说学生成功修正了之前的偏误；另一种是有待修正，指学生没有理解或接受教师的纠错指向和意图，或者在回应中仍然存在偏误，需要进一步修正。"修正分为三种类型：（1）重复，指教师给出正确的形式（通常采用重述或明确纠正的方式），学生重复教师的话语；（2）自我修正，学生在教师给出提示性信息后根据已有的知识点自行修正错误；（3）扩展，学生用学过的词或句型表达相同的意思。为方便统计，我们对于学生出现的修正行为不进一步划分。换言之，只要学生出现上述三种修正方式中的任意一种，我们都将其视作成功修正。

3.5 小结

在 Lyster & Ranta（1997）二语课堂纠错及反馈分析模式的基础上，我们做了一些调整，调整后的分析模式更加适合对外汉语课堂。从该分析模式可以看出，每个完整的纠错行为分为四个流程：偏误——纠错——理解回应并修正。学生的偏误是每个纠错过程的起始项，紧接着是教师的纠错行为。若教师无纠错行为，则话题继续；若教师出现纠错行为，则该纠错行为被分类且被统计。教师进行纠错后，接下来就是学生的理解回应（反馈），若学生出现反馈并修正，则被记录；若学生未出现反馈，则该环节结束。最后将统计教师纠错点与课堂重点的吻合度。

四、统计结果分析

4.1 纠错及反馈的总体情况

表 1 纠错及反馈的总体情况

	偏误[①]	纠错	理解回应	修正	显性纠错行为	隐性纠错行为
数量	80	72	48	35	14	58
百分比		90%	66.7%	48.6%	19.5%	80.5%

（注：纠错百分比为占偏误的百分比；理解回应百分比和修正百分比均为占纠错的百分比。）

由表 1 我们可以看出，教师对于绝大多数的偏误（90%）都进行了纠错。说明在对外汉语课堂上，教师对纠错的重要性有较为清晰的认知，同时也予以足够的重视。从理解回应的次数上看，大多数的纠错行为都引起了学生的理解回应（66.7%），说明学生在课堂上重视教师的纠错行为，对于教师纠错的意图理解较到位，能够意识到自身话语中偏误的存在。这两个特点为偏误的修正打下了良好的基础。

然而，在纠错率和理解回应率的前提下，我们发现学生的修正率并不高，在全部纠错行为中只有不足一半（48.5%）的错误得到了学生的修正。教师纠错的目的即是让学生意识到自己的错误并修正，低修正率说明教师的纠错行为并未起到应有的效果。高理解回应率、低修正率的现象引起了我们的思考。

为探究原因，我们对教师纠错行为进行了划分。结果显示，在全部的纠错行为中，显性纠错行为只占少部分（19.5%），大部分为隐性纠错行为（80.5%）。显性纠错（也称明确纠错）可以清楚地使学生知道错误在哪，隐

① Corder 于 1967 年区分了“偏误”和“错误”两个概念。他认为错误（mistake）是指说话者过度疲劳、紧张或由于训练不足等因素造成的失误，一般是偶发性的，如口误；而偏误（error）则是由于缺乏相关语言知识所产生的不正确的语言形式，一般是有规律的，多发的。由于本研究关注的重点是教师的纠错行为，为方便统计，不严格区分偏误与错误，统一为“偏误”。

性纠错则更加关注意义，同时隐性纠错也更加顾及学生的面子。低修正率的产生与隐性纠错行为的大量使用是否有直接关系？除了纠错行为外，还有哪些因素导致低修正率的产生？下面我们希望从纠错方式的使用情况、四种类型偏误纠错情况及纠错点与课堂重点吻合度三个方面来讨论。

4.2 纠错方式的使用情况及对"重述"的探讨

表 2 六种纠错方式使用情况①

	纠错行为	明确纠正	重述	元语言提示	澄清请求	引导	重复
次数	72	4	49	10	2	0	7
占纠错次数百分比		5.9%	68.1%	13.9%	2.8%	0	9.8%

从表 2 中，我们可以很明确地知道教师纠错行为的使用情况。在六种纠错行为中，教师使用最多的是重述（68.1%），其次是元语言提示（13.9%），重复、明确纠正使用的次数很少，未使用"引导"这一方式。究其原因，初级课堂学生掌握的语言资料还不够充足，教师更多时候倾向于直接给出正确的形式，部分教师会选择让学生在其重述后进行重复以加深印象。根据 Loewen & Philp（2006）的研究，重述的作用主要有以下三种②：1. 重述通过变化表达方式使学习者领悟该句子的中心含义。2. 相比于无目的的表述，重述更加侧重于意义。3. 相比于明确纠正，重述提供了大量的积极证据和负面反馈。重述成为对外汉语教师最为常用的一种纠错方式原因还在于，受课堂教学时间、课堂进度等条件的限制，教师纠错的时间并不充足，很多情况下很难一步步引导学生用正确的形式表述。因此，教师往往直接给出正确答案，在部分情况下会忽视学生的回应而直接进入下一个环节的教学。在我们所观察的视频资料中，单纯重述、忽视学生反馈的现象不在少数，这是造成低修正率的一个重要原因。

① 此处需特殊说明，由于汉办在美国对外汉语课堂采用的主要课堂语言为英语，且学生汉语基础较为薄弱，故课程中教师纠错行为并不多，部分课程全程无纠错现象。

② 笔者译自乔晓丽 2011. A Comparison of the Effectiveness of Explicit and Implicit Corrective Feedback on EFL Students' Learning of Subjective Mood，西安外国语大学硕士学位论文，第 9—10 页。

其次，“重述”的纠正效果也值得商榷。当学生话语中只有一个偏误时，重述的效果很明显，学生容易意识到错误并进行修正。而当学生话语中包含两个及以上偏误时，重述的效果降低，部分偏误要经过多次重述才能修正。举一例加以说明：

（教师请学生读“我不想做教师”这个句子。）

S：我不想（xiàng）做……教师（jiào shī）。

T：我不想（xiǎng）做教师（jiào shī）。

S：我不想（xiàng）做教师（jiào shī）。

T（放慢语速）：我不想（xiǎng）做教师（jiào shī）。

S：我不想（xiàng）做教师（jiào shī）。

T：做教师（jiào shī）。

S：做教师（jiào shī），哦，教师（jiào shī）。

T：对，教师（jiào shī）。

（此时学生显得很不耐烦，且在后面的教学中拒绝回答问题。）

由上述例子我们可以看出，学生经过多次重述才意识到自己的错误。初级阶段学生掌握知识有限，不能准确地把握教师纠错的意图，单纯的重述极易导致学生对自己的知识水平产生怀疑，丧失学习的信心。邵娜（2011）在实验中发现，教师对“重述”这一方式存在着过度依赖的现象，若对于某一偏误，教师有多种纠错方式可供选择，大部分教师会优先使用重述，而非其他更有效的纠错方式。在上例中，教师若采用元语言提示的方式，或明确告诉学生错误在哪并要求其更正，效果将明显好于重述。可见教师对于“重述”的依赖性是导致高理解回应率、低修正率的又一个原因。

此外，关于“重述”性质的争论也引起了我们的思考。通常情况下，“重述”被视作一种以语义为基础的交流过程中的隐性反馈方式。但在观察中我们发现，相较于其他几种隐性纠错方式，“重述”更具有显性纠错的特质。在纠正过程中，教师往往倾向于以直接给出正确形式的方式启发学生，显性程度受学生的感知能力制约。刘晓瑜（2012）认为，“重述”在隐性纠错和显性纠错行为中分别表现出不同的功能。在隐性纠错行为中表现为交际功能，在显性纠错行为中表现为教导功能。在课堂教学中，尤其是在初级语言课堂教学中，学生受起知识水平的限制，在其输出的语句中存在大量的错误。如果依次纠正则会影响话题的进行，故教师选择“重述”的方式，在顾及学生面子的情况下维系交际活动的进行。这种情况下的“重述”表现为隐性的交际功能。而在指出并纠正学生错误方面，“重述”多表现为显性的教导作用，即教师会以正确形式的话语替换学生错误的话语。既给出正面证据以教导学生使用正确的表达形式，又给出负面证据使得学生知道错误所在。如视频中的一例纠错，教师问：“现在几点？”学生回答：“二点。”教师：“两点。”学生重复教师话语：“两点。”这里教师使用“重述”的方式，给出正确形式的同时使学生认识到错误所在。Han 曾称重述是最不清晰最不直接的负面反馈，故在了解重述性质的前提下，如何最大化发挥“重述”的效果值得我们思考。

4.3 四种类型偏误

根据统计资料，表 3 列出了课堂教学中学习者的语音、词汇、语法和汉字四种类型的偏误、纠错及修正情况。表内数据包含了四种类型偏误的次数及占偏误总次数的比例。

表 3 四种偏误类型的纠错及修正次数分布

偏误类型	语音偏误	语法偏误	词汇偏误	汉字偏误
偏误次数	59	7	8	6
占偏误总次数的百分比	73.3%	8.75%	11.1%	8.3%
纠错次数	55	7	5	5
显性纠错	6	2	2	4
隐性纠错	49	5	3	1
修正	27	2	4	2

由表 3 我们可以看出，四种类型的偏误中，语音偏误占了绝大多数，其次是词汇偏误，语法偏误和汉字偏误为少数。从纠错数量上看，语音纠错最多，语法其次，词汇和汉字纠错较少。初级阶段教师往往把纠错的重点放在语音上，对发音的准确性要求较高。在纠错方式的选择上，教师倾向于隐性纠错，显性纠错在这一阶段使用不多。在对视频资料的观察中我

们发现，对于语音错误，教师普遍选择使用“重述 + 重复”的方式，即针对学生的错误，教师先重述一次，而后再让学生重复一次正确的形式。这种方式可以使学生了解正确的发音，更正自己语音上的偏误，在多次重复和强化后即可学会正确的发音。但从修正次数上看，全部语音偏误中只有不足一半的偏误被修正，教师的方法并没有起到很好的效果。其原因在于对外汉语课堂课时少、内容多，教师很难有机会对于学生的偏误进行有针对性的强化。“重述 + 重复”的方式需要对于某一偏误进行集中多次强化方可令学生习得正确的发音。而在实际课堂中，教师很难顾及每个学生，对某位学生的某个语音偏误没有时间进行多次强化。教师在纠错之后往往直接进入下一个知识点的学习，在第二天的课堂上也很难有时间对学生昨日的偏误更正情况进行询问。因此学生虽然当时知道正确的发音，但由于强化不到位等原因，学生不能从根本上纠正该语音偏误。

值得我们关注的是，初级课堂教师对学生的语法偏误采取有错必究的态度，纠错率为 100%。在纠错方式的选择上，教师倾向于隐性纠错的方式。但很明显，高频纠错并未引起学生对语法偏误的重视，在七个纠错项中只有两处偏误最终被修正。Macky. A, Gass. S, McDonough（2000）通过实验证明，学习者对 87% 的语法纠错都不能察觉，也不能进行修正。也就是说，教师在对学生的语法偏误进行纠正时，学生很难知道教师的纠错指向，有时根本不明白教师为何会进行纠正。我们观察到这样一例纠错：

（该课重点词为方位词。）

T（指着一张考拉怀抱着小考拉的图片问学生）：“他的 Baby 在哪？”

S1：他的 Baby……前边。

T：请说出完整的句子。

S1：他的 Baby 前边呢。

T：前边 or 在前边？

S1：在……前边。

T：请重复这个句子。

S1：他的 Baby……在前边。

（学生回答后，教师讲解下一个知识点，但学生脸上却是一副很茫然的样子。）

从这个例子可以看出，学生对于该知识点并不了解，教师单单用隐性纠错的方式指正了学生的错误。当学生在其引导下说出正确的句子后，教师并未考虑学生是否真正地掌握了这个知识点，而是直接进入下一个知识点的讲解。教师对于语法偏误纠错方式不当是导致低修正率的原因之一。据此，我们建议，教师在纠正语法错误时，应适当加以明示，采取显性纠错和隐性纠错相结合的方式，尽量使学生真正理解自己在语法方面出现的偏误，这样纠错行为才能起到应有的效果。

4.4 纠错点与课堂重点的吻合度

根据我们对视频资料的统计，72 处纠错行为中，57 处为课堂重点单词或重点句型，吻合度为 79.1%。从中可以看出，教师对与课堂重点知识相关的偏误关注度较高，且都进行了纠错。在实际教学中，教师常采用“独唱 + 大合唱”的方式加深学生对重点知识的印象。教师先针对某个学生的错误点进行纠错，而后让全班共同复述该错误点以加深印象。但就学生的反馈情况而言，效果并不理想。学生并未意识到教师的纠错点与课堂重点之间的联系，在加强学生对课文重点知识的掌握方面，效果不是很明显。我们多次看到这样的情况：教师先请一个学生读课文重点词，对其发音上的偏误进行纠正并让全班齐读多遍。然而在后续的练习中，学生在该词的发音上仍屡屡犯错。教师纠正几次无果后只得放弃，转而进入下一个重点词的学习。该问题的出现与教师纠错方式的选择、强化次数的多少及课堂的教学安排都有关系。教师应多关注学生的反馈情况，根据反馈效果及时调整自己的纠错方式，同时加强对重点知识的强化。在选择使用“独唱 + 大合唱”的方式时，要充分考虑到不同学生的接受程度，在保证学生理解自己纠错意图的前提下，对重点知识反复纠错及强化，方可达到理想的纠错效果。

五、相关问题及教学启示

本研究观察及统计的资料表明，在对外汉语课堂上，教师纠错的总体要求较为严格。在初级阶段课堂的教学中，受课堂时长、教学进度等因素的影响，教师倾向于选择隐性纠错方式。教师在针对不同类型的错误时，会选择不同类型的纠错方式。在绝大多数情况下，教师都会针对课堂教学重点知识进行纠错，以加强学生对课堂重点的掌握。但在实际教学中也出现了一些问题：教师过于依赖“重述”的纠错方式使得学生偏误修正率偏低；在纠正不同类型的偏误中，受强化不足、准确率低等因素影响，学生反馈状况不佳，纠错未达到理想效果。

我们针对以上问题，提出如下教学建议：

第一，教师应对“重述”这种纠错方式有清晰的认知。首先应避免对于“重述”这种方式的依赖。在课堂时间允许的前提下，留给学生更多时间对自身话语中所出现的偏误进行思考。尽量避免因课堂时间不足，直接给出正确形式而忽视学生反馈情况的现象发生。对学生的反馈情况应给予更多的关注。其次，应有效地使用“重述”的交际作用和引导作用，在最大限度地不干扰意义交流的条件下，对单一或较少的语言目标进行集中地反馈，并以手势、语调等手段进行强化以提高重述的显著性。使得学生可以准确并快速地理解教师纠错点所在，最大程度地促进学生对语言知识的习得。

第二，对于不同类型的偏误，教师应选择不同类别的纠错方式，充分考虑学生对不同种类纠错方式的偏好，避免对某一类纠错方式的过度使用。最大限度地保证交际的顺利进行。教师应加强对语音偏误的强化，使学生在正确形式的强化中自然习得该发音。在纠正语法错误时应适当加以明示，采取隐性纠错和显性纠错相结合的方式，同时注重语法点的操练和强化。

第三，教师在提高纠错点和课堂重点吻合度的同时，应关注学生的反馈情况，依据学生反馈状况确定纠错重点。若要针对某一知识点在全班强化，应考虑不同学生的接受程度，确保学生理解自己的纠错意图，且应加强对重点词和句型的强化和训练。

参考文献：

刘美玲（2007）对外汉语课堂上的口语纠错，北京语言大学硕士学位论文。

乔晓丽（2011）A Comparison of the Effectiveness of Explicit and Implicit Corrective Feedback on EFL Students' Learning of Subjunctive Mood，西安外国语大学硕士学位论文。

邵娜（2011）对外汉语课堂中新教师纠错行为的调查，华东师范大学硕士学位论文。

王婷（2014）浅析互动假说和注意假说在外语课堂的实际应用，《知识经济》第23期。

张欢（2006）对外汉语课堂纠错性反馈，北京语言大学硕士学位论文。

Corder, S. P. (1967). The significance of learners' errors[J]. *International Review of Applied Linguistics*, 5, 161-170.

Chaudron, C. (1986). Teachers' priorities in corrective learners' errors in French immersion class[J]. In R. Day (Ed.) *Talking to Learn*. 64-84. Rowley, MA: Newbury House.

Chaudron, C. (1988). *Second Language Classrooms*[M]. Cambridge: Cambridge University Press.

Lyster, R. (1997). Corrective feedback and learner uptake: Negotiation of form in communicative classrooms[J]. *Studies in Second Language Acquisition*. 20, 37-66.

Lyster, R. & Ranta, L. (1997). Corrective feedback and learner uptake: Negotiation of form in communicative classrooms[J]. *Studies in Second Language Acquisition*, 19, 37-66.

作者简介：宋峻炜，北京第二外国语学院汉语学院汉语国际教育专业硕士研究生。